Versunkene
STÄDTE

Versunkene STÄDTE

PAUL G. BAHN

Bechtermünz Verlag

Originaltitel: Lost Cities
Originalverlag:
Weidenfeld & Nicolson, The Orion Publishing Group

Deutsche Erstausgabe

Umschlaggestaltung: Studio Höpfner-Thoma, München
Umschlagmotive:
Huber Fotoverlag + Bildagentur, Garmisch-Partenkirchen
Motiv des Haupttitels: Mohenjo-Daro
Übertragung ins Deutsche:
AMS/Iris Bahr und Dr. Nixe Duell-Pfaff
Bearbeitung und Produktion:
AMS Autoren- und Medienservice, Reute
Satz: AMS/Layoutsatz Kendlinger
Gesamtherstellung: Printer S.r.l., Trento
Printed in Italy
ISBN 3-8289-0715-6

Die Mitarbeiter dieses Werks

PAUL G. BAHN, Herausgeber und Autor, Hull, England

CAROLINE BIRD, Fachbereich Archäologie, La Trobe University, Melbourne, Australien (Australien, Asien)

PETER BOGUCKI, Fachbereich Ingenieurwesen und Angewandte Naturwissenschaften, Princeton University, USA (Spätere Perioden, Mittel- und Osteuropa und ehemalige UDSSR)

CONSTANCE CORTEZ, Abteilung für Kunstgeschichte, University of California, Santa Cruz, USA (Mittelamerika)

PHILIP DUKE, Abteilung für Anthropologie, Fort Lewis College, Durango, USA (Nordamerika)

CHRISTOPHER EDENS, Philadelphia, USA (Naher Osten, Zentralasien)

MARK HUDSON, Abteilung für Geschichte und Kultur, Okayama University, Japan (Ferner Osten)

SIMON KANER, Abteilung für Archäologie, University of Cambridge, England (Späte Perioden, Westeuropa)

EDDIE OWENS, Abteilung für Klassische und Altertumsgeschichte, University College, Swansea, Wales (Klassische Archäologie)

STEVEN SNAPE, Fachbereich Archäologie, Altphilologie und Orientalistik, University of Liverpool, England (Ägypten und Levante)

LOUISE STEEL, Abteilung für Archäologie, University of Edinburgh, Schottland (Ägäis)

ANNE THACKERAY, Abteilung für Archäologie, University of the Witwatersrand, Südafrika (Südliches Afrika)

KAREN WISE, Abteilung für Anthropologie, Natural History Museum of Los Angeles County, Los Angeles, USA (Südamerika)

INHALT

AFRIKA

EUROPA

ASIEN

FERNER OSTEN UND AUSTRALIEN

DIE NEUE WELT

Vorwort

Einer großen Mehrheit der Bevölkerung tritt bei dem Wort „Archäologie" das Klischee eines Indiana Jones vor Augen, der sich seinen Weg durch eine undurchdringliche Wildnis bahnt bzw. durch trockene Wüsten treckt, auf der Suche nach versunkenen Städten. Solche Expeditionen haben einige Jahrhunderte lang sicher stattgefunden, und selbst heute ist es noch möglich, mitten im tiefsten Dschungel und in entlegenen Wüsten solche Städte zu entdecken.

Wir haben uns bemüht, in diesem Band eine weltweite, breitgefächerte Palette verschiedener Siedlungen und Städte darzustellen, die aus unterschiedlichen Epochen stammen, um dadurch die beeindruckende Fülle archäologischer Zeugnisse besonders deutlich zu machen.

Unsere Auswahl umfaßt dabei vorwiegend größere Siedlungen, die aus unbekannten Gründen aufgegeben wurden. In manchen Fällen können nur Vermutungen über die Aufgabe und den Untergang angestellt werden. In anderen, wie z. B. Pompeji und Herculaneum, ist dies ebenso offensichtlich wie dramatisch. Einige andere mögen unter klimatischen Veränderungen und Umwelteinflüssen, wie z. B. Dürre oder Überschwemmung, Krankheit und Seuchen, Besatzung und gewaltsamer Zerstörung oder einfach durch wirtschaftlichen Ruin untergegangen sein. Das Ende einer Stadt ist jedoch nur ein Teil ihrer Geschichte. Für Archäologen ist es auch von Interesse zu ergründen, warum, wann und wie solche Niederlassungen entstanden sind – gewöhnlich waren daran mehrere Faktoren beteiligt –, und insbesondere, was das Leben der Bewohner bestimmte.

Traditionell lag das Hauptgewicht der Forschungen auf dem materiellen Nachlaß einer gesellschaftlichen Elite – wie z. B. massiven, meistens in kolossalen Dimensionen errichteten Palästen, Gräbern, Tempeln, Pyramiden und anderen monumentalen Bauten und Kunstwerken, die zu unser aller Freude erhalten geblieben sind. Für den Archäologen ist es jedoch ebenso interessant – sogar oft noch fesselnder –, die Behausungen und Arbeitsstätten der Handwerker und der unteren sozialen Schichten zu erforschen, die Auskunft darüber geben, welcher Bestimmung Stadtteile zugeordnet waren und wie das System als Ganzes funktionierte.

Natürlich finden Sie in diesem Buch viele bekannte „Klassiker", wie z. B. Pompeji, Troja, Machu Picchu usw.; allerdings sind wir unserer redaktionellen Linie treu geblieben, zahlreiche weniger bekannte Beispiele hinzuzufügen, die von großem Interesse sind und außergewöhnliche Informationen bieten. Im Hinblick auf das Riesenangebot an Themen aus der Klassischen Welt, der Kultur der Maya oder der Völker des Nahen Ostens, war es keine leichte Aufgabe, diese Auswahl auf nur 50 beschränken zu müssen.

Heute stellen Ausgrabungen ein langsames, mühsames und teures Unternehmen dar. Absoluten Vorrang haben dabei zugleich Überlegungen, die die Frage der Konservierung betreffen. In Pompeji z.B. legten frühe Ausgrabungen ab dem 18. Jh. eine große Fläche frei und förderten alle prächtigen Skulpturen, Artefakte, Fresken und Mosaiken zutage, die inzwischen hauptsächlich im Museum von Neapel untergebracht sind, trotz ihrer Pracht jedoch außerhalb des Lebenszusammenhangs weniger aussagekräftig sind. Vor Ort verblieben nur Flächen kahler Ziegeln, zerfallene und unkrautbewachsene Gebäude, die die Touristen in die Flucht schlagen, wenn sie nicht sogar wegen Einsturzgefahr für das Publikum gesperrt sind. Derzeit ist man bestrebt, diese Flächen aufzuräumen und zu konsolidieren, wie auch die Betonung hier und in anderen Ausgrabungsstätten, wie z.B. Akrotiri, darauf liegt, langsam vorzugehen, indem man Gegenstände *in situ*, wenn möglich je nach Fortschritt, konserviert. Auf diese Weise werden frühgeschichtliche Gebäude freigelegt, die noch im Originalzustand erhalten sind. Dies ist sicher die bessere Lösung, die dazu beiträgt, die Vergangenheit lebendig zu erhalten.

Ich kann mich noch gut daran erinnern, als Schuljunge an einer Gruppenreise nach Italien teilgenommen zu haben, die Besichtigung Pompejis war für mich der mit Ungeduld erwartete Höhepunkt. Kurz vor unserer Ankunft, drehte sich im Bus eine kleine alte Dame um und fragte meine überraschte Mutter, was es denn dort zu sehen gäbe: „Handelt es sich dabei um einen Dom oder ähnliches?“ Die Antwort war für sie eine große Enttäuschung. Am Eingang sah sie flüchtig hinein, drehte auf dem Absatz um und suchte ein nahe gelegenes Café auf, um eine Tasse Tee zu trinken.

Mögen Bücher wie dieses dazu beitragen, Menschen zu informieren und zu unterhalten, die erstaunlicherweise immer noch ähnlich denken wie diese Dame. Zweifellos rennen wir offene Türen ein, wenn wir diejenigen damit ansprechen, die diesen Band bereits in den Händen halten.

Paul G. Bahn

AFRIKA

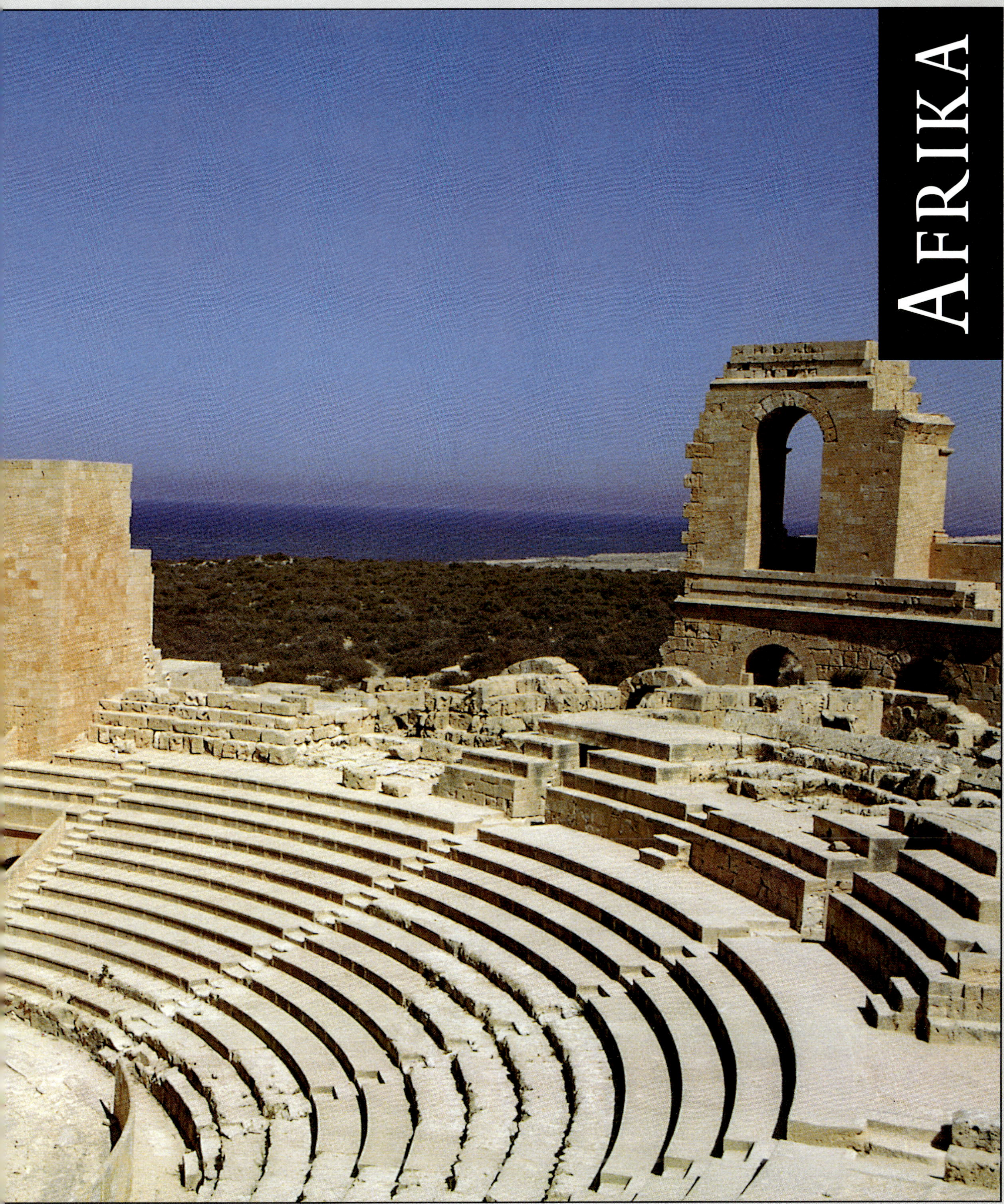

AMARNA

In einer weiten Ebene in einer Wüstentalbucht nahe dem Nildelta in Mittelägypten, 275 km nördlich von Theben gelegen, ging el-Amarna nie ganz „verloren". Schon frühe Besucher erkannten in den monumentalen Lehmziegelmassen die Überreste einer weitläufigen, alten Stadt. Doch erst im Zuge der Ausgrabungen durch britische und deutsche Forscher von 1891 bis heute trat der einzigartige Charakter dieser Stadt allmählich zutage.

Amarna besticht durch Größe und Komplexität. Es ist das spektakulärste Beispiel für eine Stadt, die innerhalb einer einzigen Generation gegründet, erbaut, bezogen, verlassen und zerstört wurde. Den Ausschlag gab das Bestreben König Amenophis IV. (auch als Echnaton bekannt), die dem Gott Amun geweihte Stadt Theben zu verlassen und eine neue Hauptstadt im Herzen eines Reichs zu gründen, dessen religiöses Dogma fortan von der göttlichen Sonnenscheibe Aton bestimmt werden sollte. Amenophis gründete seine Stadt im fünften Jahr seiner Regentschaft (um 1348 v. Chr.) und nannte sie Achet-Aton, „Horizont des Aton". Durch Felsinschriften wurden ihre Grenzen beidseitig des Nils markiert. Westlich des Nils umschlossen die Grenzen der Metropole einen breiten Streifen fruchtbaren Ackerlands, während die eigentliche Stadt auf dem Ostufer lag. Die Stadt mußte rasch erbaut werden. Lehmziegel konnten zügig hergestellt und in Häusern, Villen und Palästen verbaut werden, die den Bedürfnissen der Städter genügten. Böden und Wände konnten leicht verputzt und mit farbenfrohen Naturszenen bemalt werden. Doch für den Bau bedeutenderer öffentlicher Gebäude, besonders für Tempel, benötigte man Stein. Um den Transport und Bau zu beschleunigen, verwendete man kleine Steinblöcke, die heute *Talatat* genannt werden (arabisch für „drei", da sie etwa drei Spannen lang waren). Der Lehmziegel blieb bei den Plünderungen, zu denen es nach dem Tod Echnatons in seinem

Die Strahlen des Aton sind als Hände dargestellt, die sich nach Echnaton und Nofretete ausstrecken.

Kolossalstatue des Echnaton mit fein gearbeiteten Gesichtszügen.

17. Regierungsjahr in Amarna kam, unangetastet; der Stein aber leider nicht. Die großartigen Bauten Achet-Atons benutzte man später als Steinbruch für größere Bauvorhaben wie den Tempel Ramses II. am gegenüberliegenden Ufer in Hermopolis Magna, wo 1500 *Talatat* geborgen wurden. Diese Zerstörung wichtiger religiöser Stätten war gleichzeitig eine Demontage jener Elemente der „Ketzerei von Amarna", die in größtem Widerspruch zum Traditionalismus standen, und wirkte als *damnatio memoriae* für einen König, der – wenn man ihn überhaupt erwähnte – als „Feind aus Achet-Aton" bekannt wurde.

Lebensgroße Büste der Nofretete aus der Bildhauerwerkstatt des Tuthmosis in Amarna.

Die Stadt

Eines der berühmtesten Reliefmotive, die die Felsengräber der Höflinge an der Nord- und Südspitze der Bucht von Amarna schmücken, ist der königliche Triumphwagen, auf dem Echnaton und seine Hauptgemahlin Nofretete die „Königsstraße" entlangfahren. Diese lange, gerade Prachtstraße bildete die Hauptachse Achet-Atons. Auf der Wagenprozession passierte das königliche Paar die bedeutendsten Bauwerke der Stadt, die diese Straße säumten. Die Prozession, die täglich stattgefunden haben mag, nahm ihren Anfang am nördlichen Ende, in der sogenannten „Nordstadt". Dieses Viertel bestand aus dem Nördlichen Flußpalast, wahrscheinlich Hauptresidenz der königlichen Familie, und einer Gruppe großer Privathäuser, in denen vermutlich die höchsten Würdenträger des Hofs wohnten. Auf dem Weg nach Süden kam der Wagen am Nordpalast vorbei, einer separaten Residenz, die

OBEN: Steinrelief einer Prozession mit Zeremonial-Stier.

LINKS: *Talatat*-Block mit Darstellung von Steinmetzen bei der Arbeit und dem Querschnitts eines Hauses.

Relief aus Amarna, das eine Prinzessin darstellt, die sich um ihre jüngere Schwester kümmert.

wohl für die älteste Tochter des Königs, Merit-Aton, gedacht war, sowie an einem engem Häuserviertel, der Nördlichen Vorstadt, bevor er das Ende der Straße in der Kernstadt erreichte. Dort lag auf der Westseite der Straße der Große Palast mit einem großen zentralen Innenhof, von dem kleinere Höfe und Säle abgingen. Eine riesige Halle auf der Südseite des Palasts, die 544 engstehende Backsteinsäulen säumten, fügte später Echnatons früh verstorbener Nachfolger Smenchare hinzu. Gegenüber lagen weitere bedeutende öffentliche Gebäude, von denen das beeindruckendste der Große Atontempel war, der von einer Reihe offener Höfe mit Opferaltären gebildet wurde. Daneben befand sich das Haus des Königs, in dem Alltagsgeschäfte abgewickelt wurden und das durch eine Brücke über die Königsstraße mit dem Großen Palast verbunden war. In der Nähe des Königlichen Palasts war das „Korrespondenzbüro", ein Archiv für die königliche Auslandskorrespondenz. Hier wurden, zunächst im Zuge illegaler Ausgrabungen vor 1887, die sogenannten „Amarnabriefe" gefunden, Tontafeln mit Keilschrifttexten, die vorderasiatische Könige und Vasallen des Ägyptischen Reichs an Echnaton, seinen Vater Amenophis III. und später an Tutanchamun gesandt hatten. Im Süden der Stadt befand sich Maru-Aton, eine Gebäudegruppe, zu der auch ein künstlicher See, eine kleine Insel und Gärten gehörten. Dieser Komplex war vermutlich als „Lustpavillon" für Merit-Aton erbaut worden.

Die einfachen Bürger wohnten meist in der Kernstadt oder der Nördlichen Vorstadt. Die Wohlhabenden hatten Villen mit einem großen Raum in der Mitte, von dem weitere Räume, Schlafzimmer, Bäder und offene Veranden abgingen. Auf dem Grundstück um die Villa herum gab es meistens Kornspeicher, Gärten, Küchen, Stallungen, Gesinderäume und eine Kapelle. Die meisten Menschen wohnten jedoch in viel kleineren Behausungen um die großen Villen herum. Von Inschriften auf Gegenständen, die in diesen Häusern gefunden wurden, kennt man die Identität einiger ihrer Besitzer – z. B. den Bildhauer Tuthmosis, der in dem Wohnviertel lebte, das sich unmittelbar an die Kernstadt anschloß und aus dessen Werkstatt Skulpturen wie die berühmte Nofretete-Büste stammen, die sich heute in Berlin befindet.

In einer ägyptischen Stadt dürfen Friedhöfe nicht fehlen. Das Königsgrab liegt in einem Wüstental, 11 km östlich von der Kernstadt entfernt, während für hohe Beamte am Hof des Echnaton im Norden und Süden der Talbucht von Amarna Gräber in den Fels gehauen wurden. Vielleicht waren es die Handwerker, die an den königlichen (und privaten?) Gräbern arbeiteten, die in dem Arbeiterdorf bei Amarna lebten, einem Komplex von 69 Häusern, wie auch die Nekropolenarbeiter des Tals der Könige im nahegelegenen Dorf Deir el-Medina wohnten.

Über die weiteren Ereignisse am Ende der Herrschaft des Echnaton herrscht Unklarheit, doch eins ist sicher: Nach dem Tod des Initiators scheiterte das „Experiment Amarna" bald. Zwar fand man in Amarna noch Besitztümer des dort geborenen Königs Tutanchamun, der ursprünglich Tutanchaton hieß. Doch seine Herrschaft steht für die Rückwendung zum *Status quo*, die Erneuerung des traditionellen Amunkults und damit auch für die Rückkehr nach Theben und das Verlassen der Stadt Achet-Aton. ■

Tanis

Die größte Ausgrabungsstätte des Nildeltas heißt Tell San el-Hagar und besteht aus zwei großen natürlichen Sandinseln, *Geziras*, die sich über dem flachen Schwemmland des östlichen Nildeltas erheben. Der große *Tell* (Ruinenhügel) mißt 3 x 1,5 km und ist an seiner höchsten Stelle über 30 m hoch. Im nördlichen Teil sind kolossale Steinstatuen und Gebäudeblöcke dicht gestreut – dies ist das Tempelgebiet, das Kernstück der alten Stadt Tanis, auch bekannt als das altägyptische D'nt, das biblische Zoan und das arabische San el-Hagar, „San, die Steinige".

Nach dem Ende des Neuen Reiches im Jahr 1070 v. Chr. zerfiel Ägypten in eine Vielzahl autonomer Gebiete. Diese Epoche, die von der 21. bis zur 25. Dynastie andauerte, wird die Dritte Zwischenzeit genannt. Im Norden Ägyptens herrschte ein Mann namens Smendes, der bereits während der letzten Regierungsjahre des letzten Königs des Neuen Reiches, Ramses XI., der eigentliche Machthaber war. Smendes begründete die 21. Dynastie, die Unterägypten kontrollierte, während Oberägypten durch die Amunpriesterschaft von Theben regiert wurde. Ab 945 v. Chr. hatten mächtigen Familien libyschen Ursprungs den größten politischen Einfluß in Ägypten. Vermutlich handelte es sich hierbei um die Nachkommen von Kriegsgefangenen, die Ramses II. und seine Nachfolger im Delta angesiedelt hatten. Obwohl diese Herrscher ihre libysche Identität in vielerlei Hinsicht bewahrten und Namen wie Osorkon, Schoschenk und Takelot beibehielten, nannten sie sich die Herrscher von Ober- und Unterägypten und erzwangen eine Anpassung von Religion, Architektur und Kunst. Die herrschende Familie, heute als die 22. Dynastie (ab Schoschenk I.) bekannt, residierte in Tanis, obwohl ihr Aufstieg im nahegelegenen Bubastis begonnen hatte. Tanis scheint nach dem Verlassen der Ramsesstadt am Ende der 20. Dynastie zum wichtigsten Zentrum Nordostägyptens geworden zu sein. Unter der 21. und 22. Dynastie sollte Tanis zum „Theben des Nordens" erhoben und

Die Reste des Amuntempels von Tanis.

Königsskulpturen am Eingang des Amuntempels von Tanis.

eine Königsstadt geschaffen werden, die all das besaß, was Theben im Neuen Reich zum Glaubenszentrum Ägyptens gemacht hatte: so z. B. einen großen Tempel zu Ehren des höchsten Gottes des Ägyptischen Reichs, des Amun (wie in Karnak), und würdige Königsgräber (wie im Tal der Könige).

Um eine solche Stadt zu schaffen und sie vor allem mit kolossalen Steinmetzarbeiten und „Tempelmobiliar" (Statuen, Obelisken) auszustatten, in einer Zeit, in der der Zugang zu den Granitsteinbrüchen im Süden des Landes problematisch gewesen sein dürfte, verwertete man die Monumente der benachbarten und damals wohl bereits verlassenen Ramsesstadt. Diese Anleihen erschwerten frühen Archäologen die Festlegung, von wann bis wann genau Tanis bewohnt war und von wem. Daß Tanis mit San el-Hagar identisch ist, erkannte man bereits 1722, und 1800, während Napoleons Expedition, wurde ein Plan des großen Hügels erstellt: Obelisken, Blöcke und eine massive Begrenzungsmauer waren darauf zu sehen. Zwischen 1860 und 1864 erforschte der französische Ägyptologe Auguste Mariette das Tempelgelände. Er barg viele Steinfragmente mit dem Namen Ramses II. und ganze Gruppen vollendeter Statuen. 1884 machte der britische Archäologe Flinders Petrie Ausgrabungen auf dem Stadtgebiet, und 1929 startete der französische Ägyptologe Pierre Montet das bedeutendste Ausgrabungsprogramm an dieser Fundstätte.

Als Montet mit den Ausgrabungen in Tanis begann, ging er wie die meisten Ägyptologen von einer Fehlinterpretation der Frühgeschichte dieser Stätte aus. Die Inschrift einer Statue in Tanis erwähnte „Seth, Herr über Auaris". Dies und Mariettes Funde königlicher Statuen aus dem Mittleren Reich schien zu ergeben, daß Tanis bis auf die 12. Dynastie zurückging und daher wahrscheinlich die verlorengeglaubte Ramsesstadt sei. Später fand man auf in Tanis geborgenen Gegenständen die Namen noch früherer Regenten, woraufhin man annahm, daß Tanis bereits im Alten Reich erbaut worden sei. Erst nach 1928 erkannte man allmählich, daß Auaris und die Ramsesstadt anderswo liegen mußten. Die Arbeit Montets und seiner Nachfolger hat viel dazu beigetragen, die „wahre" Frühgeschichte der Stadt zu erhellen.

Das Tempelgelände

Der erste große Bauherr in Tanis scheint Psusennes I. gewesen zu sein, der dritte König der 21. Dynastie. Er ließ die Begrenzungsmauer und den Tempel für die göttliche Familie Amun, Mut und Chons erbauen. Außer der massiven Mauer überdauerte nur wenig von seinem Werk die Jahrtausende, doch die Existenz der Tempelanlage ist durch Fragmente von Widmungsinschriften belegt. Dieser Tempel wurde später erweitert, besonders von Siamun und Osorkon III. Die Kalkbrenner von Tanis zerstörten einen Großteil des Tempels für immer; übrig blieben überwiegend die Granitelemente, die aus der Ramsesstadt herbeigeschafft worden waren.

Die Königsgräber

In der südwestlichen Ecke des Tempelbereichs ließ Psusennes sein Grab aus wiederverwendeten Kalkstein- und Granitblöcken bauen. Es bestand aus schlichten Doppelkammern für den König und seine Königin, Mutnodjmet, und einigen Nebenzimmern, die später als Grabkammern für andere tanitische Könige und Adelige

Ein umgestürzter Obelisk mit dem Namen Ramses II.

dienten. Die Tempelanlage von Tanis sollte das Gegenstück zu Karnak und dem Tal der Könige werden, denn auch der große Staatstempel beherbergte Königsgräber. Da es nahe Tanis keine Wüstentäler gab, mußte eine andere Bestattungsform gefunden werden. In einem Grab innerhalb der geheiligten Mauern würde der König nach seinem Tod dem Gott auf ewig körperlich nahe und das Grab selbst so weit wie möglich geschützt sein. Königliche und halbkönigliche Grabstätten innerhalb von Tempelmauern sind auch aus den Deltastädten Sais und Mendes bekannt. Die tatsächliche Sicherheit eines Tempelgrabs läßt sich leicht an der Tatsache ablesen, daß diese Königsgräber bis zu ihrer Entdeckung und Ausgrabung durch Montet 1939–1940 intakt geblieben waren.

Nach Psusennes wurde wahllos Gebrauch von den Königsgräbern gemacht: In Mutnodjmets Kammer wurde Psusennes Nachfolger Amenemophis bestattet, während Schoschenk II. in der 22. Dynastie in dasselbe Grab gelegt wurde. Weitere Gräber für Osorkon II. und Schoschenk III. errichtete man daneben.

Unten: **Der äußere Granitsarkophag des Königs Psusennes aus den Königsgräbern von Tanis.**
Gegenüber: **Kanope mit den Eingeweiden des Prinzen Hornacht.**

Tanis nach der Dritten Zwischenzeit

Auch als es an die Städte Sais, Memphis und (in der griechisch-römischen Zeit) Alexandria (S. 40) seine Vormachtstellung verlor, blieb Tanis eine bedeutende Stadt. Die Tempelanlage wurde weiter ausgebaut, vor allem unter den Königen Nektanebos I. und III. der 30. Dynastie, die neue Tempel für Horus und Chons-Neferhotep und einen heiligen See anlegten.

Die zweite große Grenzmauer, die 430 x 370 m und 15 m stark war, entstand vermutlich zu jener Zeit. König Ptolemäus II. Philadelphus erweiterte später den Horustempel; und Ptolemäus IV. Philopator erbaute den Mut-Tempel neu, der ursprünglich das Werk des Siamun gewesen war. Weitere Belege für die Bedeutung von Tanis während der Ptolemäerzeit sind die Statuen der Statthalter Panemerit und Pichas. Doch noch vor dem Ende der römischen Epoche scheint Tanis verfallen und größtenteils verlassen worden zu sein. ■

MEROE

Nubien hieß das Land am Nil südlich des alten Ägypten, das sich größtenteils über den heutigen Sudan erstreckte. Zweitausend Jahre lang, von 3000 v. Chr. bis zum Niedergang des ägytischen Neuen Reichs im Jahr 1070 v. Chr., stand Nubien im Schatten seines mächtigeren Nachbarn im Norden. Zur Unabhängigkeit und Einheit Nubiens konnte es nur zu Zeiten schwacher Dynastien in Ägypten kommen, denn die ägyptischen Herrscher verfolgten eine Politik der Kontrolle und später der Kolonisierung dieses Gebiets, das mit seinem fruchtbaren Boden und großen Goldvorkommen selbst das Potential zu einem so mächtigen Staat wie Ägypten hatte.

Süd- oder Obernubien wurde auch Kusch genannt. Das erste Reich von Kusch wurde von der Stadt Kerma aus regiert und erlebte eine kurze Blütezeit während der Zweiten Zwischenzeit in Ägypten (ca. 1785–1550 v. Chr.), als die Kontrolle aus dem Norden nachließ. Durch das unter der 18. Dynastie wiedervereinte Ägypten wurde das Nubische Reich wieder zerschlagen. Das Zweite Reich von Kusch währte mehr als 1000 Jahre. Diese Zeit der nubischen Unabhängigkeit wird oft in zwei Phasen unterteilt, das Napatanische und das Meroitische Reich, da unterschiedliche Grabstätten benutzt wurden – Kurru und Nuri bei Napata, nahe des vierten Nilkatarakts (ca. 900–300 v. Chr.), und später südlich des fünften Katarakts in Meroe (ca. 300 v. Chr. bis 300 n. Chr.).

Oben: Steatit-Stele mit meroitischer Inschrift und Darstellung des Königs, der dem widderköpfigen Gott Amun und Isis opfert.

Gegenüber: Der höchste noch stehende Obelisk von Aksum.

Doch das Zweite Reich von Kusch scheint ein politisches Kontinuum gewesen zu sein; der Grund für die Verlagerung der Königsgräber ist unbekannt.

Der Name Meroe, der für die Stadt und das Reich steht, erscheint in den Werken klassischer Schriftsteller wie Diodorus Siculus, der vom rituellen Königsmord durch die Priesterschaft berichtet. Auch sprechen die Klassiker davon, daß Meroe von einer Königin namens Kandake regiert wurde; die einzige biblische Erwähnung findet Meroe in der Taufe eines „Mannes aus Äthiopien, eines mächtigen Eunuchen unter Kandake, der Königin der Äthiopier“ (Ap. Geschichte VIII, 26–39). Dennoch blieb Meroe/Äthiopien mehr eine Legende und geriet bis zur zufälligen Entdeckung der Stadt Meroe durch den Forscher James Bruce in Vergessenheit.

Bruce, der 1722 den Nil entlang nordwärts reiste, entdeckte südlich des Dorfs Begarawija „Haufen von gebrochenen Säulenfüßen und Stücke von Obelisken“. Ganz richtig nahm er an, daß es sich hierbei um die verlorene Stadt Meroe handelte, doch seine These wurde erst 200 Jahre später durch die Ausgrabungen John Garstangs von der Universität von Liverpool bestätigt. Von 1910 bis 1914 erforschte Garstang das gesamte Stadtgebiet und Umland Meroes. Die Ausgrabung der Königsgräber 1920–1923 blieb George Reisner vorbehalten, der auch die älteren königlichen Pyramiden von Kurru und Nuri freilegte.

Die Tempel von Meroe und anderen Stätten des Meroitischen Reichs zeigen, daß eine Vielzahl von Gottheiten verehrt wurde. Die wichtigsten waren Götter ägyptischen Ursprungs, besonders Amun, der nun auch in Meroe Reichsgott war. Hierin spiegelt sich die Tendenz, Aspekte der ägyptischen Hochkultur zu übernehmen, besonders in den Bereichen Religion, Kunst, Architektur und der Darstellung des Herrschers als siegreicher Held vor den Göttern. Der bedeutendste nichtägyptische Gott war Apiremak, mit Löwenkopf und oft mit Pfeil und Bogen dargestellt.

Viele große Bauten, die Garstang in Meroe ausgrub, wurden als Tempel identifiziert. Der bedeutendste war der

Oben: Prä-aksumitische Kalkstein-Statuette von Hawile-Assaraw bei Aksum. Die Plinthe trägt eine Inschrift in südarabischer Schrift.

Rechts: Der „Kiosk" des meroitischen Tempelklompexes in Naga.

Amuntempel, der aus einem breiten Außenhof bestand, dem sich eine Reihe Säulenhallen anschlossen, die zum Allerheiligsten hin schmaler wurden. Der Amuntempel lag unmittelbar an der Ostmauer der „Königsstadt", die vermutlich die Hauptresidenz der Könige von Meroe war. Innerhalb dieser Stadt entdeckte Garstang ein quadratisches Becken von 7 m Seitenlänge und 3 m Tiefe, das mit Ziegeln eingefaßt und von löwenköpfigen Wasserspeiern gesäumt war. Er identifizierte es als das „Königliche Bad", eine Imitation klassischer Badehäuser, doch jüngere Interpretationen sprechen von einem Schwimmbecken oder gar einem Heiligtum zur Verehrung des Nils.

Etwa 1,5 km östlich der „Königsstadt" stieß Garstang auf ein Gebäude, das er den „Sonnentempel" nannte. Dieser Tempel war von einer Backsteinmauer umgeben und stand auf einem Podest mit Kolonnaden ringsum. In der Mitte des Podests befand sich das Sanktuarium mit einem Eingangstor und blau gekachelten Böden und Wänden. So imposant dieses Gebäude ist, auf einen Zusam-

menhang mit der von Herodot beschriebenen „Sonnentafel" in Meroe weist lediglich ein beim Tempel gefundener Steinblock mit der Darstellung einer großen Sonnenscheibe hin.

Der kleine „Löwentempel" stand auf einem Schlackenhügel. Dies untermauert die Bedeutung Meroes besonders als metallverarbeitendes Zentrum. Ein Archäologe bezeichnete Meroe gar als „das Birmingham des alten Afrika".

Die königliche Begräbnisstätte

Meroitische Königspyramiden sind viel kleiner und steiler als ihre ägyptischen Gegenstücke. Die erste Pyramide des Reichs von Kusch wurde für König Pije (auch Pianchi) in Kurru errichtet. Dieser König hatte Ägypten erobert; seine Nachfolger regierten Ägypten als die 25. Dynastie und hatten daher Gelegenheit, „echte" Pyramiden mit eigenen Augen zu sehen. Den Wunsch, es ihren Vorgängern im Alten Reich nachzutun, verwirklichten sie in äußerst bescheidenem Maß – Pijes Pyramide war an der Basis nur 8 m breit. Die Pyramiden selbst waren massiv; schlichte Grabkammern wurden in den Boden darunter gehauen.

Die Gründe für den Niedergang des Reichs und das Verwaisen der Stadt Meroe sind nicht gesichert. Ein entscheidendes Ereignis mag die Einnahme der Stadt durch Ezana, Herrscher des aufsteigenden südlichen Reichs Aksum, gewesen sein.

Aksum

Mitte des 1. Jts. v. Chr. entstand in Nordäthiopien die sogenannte prä-aksumitische Kultur, wohl aus einer Vermischung einheimischer Afrikaner (möglicherweise den Nachfahren des alten Königreichs Punt) mit Neuankömmlingen aus Südwestarabien. Diese Immigranten brachten Künste wie monumentale Architektur und Bildhauerei in Stein mit und beeinflußten dadurch die Entwicklung der städtischen Zivilisation von Aksum, die zu Beginn des Christentums aufkam, bis ins 6. Jh. n. Chr. ihre Blütezeit hatte und bis zu ihrem endgültigen Untergang im Mittelalter allmählich an Bedeutung verlor.

In seiner größten Ausdehnung erstreckte sich das Reich von Aksum über Nordäthiopien und die Küste des Roten Meers vom Sudan bis Somalia, zeitweise auch über den Jemen. In der Kontrolle der Küste und vor allem im Handel zwischen dem Römischen Reich und Indien lag Aksums Reichtum. Außerdem exportierte Aksum eigene afrikanische Produkte wie Elfenbein, Gold und Weihrauch, hauptsächlich über den Seehafen Adulis. Eigenes Münzgeld zeigt die wirtschaftliche Bedeutung Aksums.

In Aksum selbst wurden Reichtum und Königswürde durch das Aufstellen der berühmten Stelen von 30 m Höhe zum Gedenken an verstorbene Monarchen demonstriert. Die Form dieser Obelisken trägt kaum ägyptische Züge, sondern läßt sich eindeutig der eigenständigen Aksum-Kultur zuordnen.

König Ezana (325–360 n. Chr.) erhob den christlichen Glauben zur Staatsreligion. Während seiner Regentschaft (nach dem Niedergang Meroes) baute Aksum seine Macht weiter aus. Die Übernahme des Jemen durch die persischen Sassaniden und die Kriege gegen das Byzantinische Reich setzten aber dem Handel, auf dem Aksums Reichtum fußte, ein Ende und führten zum allmählichen Niedergang des Reichs. ■

LINKS: Einer der umgestürzten Obelisken in Aksum.
GEGENÜBER: Widderstatue im meroitischen Tempelkomplex von Naga, vermutlich eine Darstellung des Gotts Amun.

SABRATHA

Dieser ursprünglich karthagische Handelsstützpunkt hatte seine Blütezeit im Römischen Reich aufgrund seiner weitreichenden Handelskontakte ins Landesinnere Nordafrikas, von wo Luxusgüter und exotische Tiere geliefert wurden, um die Nachfrage der römischen Städte im Mittelmeerraum zu befriedigen. Mehrmals erlitt die Stadt Erdbeben, und ein besonders schweres Beben Mitte des 4. Jhs. n. Chr. zerstörte sie schließlich. Trotz des Wiederaufbaus erholte sich Sabratha nie mehr.

Mit den Städten Leptis Magna und Oea bildete Sabratha die antike Region „Tripolitana" an der Küste Nordafrikas. Zwei Faktoren bestimmten Sabrathas Entwicklung. Zum einen besaß sie einen der wenigen natürlichen Häfen dieses Teils der nordafrikanischen Küste. Zum anderen liegt sie genau am Berührungspunkt der wichtigsten Küstenroute mit der Straße, die den Hafen mit einer der trans-saharanischen Handelsrouten über die Oase Cydamus (Ghadamis) gen Süden verbindet.

In der phönizischen Stadt Karthago erkannte man erstmals Sabrathas Möglichkeiten. Spätestens bis zum 5. Jh. v. Chr. war an dieser Stelle wegen der auf Expansion ausgerichteten Handelsinteressen Karthagos ein saisonaler Stützpunkt errichtet worden, von dem mit der einheimischen Bevölkerung Handel getrieben wurde. Erste Steinhäuser der zweiten Hälfte des 4. Jhs. v. Chr. weisen darauf hin, daß der Stützpunkt ständig genutzt und Sabratha immer bedeutender wurde.

Doch erst in den friedlichen Zeiten des Römischen Reiches gelangte die Stadt wirklich zu Reichtum. Zwar war Sabratha vom Djebel isoliert, dem Gebiet der reichen Olivenhaine, das Leptis Magna zu Wohlstand verhalf, doch aufgrund seiner günstigen Lage konnte es eine der Fernhandelsrouten nutzen, die die Sahara durchquerten. Der Handel mit Luxusgütern und exotischen Tie-

Blick auf ein Wohnviertel nahe dem Zentrum von Sabratha.

Mosaiken schmückten die Böden der Häuser.

ren aus dem Landesinnern war die Basis des Reichtums der Stadt, und Sabrathas natürlicher Hafen, der durch den Bau einer Mole noch verbessert wurde, erlaubte die bequeme Belieferung der Märkte des Mittelmeerraums. So zeigt ein Mosaikboden auf einem Hof einer Handelsniederlassung Sabrathas in Ostia, der Hafenstadt Roms, einen Elefant, das Wahrzeichen der Stadt und ein heiß begehrtes Tier für öffentliche Veranstaltungen, die in Rom und anderen Städten des Reichs immer beliebter wurden.

Sabratha war ein typisches Beispiel für den wachsenden Wohlstand der Städte Afrikas. Aus dem Reichtum erwachsender Bürgerstolz und Patriotismus schlugen sich in einem Programm zum Ausbau von Stadt und Infrastruktur nieder. In Sabratha entwarf man einen monumentalen Bürgerkomplex, der im Laufe des 1. Jhs. n. Chr. langsam Formen annahm. Zu Hilfe kam ausgerechnet ein schweres Erdbeben zwischen 64 und 70 n. Chr.: Bestehende Gebäude wurden zerstört, die dem Fortschritt im Wege standen. Paradestück der Initiative war ein Forum nach römischem Vorbild mit angeschlossenen Verwaltungsgebäuden und dem obligatorischen Kapitol. Bei letzterem handelte es sich um einen Tempel, der in den romanisierten Städten des Westens oft dem Forum hinzugefügt wurde. Nach dem Kapitol in Rom benannt, wo ein Jupitertempel stand, wurden diese Bauten meist dem Dreigestirn Jupiter, Juno und Minerva geweiht.

Die Entwicklung dieser typisch römischen urbanen Formen wurde durch den Fortbestand lokaler Traditionen wie dem Tempel der ägyptischen Gottheit Serapis ergänzt. Dieser stand an der nordwestlichen Spitze des Forums und war aus einheimischem Sandstein erbaut. Selbst der größere, dem Liber Pater (Dionysos) geweihte Tempel war insofern ungewöhnlich, als er trotz seines klassischen Grundrisses farbenfroh bemalt war. Die wahrscheinlich eindrucksvollste Erneuerung dieser Zeit war die Erweiterung des Isistempels. Als Beschützerin der Schiffahrt und der ruhigen See war sie im gesamten Mittelmeerraum sehr beliebt. Für Sabratha und seine kommerziellen Interessen bedeutete Isis daher äußerst viel. Ihr Tempel erhob sich östlich von der Stadt an der Küste und überblickte das Meer.

Im 1. Jh. n. Chr. entwickelte sich Sabratha nur allmählich weiter. Doch kurz nach der Mitte des 2. Jhs. erlebte die Stadt einen wahren Bau-, Erweiterungs- und Renovierungsschub, der seinen

Eine Statue der Römerzeit aus Sabratha.

Höhepunkt am Ende des Jahrhunderts erreichte. Bereits existierende Gebäude in der ganzen Stadt wurden weitgehend umgestaltet und verschönert. Dekorativer Marmor kam überall zum Einsatz; Granit wurde gar aus den abgelegenen Teilen Ägyptens herangeschafft. Auch neue Tempel kamen in dieser Zeit hinzu, darunter ein verschwenderisch ausgestatteter zu Ehren der Kaiser Marcus Aurelius und Verus und ein reich verzierter Herculestempel. Diese Gebäude zeugten vom Reichtum der Stadt und ihrer Einwohner. Doch Veränderungen beschränkten sich nicht nur auf öffentliche Bauten. Zu jener Zeit wurden die Straßen Sabrathas erstmals gepflastert, und ein weites unterirdisches Drainagesystem wurde angelegt.

Die Entwicklung und Verschönerung der Städte des ganzen Reiches wurde teilweise mit öffentlichen Geldern finanziert, größtenteils jedoch aus der Tasche der dem Vaterland ergebenen

GEGENÜBER: Das teilweise restaurierte Theatergebäude, das aus der zweiten Hälfte des 2. Jhs. n. Chr. stammt.
UNTEN: Reste einer Statue, vermutlich der Göttin Aphrodite.

Bürger. Man ermutigte den einzelnen, im Tausch gegen Ehren und Würden finanziell zur Verschönerung und Vergrößerung seiner Stadt beizutragen. Ein solcher Wohltäter in Sabratha war Flavius Tullus, der die öffentliche Wasserversorgung bereitstellte. Zwar konnte eine Stadt auch ohne auskommen, für ein zivilisiertes Stadtleben war sie jedoch unabdingbar. Wasser wurde außer zum Trinken für viele Zwecke verwendet. Für die Bäder wie auch für diverse kommerzielle und handwerkliche Abläufe benötigte man große Mengen Wasser. Dennoch blieb es oft am Allgemeinwohl interessierten, wohlhabenden Spendern überlassen, diese Dienste bereitzustellen. Die Bevölkerung Sabrathas versorgte sich aus großen Zisternen, die in Häusern und Gebäuden der ganzen Stadt zu finden sind, bis laut einer Gedenktafel seines Sohns Caius Flavius Pudens Flavius Tullus für die öffentliche Wasserversorgung aufkam.

Zu Beginn dieser rasanten Entwicklung war Sabratha Schauplatz eines einzigartigen Prozesses. 157 n. Chr. wurde der begabte Advokat, Sophist und Schriftsteller Apuleius, Autor der *Metamorphosen*, vom Provinzstatthalter nach Sabratha vor Gericht zitiert. Der gebürtige Afrikaner Apuleius hatte die östlichen Provinzen bereist und vor seiner Rückkehr nach Afrika eine Zeitlang in Rom gelebt. In Ägypten hatte er einen ehemaligen Schüler in Oea getroffen und dessen Mutter geheiratet. Doch ihre Familie beschuldigte Apuleius, sich die Frau durch Zauberei hörig gemacht zu haben, und die Sache kam nach Sabratha vor Gericht. Die ganze Angelegenheit samt Apuleius' brillanter Verteidigungsrede, die erhalten blieb, bietet einen tiefen Einblick in die Überzeugungen und Verhaltensweisen jener Zeit, und die Erwähnung verschiedener in Sabratha gepflegter Kulte ergänzt das, was man aus den Tempeln und Schreinen über die einheimische heidnische Religion weiß.

Die öffentlichen Gebäude verliehen Sabratha bald den Anstrich einer romanisierten Stadt, doch die älteren, meist unregelmäßigen und überfüllten Wohngegenden bewahrten ihren ursprünglichen Charakter. Die Straßen sind gesäumt von kleinen, im Parterre der Wohnhäuser eingerichteten Ladengeschäfte und Lagerräume; die Häuser selbst variieren in Form, Größe, Gestaltung und Komfort, je nach der Verfügbarkeit von Grund und gemessen an dem Reichtum des Besitzers.

Die rasche Stadtentwicklung in der zweiten Hälfte des 2. Jhs. n. Chr. brachte auch eine Ausweitung der Wohnviertel mit sich. Eine neue Wohngegend wurde im Ostteil der Stadt angelegt. Anders als in der Altstadt wurden Häuser und Gebäude nach einem strengen Muster angelegt, und viele Straßen wurden mit schattigen Portikos ausgestattet, die Schutz vor Sonne und Hitze boten. Diesen neuen Bezirk krönte ein prachtvolles Theater, das teilweise restauriert wurde.

Die Erweiterung der Stadt deutet auf schnell gewachsenen Wohlstand hin, doch nach dieser Phase gab es keine großen Verbesserungen mehr. Anscheinend war das 3. Jh. n. Chr. ein Jahrhundert des Stillstands. Im Jahr 365 wurden weite Teile des östlichen Mittelmeerraums durch ein schweres Erdbeben erschüttert; Sabratha trug dabei schwere Schäden davon. Obwohl das Zentrum teilweise wiederaufgebaut wurde, blieben viele Außenbezirke verlassen. Bezeichnenderweise wurde keiner der heidnischen Tempel erneuert – ein Beweis für die wachsende Macht und Beliebtheit des Christentums. Sabratha blieb zwar bewohnt, doch seine Bedeutung als ein blühendes Handelszentrum und kultureller Mittelpunkt war längst verlorengegangen. ■

JENNE-JENO

Vom Beginn des 1. Jts. n. Chr. an entwickelten sich in einigen Gegenden Westafrikas allmählich große Siedlungen und einheimische Handelsnetze. Am besten dokumentiert ist diese Entwicklung in Jenne-jeno, einer Stätte im Nigerbinnendelta in Mali, die von 250 v. Chr. an bewohnt war, bis 800 n. Chr. zu einer befestigten Stadt von etwa 33 ha Fläche anwuchs und wohl um 1400, spätestens aber bis 1468, verlassen wurde.

Bis vor kurzem nahm man an, die Städte in Westafrika seien auf Druck des einheimischen Handels hin entstanden, als nordafrikanische Araber Handelsstützpunkte in Siedlungen errichteten, von denen aus sie den Trans-Sahara-Handel kontrollierten. Dieser „Goldene Handel der Mauren", die Gold, Sklaven, Elfenbein, weitere Tierprodukte sowie Kolaholz von Westafrika durch die Sahara nordwärts brachten, um sie gegen Salz, Tuch, Keramik, Glas und Nahrungsmittel einzutauschen, verstärkte sich im 9. und 10. Jh. n. Chr. Einige dieser Handelsstützpunkte entwickelten sich später zu Hauptstädten der mächtigen westafrikanischen Reiche. Daher glaubte man, auch die westafrikanische Stadtentwicklung sei fremden Ursprungs, was die Bekehrung zum Islam, Alphabetisierung und jene religiöse Architektur nahelegt, die als das Kennzeichen traditioneller westafrikanischer Städte gilt. Jenne-jeno dagegen liefert eindeutige Beweise dafür, daß es eine einheimische westafrikanische Stadtstruktur gab, lange bevor die islamischen Kaufleute eintrafen.

Das „antike Djenné"

Jenne-jeno liegt 3 km südöstlich des heutigen Djenné in Mali in einer besonders fruchtbaren Gegend, deren Wasserwege sich für die Güterschiffahrt eignen. Diese im Grundriß tropfenförmige Ruinenstätte erhebt sich oberhalb des früheren Flußkanals des Bani im Überschwemmungsgebiet des Nigerbinnendeltas, am südlichsten Becken des mittleren Nigerlaufs. Die 33 ha große Stätte ist übersät mit einer erstaunlichen Fülle von Gegenständen und Geräten, wie runde und rechteckige Grundmauern aus Lehmziegeln, Teilen einer Stadtmauer, Ansammlungen von Eisen und Schlacke, Begräbnisurnen, tönernen Spielzeugfiguren, Kupferzierat, Mahlwerken aus Sandstein und Hunderttausenden von Topfscherben.

Die Existenz Djennés ist erstmals im Jahr 1447 belegt, als ein italienischer Kaufmann schrieb, er habe von einem westafrikanischen Stadtstaat namens Geni gehört. Im 16. und 17. Jh. beschrieben Chronisten Djenné als eines der bedeutendsten geistigen und wirtschaftlichen Zentren Westafrikas, das mit dem berühmten Timbuktu konkurrierte. Sorgsam bewahrte mündliche Überlieferungen besagen, daß Djenné im 8. Jh. n. Chr. gegründet wurde, daß es jedoch bei Zoboro, 3 km südöstlich von Djenné, bereits eine ältere Stadt namens Jenne-jeno („das antike Djenné" auf Songhai) gegeben hatte. Luftaufnahmen eines riesigen Hügels veranlaßten das Archäologenehepaar Roderick J. und Susan Keech McIntosh von der Rice University in Texas, mit seinem Team zu einer Erforschung dieser Stätte aufzubrechen, die seit 1977 andauert.

Eine alte westafrikanische Stadt

Die ersten Bewohner von Jenne-jeno scheinen Eisen gebrauchende Hirten und Fischer gewesen zu sein, die ab 250 v. Chr. dort seßhaft wurden. Schon 99 n. Chr. erstreckte sich die Siedlung über 25 ha.

Schmiede in Jenne-jeno von etwa 900 n. Chr., mit drei außen angebauten Brennöfen.

Terracotta-Kopf, Fund aus einer Schmiede in Jenne-jeno.

Man bewohnte Rundhäuser aus gebogenen Baumstämmen und geflochtenen Schilfmatten, die von außen mit Lehm beworfen waren, um sie wasserdicht zu machen. Eisen und Schlacke weisen darauf hin, daß man bereits Metall schmolz und schmiedete; dünnwändige, geprägte Töpferware zeugt von zeitweisem Kunsthandwerk. Große Mengen Tonspielzeuge, die Wild und Haustiere darstellten, wurden damals hergestellt. Die Wirtschaft beruhte auf Fisch, Riedböcken und Rinderzucht. Stein und Metalle waren im Umland nicht zu finden und wurden daher vermutlich im Tausch gegen Dörrfisch, Fischöl und afrikanischen Reis aus benachbarten oder entfernteren Gebieten eingeführt.

Zwischen 300 und 800 n. Chr. war die Stätte dicht besiedelt, und es finden sich viele Hinweise auf die Arbeit spezialisierter Handwerker wie in *tauf* (massivem, geschichtetem Lehm) arbeitetende Maurer, Töpfer und Schmiede. Die für diese Zeit typische Töpferware deutet auf Reichtum hin und umfaßt Luxusgefäße wie kielförmige Schalen mit geriefften Rändern und weißen und/oder schwarzen geometrischen Mustern. Auch Kupfer- und Goldzierat wurde gefunden. Die damalige Wirtschaft basierte auf Viehzucht, Fischerei und dem Anbau von Hirse, Sorghum und afrikanischem Reis. Interessanterweise lassen sich anhand der Behausungen und Grabstätten weder sozio-ökonomische Unterschiede unter den Einwohnern noch die Existenz einer Elite ablesen, wobei solche Erkenntnisse im weiteren Verlauf der Ausgrabungen noch gewonnen werden könnten. Möglicherweise wurde aus der wirtschaftlichen Notwendigkeit heraus, die Verwaltung der Familienhandelsnetze zu zentralisieren, ein Häuptling eingesetzt.

Während seiner Blütezeit um 800 n. Chr. muß Jenne-jeno einem Kaninchenbau geglichen haben: Schmale Straßen wanden sich durch dichtgedrängte Blocks runder und rechteckiger Häuser, die durch Mauerwerk miteinander verbunden waren. Fiel ein Haus in sich zusammen, setzte man schlicht ein neues darauf. Möglicherweise gab es einen zentralen Platz. Eine architektonische Besonderheit aus dieser Zeit ist eine Mauer von 3,6 m Breite, über 4 m Höhe und fast 2 km Umfang aus dicht gesetzten zylindrischen Lehmziegeln. Die McIntoshs halten es für unwahrscheinlich, daß diese Mauer zur Verteidigung errichtet wurde; vielleicht war sie aber auch als Schutz vor der Flut, zur Kontrolle des Marktzutritts oder einfach als Prestigeobjekt gedacht.

Schätzungen der Einwohnerzahl Jenne-jenos zu jener Zeit rangieren von 7000 bis 13 000. Doch die Stadt war durch einen erhöhten Fußweg mit dem Nachbarort Hambarketolo verbunden, und es wird angenommen, daß diese beiden Orte eine Fläche von insgesamt 42 ha einnahmen. Auch wurden rund 25 weitere Ortschaften in einem Umkreis von 11 km gefunden. Wenn man den gesamten Komplex als eine einzige Stadt betrachtet, steigt die Bevölkerungszahl auf 27 000 Menschen.

Das Verwaisen der Stadt

Die Gründe für den Niedergang und das Verwaisen der Stadt Jenne-jeno sind unklar. Möglicherweise verlagerte sich die Stadt dorthin, wo das heutige Djenné steht, als der König oder eine Elite zum Islam wechselte. Dies soll im 13. Jh. n. Chr. geschehen sein, um die Stätte heidnischer Bräuche hinter sich zu lassen. Es mag aber auch wirtschaftliche Gründe gegeben haben. Wenn es stimmt, was die Überlieferung sagt, daß nämlich zu jener Zeit islamische Kaufleute den Handel unter ihre Kontrolle brachten, könnte der wachsende Markt der neuen islamischen Nachbarstadt Djenné Bauern, Fischer und Handwerker angezogen, so allmählich zum Verlassen der Stadt Jenne-jeno und zum Ende eines Zentrums geführt haben, das seine Entwicklung einheimischen Anreizen verdankte und nahezu 1000 Jahre lang prosperierte. ■

Tönerne Tierfigürchen aus Jenne-jeno, vermutlich Kinderspielzeug.

Kilwa

Kilwa Kisiwani ist eine kleine Koralleninsel von etwa 6 km Länge und 4 km Breite in einem versunkenen Tal vor der tansanischen Küste, durch einen 1,5 km breiten Kanal vom afrikanischen Festland getrennt. Das heutige Dorf Kilwa im Nordteil der Insel liegt mitten im Gebiet der alten Stadt Kilwa, die im Mittelalter eine reiche islamische Handelsstadt mit einer Fülle prachtvoller, aus Stein erbauter Moscheen und Paläste war.

Bis zum 9. Jh. n. Chr. hatten sich afrikanische seefahrende Völker über die ganze ostafrikanische Küste verbreitet und kleine, isolierte Gemeinschaften gebildet, die von der Fischerei, von Reis, Hirse, Kokosnüssen und Ziegen lebten. Bei Kilwa stand damals ein Dorf, dessen rechteckige Pfahlhäuser aus Flechtwerk und Lehm sich über einen Hektar erstreckten. Dieses Dorf scheint arm gewesen zu sein, sich von Muscheln ernährt und keine Lampen gekannt zu haben. Man stellte etwas Eisen her, doch der wichtigste Erwerbszweig war die Herstellung von Muschelketten, wahrscheinlich für den Handel. Importierte Güter wie islamische Keramik, Glas und Perlen deuten auf Kontakte zu wichtigeren Handelszentren an der ostafrikanischen Küste oder im Landesinnern hin. Eine Steininschrift in arabischer Schrift legt nahe, daß Moslems aus nördlicheren ostafrikanischen Küstenstädten oder aus Übersee Kilwa besuchten oder dort lebten, doch die Gemeinschaft selbst war damals vermutlich nicht islamisch.

Die Epoche der „Shirazi"-Dynastie

Im 11. und 12. Jh. n. Chr. blühten die Siedlungen entlang der ostafrikanischen Küste auf; große Städte entstanden. Kilwa wuchs um 30 ha und wurde Ende des 12. Jhs. einem neuen Stadtstaat einverleibt.

Arabische und portugiesische Chroniken belegen eine Legende, nach der durch 'Ali bin al-Hasan (manchmal Husain geschrieben), dem Sohn des Sultan von Shiraz, der mit seinen Brüdern und seinem Vater vom Persischen Golf aus sieben Siedlungen an der ostafrikanischen Küste gründete, eine Herrscherdynastie gegründet wurde. Diese Legende ist vermutlich eine Mischung verschiedener Geschichten; möglicherweise stammten diese Siedler auch aus dem Norden der ostafrikanischen Küste. Bei ihrer Ankunft kaufte 'Ali die Insel ihrem heidnischen Herrscher für eine Lieferung Tuch ab.

Während der Regentschaft dreier Generationen der „Shirazi"-Dynastie bis zum Ende des 13. Jhs. entwickelte sich Kilwa zu einer typisch islamischen Stadt mit einer Bevölkerungszahl zwischen 4000 und 12 000 Menschen. Die Stadt war nach keinem Plan angelegt, und unregelmäßige Gebäude waren durch enge Gäßchen voneinander getrennt. Öffentliche Gebäude und die Häuser wohlhabenderer Bürger wurden aus Korallenstein gebaut, den man bei Ebbe aus den Riffs schnitt.

Die Häuser müssen kühl und dunkel gewesen sein, mit einem tiefliegenden Hof, von dem ein langes, schmales Vorzimmer abging, das in mehrere kleinere Räume mündete. Die Vorzimmer aufwendiger gestalteter Häuser hatten eine mit eingelassenen bunten Becken verzierte Kuppel. Jedes Haus verfügte über mindestens eine Latrine mit angeschlossenem „Bidet".

Im Stadtzentrum stand die Große Moschee, der besterhaltene prä-portugiesische Bau der ostafrikanischen Küste, die bezeugt, daß Kilwa zu jenem Zeitpunkt schon islamisch war. Der ältere, nördliche Abschnitt hatte ein flaches Dach, das von achteckigen Steinsäulen getragen wurde, doch den Südteil bedeckten Kuppeln, Gewölbe und Bögen.

Der Reichtum der Stadt erwuchs aus dem Handel und ihrer Lage als Hafenstation für Mogadischu in Somalia, Madagaskar und sogar Sofala in Mozambique, das die ostafrikanische Küste mit Gold und Elfenbein aus Simbabwe belieferte. Während der „Shirazi"-Dynastie stieg der Import von Waren aus der islamischen Welt und sogar von seltenen Stücken chinesischen Porzellans erheblich an. Zwar prägte man einheimische Münzen mit den Namen von Sultanen, doch diese waren von zu geringem Wert, als daß große Zahlungen damit getätigt worden sein können. So betrieb man wahrscheinlich Tauschhandel oder bezahlte in Gold.

Die Dynastie der Ahdali

Zu einer Dynastieablösung kam es in Kilwa Ende des 13. Jhs., als al-Hasan bin Talut von der Familie der Mahdali oder Ahdali, ein damals im Südwestjemen lebender Saiditen-Klan, an die Macht kam. Wie die Überlieferung will, riß er die Macht im Stadtstaat mit Gewalt an sich, doch fand er dabei Unterstützung. Da es keine Anzeichen für eine Invasion gibt, war er zu Zeiten des Putsches vermutlich bereits Einwohner von Kilwa.

Unter den Ahdalis blühte die Stadt weiter auf. Der Reisende Ibn Battuta, der Kilwa 1331 oder 1332 besuchte, beschrieb die Stadt

Die Ruinen des Palasts Husuni Kubwa in Kilwa, Tansania.

als „eine der prachtvollsten und am sorgfältigsten gebauten Städte ... viele ihrer Einwohner sind Zinj [Ostafrikaner] und tiefschwarz. Sie tragen Tätowierungen im Gesicht ..." Kilwas Reichtum war vermutlich eine Folge des Monopols auf den Goldhandel mit Simbabwe und der Errichtung von Häfen in der Gegend um Sofala. Der daraus erwachsene Reichtum zeigt sich im extensiven Import von chinesischem Porzellan und Glasperlen, in der steigenden Produktion hochwertiger Baumwollstoffe und vor allem im Bau des Palastes und des Handelsplatzes von Husuni Kubwa.

Dieser Name stammt vom arabischen *Hsun*, der Bezeichnung für befestigte Häuser, wie sie vor allem in Südarabien vorkamen. Der Komplex wurde mit der Nordseite auf einer weit vorragenden, hohen Klippe gebaut, so daß er einen guten Blick auf den Hafen bot und von Meeresbrisen gekühlt wurde. Im dreieckigen Nordabschnitt befindet sich der Palast, während der fast quadratische Südteil aus einem von Lagerräumen gesäumten Hof das Handelszentrum des Sultans beherbergte. Das Gebäude ist mit Treppen, Gewölben, Kuppeln und einem achteckigen Becken in einer Umfriedung unter freiem Himmel versehen. Ein 50 m breiter Wassergraben trennt das Gebäude von der gleichzeitig entstandenen rechteckigen Anlage Husuni Ndogo, die besonders starke Mauern von 1,2 m Dicke und 2,5 m Höhe hat, trutzige Türme an der Außenseite und von innen isoliert war.

Weitere bedeutende Gebäude, wie die Kleine Kuppelmoschee, die Jangwani-Moschee und Teile der Hauses der Moschee datieren vermutlich aus der ersten Hälfte des 15. Jhs.

Die Ankunft der Portugiesen

In der zweiten Hälfte des 15. Jhs. nahm Kilwas Reichtum infolge dynastischer Rivalitäten, politischer Zwistigkeiten und der wachsenden Bedeutung anderer Städte allmählich ab.

Der portugiesische Entdecker Vasco da Gama hatte geplant, 1498 auf seiner ausgedehnten Reise um Afrika herum nach Indien in Kilwa Halt zu machen, doch die Strömung trug ihn an der Insel vorbei. Als es ihm 1502 doch gelang, erlangte er das Versprechen des Sultans, dem König von Portugal Tribut zu zollen. Als der Sultan 1505 die Zahlung verweigerte, besetzte eine portugiesische Flotte unter Francisco d'Almeida die Stadt und plünderte, zerstörte sie aber nicht. Die Festung Gereza wurde erbaut, eine Garnison eingerichtet, und die nun folgenden Herrscher waren zumeist von den Portugiesen eingesetzte Omani-Araber. 1592 wurde Kilwa nochmals heimgesucht, als der marodierende Stamm der Zimba die Stadt vom Festland aus überrannte. Es heißt, sie haben viele der Einwohner getötet und verspeist.

Die Große Moschee in Kilwa, Tansania.

Innenansicht der Großen Moschee in Kilwa, Tansania.

Ende des 18. bis Anfang des 19. Jhs. erlebte Kilwa mit Sklaven-, Elfenbein- und Kopalhandel noch einen kurzen Aufschwung; der Makutani-Palast mit einer dreieckig angelegten Schutzmauer wurde gebaut, doch mit der Deportation des letzten Sultans 1843 nach Maskat endete das Sultanat.

Kilwa war im großen und ganzen eine Gesellschaft von Kaufleuten, die einen Außenposten der islamischen Welt darstellte. Die ostafrikanischen Küstenbewohner, die von dieser Gesellschaft aufgesogen wurden, nahmen den moslemischen Glauben an und entwickelten eine Mischkultur mit arabischen und afrikanischen Elementen, die eher auf den Indischen Ozean denn aufs afrikanische Hinterland ausgerichtet war. Neville Chittick unternahm zwischen 1958 und 1965 mit seinem hundertköpfigen Team eine achtteilige Reihe von Ausgrabungen, und die Stadt ist noch heute Gegenstand archäologischer Forschungen. ■

SIMBABWE

Simbabwe ist die wohl bekannteste und am meisten zerstörte Ruinenstadt Schwarzafrikas. Diese steinerne Geisterstadt war die größte und wichtigste Stadt eines Shonareichs, das vom heutigen Staat Simbabwe bis Südafrika reichte und vom Osten Botswanas bis in den Westen Mosambiks. Simbabwe erstreckte sich über 40 ha und hatte während seiner Blütezeit im 14. Jh. n. Chr. 18 000 Einwohner. Um diese Stadt ranken sich vermutlich mehr Legenden, exotische Erzählungen, Rätsel und, in den letzten Jahrzehnten, auch patriotische Gefühle, als um jede andere Ausgrabungsstätte der Welt.

Die Stadt Simbabwe lag im Südosten des Staats Simbabwe im Süden Afrikas, der 1980 bei seiner Unabhängigkeit von Großbritannien den Namen der Stadt annahm. *Dzimbabwe* ist das Shonawort für das Haus, den Hof oder das Grab eines Häuptlings. Ein traditionelles Häuptlingshaus umfaßte eine Reihe auf einem Hügel erbaute Umfriedungen aus Stein. Simbabwe ist das größte und beeindruckendste von über 150 ähnlichen *Dzimbabwes*, die größtenteils im Binnenhochland Simbabwes liegen, manche sogar im entfernten östlichen Botswana, in der nördlichen Provinz Südafrikas oder im Westen Mosambiks, einem Gebiet, das als der Kulturbereich von Simbabwe bekannt ist.

Von 500 bis 900 n. Chr. bewohnte eine nicht in Stein bauende Bauerngemeinschaft auf der Entwicklungsstufe der jüngeren Eisenzeit die Stätte, vermutlich, weil sie Wasser bot, süßes Gras für das Vieh und fruchtbares, recht leicht zu kultivierendes Schwemmland. Zwischen 1270 und 1290 siedelten sich Shonavölker an und bauten Steinhäuser, bis die Stadt zwischen 1420 und 1450 ihre politische Bedeutung verlor. Vom ausgehenden 15. bis Anfang des 16. Jhs. war sie teilweise wieder bewohnt.

Anders als in anderen zeitgenössischen Gesellschaften in Afrika basierte die gesellschaftliche Struktur Simbabwes auf einer klaren Trennung zwischen der herrschenden Klasse und Gemeinen. Diese Hierarchie mag in der Religion oder aber in der Kontrolle über Vieh und Weideland begründet gewesen sein, doch einer der Hauptfaktoren der Entwicklung der Simbabwe-Kultur wird das Gold gewesen sein, das man aus den umliegenden Flüssen schürfte. Mit der Zeit gelangten die Könige Simbabwes zu großem Reichtum und Prestige, da sie ein Handelsnetz kontrollierten, mit dessen Hilfe Gold, Elfenbein und Eisen an den Handelsstützpunkten der ostafrikanischen Küste gegen Glasperlen, Baumwoll- und Seidenstoffe und chinesisches Porzellan eingetauscht wurde.

Hauptstadt der Shona

Die Anordnung der Ruinen von Simbabwe reflektiert die Komponenten einer hierarchisch gegliederten Shonagesellschaft. Ein nackter, großer Granithügel dominiert die Stätte, auf dem Steinmauern zu sehen sind, die allgemein als Hügelruine oder -komplex bekannt sind. In der Shonakultur symbolisieren Höhe und Berge den hohen Status eines Häuptlings, und so lagen die Häuser bedeutender Herrscher als Zeichen ihrer Macht abgeschieden an hochgelegenen Stellen. Merkmale und Symbolik dieses Hügel-

Die „Große Umfriedung“ und andere Strukturen im Tal an der Ruinenstätte Simbabwe.

komplexes machen deutlich, daß es sich hierbei um das Anwesen eines heiligen Herrschers handelte, dem die Privaträume des Königs, oder *Mambo*, seiner Angehörigen und Funktionäre wie auch Stätten von religiöser und ritueller Bedeutung angegliedert waren. Die berühmtesten Funde aus dem Hügelkomplex sind sieben einzigartige Raubvogelfiguren aus graugrünem Speckstein (eine achte, die weiter unten im Tal gefunden wurde, ist auf der Flagge der Republik Simbabwe abgebildet), denen man religiöse Bedeutung zumißt. Jede Figur ist etwa 300 mm groß und auf einem Sockel von etwa 1 m Höhe angebracht. In der Kosmologie der Shona werden einige Vogelarten als Boten der Ahnen und Mittler zwischen „Dem Großen" und den Normalsterblichen angesehen.

Auf den unteren Abschnitten des Hügels sind mehrere Terrassen für die Häuser der Adeligen angelegt, und der Fuß des Hügels ist teilweise durch eine Innenmauer umgeben. Die äußere Mauer im Tal umschließt neben dem Hügel auch ein Gebiet mit den Unterkünften der Königsgemahlinnen und die berühmte „Große Umfriedung" (auch als das „ellyptische Gebäude" bekannt). Shonakönige nahmen viele Frauen (manche bis zu 1000), denn Frauen bedeuteten politische Allianzen und symbolisierten Reichtum, Macht und Erfolg. Sie lebten unter der Kontrolle der ersten Frau, der *vahozi*, mit ihren Dienern in einem eigenen Viertel.

Viele Archäologen sehen in der „Großen Umfriedung" ein Abbild der monumentalen Größe der Stadt und eine architektonische Meisterleistung. Die Außenmauer des Anwesens besteht aus schätzungsweise 900 000 Steinblöcken; ein Teil von etwa 11 m Höhe ist mit einem doppelten Wappenzeichen dekoriert, vermutlich ein Symbol junger Manneskraft. Die Mauer wurde wahrscheinlich schrittweise und ohne Gerüst erbaut, indem man erst einen Abschnitt zu voller Höhe hochzog und die Füllung als Rampe benutzte, um sie horizontal zu erweitern. Den Stein beschaffte man vor Ort, denn der Granit von Simbabwe weist natürliche Risse auf, durch die sich das Gestein in ebenmäßigen Schichten ablösen läßt. Lage, Gestaltung, Gerätschaften, Symbole und Strukturen der „Großen Umfriedung" scheinen darauf hinzudeuten, daß es sich hierbei um eine voreheliche Schule für junge Männer und Frauen handelte. Der oft fotografierte Konische Turm innerhalb der „Großen Umfriedung" stellt vermutlich einen riesigen Kornspeicher dar, ein männliches Symbol.

Die Untertanen lebten dichtgedrängt innerhalb der äußeren Mauer im Tal, während Unterhäuptlinge aus anderen Gegenden kleine Paläste am Stadtrand unterhielten.

Aufgabe der Stadt

Simbabwe wurde nicht zerstört, aber verlassen – wohl aus sozialen und Umweltgründen. Vermutlich waren Ressourcen wie Baumrinde, die zu Netzen, Taschen und Decken verarbeitet wurde, Feuerholz und der fruchtbare Boden erschöpft, was zu sozialen Spannungen geführt haben mag. Als im 16. Jh. portugiesische Entdecker Südostafrika erreichten, hatte sich die Hauptstadt der Shona bereits in andere Zentren verlagert. Die Geschichtsschreibung wie auch die mündliche Überlieferung der Shona geben jedoch an, daß die Simbabwe-Kultur sich in einigen Gegenden gehalten hat und *Dzimbabwes* bis ins 19. Jh. gebaut wurden.

Entdeckung und frühe Interpretationen

Simbabwe wurde durch Carl Mauch bekannt, einen abenteuerlustigen jungen deutschen Geologen, der, inspiriert von den alten

Der Konische Turm und Mauerwerk innerhalb der „Großen Umfriedung", Teil der Ruinen Simbabwes.

Geschichten portugiesischer Entdecker, Kaufleute und Missionare, daß König Salomons Ophir im ostafrikanischen Hinterland läge, 1871 loszog, um den „mysteriösesten Teil Afrikas" zu finden. Sein Bericht von überwucherten, imposanten Steinmauern und seine romantische Interpretation, die Königin von Saba habe sie erbaut, weckte 1872 großes Interesse und festigte den Mythos, die Ruinen seien das Werk von Fremden.

1890 kolonisierte die British South Africa Company von Cecil Rhodes das Gebiet. Rhodes glaubte, es handele sich um die Ruinen einer vergessenen phönizischen Stadt. Seitdem häuften sich Spekulationen über die Beteiligung von Arabern, Ägyptern oder Indern. Diese Interpretationen wurden durch zwei Studien im Auftrag der Britischen Wissenschaftsförderung widerlegt, die erfahrene Archäologen durchführten. In der ersten Studie von 1906, datierte David Randall MacIver die Ruinen auf das Mittelalter, indem er sie zu Gegenständen vom 14.–16. Jh. n. Chr. in Bezug setzte, die offensichtlich aus dem Nahen Osten und China importiert waren. Dies wurde von der zweiten Studie unter Gertrud Caton-Thompson von 1929 bestätigt, in der auch eindeutig der rein afrikanische Ursprung dieser Stätte belegt wurde.

Obwohl diese Datierung und der Charakter der Stätte im Lauf der folgenden Jahrzehnte ausreichend bewiesen wurden, herrschen in Volkserzählungen noch heute exotische Darstellungen vor, die den Afrikanern die Fähigkeit absprechen, solch großartige Bauten zu schaffen. In Afrika selbst sieht man in den Ruinen heute ein Denkmal vergangenen Ruhms und ein Symbol für die Freiheit von Kolonialherrschaft. Wahrscheinlich war die Archäologie niemals so stark politisch geprägt oder an so starke Gefühle geknüpft wie in Simbabwe. ■

uMGUNGUNDLOVU

uMgungundlovu, was soviel heißt wie „Der geheime Treffpunkt der Elefanten“, wurde vom Zulu-König Dingane ka Senzangakhona auf einem Hügel im Makosini-Tal mitten in der Provinz KwaZulu-Natal, Südafrika, als Hauptstadt und militärisches Hauptquartier erbaut. Die Stadt war von Dezember 1829 bis Dezember 1838 bewohnt, als ein Brand sie zerstörte. Diese Stätte ist ein besonders gutes Beispiel für die typischen Militärstädte der Zulu-Königreiche des 19. Jhs. und ist berühmt dafür, daß hier der Anführer der Voortrekker Piet Retief und seine Begleiter am 6. Februar 1838 auf Dinganes Kommando ermordet wurden.

Im ausgehenden 18. Jh. n. Chr. führte der Wettstreit zwischen Häuptlingen um die Kontrolle des Handels mit den Schiffen, die an der ostafrikanischen Küste anlegten, im Südosten Südafrikas zu tiefgreifenden sozialen, politischen und besonders militärischen Veränderungen. Bis Mitte der 1820er Jahre hatte der Zulu-König Chaka ein einziges vereintes Zulu-Königreich geschaffen, das sich über einen Großteil der heutigen Provinz KwaZulu-Natal in Südafrika erstreckte und die damals gefürchtetste und gewaltigste Militärmacht der Region war.

Chaka fiel am 24. September 1828 im Zuge einer Verschwörung einem Attentat zum Opfer, in das auch seine Halbbrüder Dingane und Mahlangane verwickelt waren. Als Dingane einige Wochen später auch Mahlangane getötet und die Thronfolge angetreten hatte, führte er Chakas Strategie, Militärstädte im Herzen des Königsreichs zu errichten, fort. Die größte darunter war uMgungundlovu, in die Dingane 1829 nach ihrer Fertigstellung mit einer Vielzahl von Frauen und Kriegern seine Residenz verlegte.

Für seine Hauptstadt hatte er einen sanften Hang in einer baumbestandenen Savanne, iSangoyane, auserkoren, in der ein Vorfahr Dinganes, der in späteren Chroniken als Nkosinkulu auftaucht, bestattet war und Ende des 17. oder Anfang des 18. Jhs. ein Haus hatte. Den Großteil der folgenden neun Jahre verbrachte Dingane in uMgungundlovu, von wo aus er die inneren Angelegenheiten des Zulu-Königreichs koordinierte, eine große militärische Garnison unterhielt und Handel mit den Europäern von Delagoa-Bai (heute Maputo in Mosambik) und Port Natal (heute Durban in Südafrika) trieb.

Beschreibung des Geländes

Eine Vielzahl europäischer Reisender, Kaufleute und Missionare, die uMgungundlovu besucht hatten, haben das Gelände beschrieben, und diese Informationen ergänzen die Ergebnisse mehrerer Ausgrabungen, die seit 1974 dort vorgenommen wurden.

Nach diesen Quellen war uMgungundlovu oval geformt und von einem hohen Schilfzaun umgeben. Am dem Eingang gegenüberliegenden Stadtrand befand sich der königliche Bereich, *isigodlo*,

Captain A. F. Gardiners Zeichnung der Anlage von uMgungundlovu, umgeben von einem Schilfzaun.

in dem Dingane und sein Gefolge lebten, an den sich einheitliche, dichtstehende strohgedeckte Kriegerhäuser in zwei Bögen anschlossen, die um einen offenen Platz bis zum Haupteingang verliefen. Wahrscheinlich umfaßte die Stadt etwa 1100 Häuser und hatte rund 5500 Einwohner. Der Missionar Allen Gardiner beschrieb sie als „einer Rennbahn ähnlich" und als „riesige Ansammlung von Heuschobern". Dingane selbst beschrieb er als „groß, korpulent und feist".

Die Häuser im *Isigodlo* waren größer und weniger dicht gebaut als die der Krieger und bildeten mehrere, durch hohe Zäune abgetrennte Gruppen. Dieser Bereich war eingeteilt in einen „weißen" *Isigodlo*, in dem Dingane mit seinem persönlichen Gefolge lebte, und einen „schwarzen" *Isigodlo*, in dem Hunderte von *Undlunkulu* oder „königlichen Mädchen" lebten. Ein Platz zwischen den beiden Bereichen mag als Viehkoppel oder aber als Tanzplatz gedient haben.

Dinganes Privaträume lagen vermutlich auf der Ostseite des *Isigodlo*. Berichten von Zeitgenossen zufolge bewohnte er ein schönes Rundhaus von 20 m Durchmesser, dessen Dach von 21 oder 22 perlenbesetzten Pfählen gestützt wurde; andere Beobachter sprechen jedoch von nur neun oder zehn Pfählen. Vielleicht hatte Dingane mehrere Häuser zu verschiedenen Zwecken und schlief und aß in einem kleinen Haus mit nur einem Pfahl.

In einigen Häusern im *Isigodlo* mag die Leibgarde gewohnt haben. Mindestens ein Haus war ausschließlich für die Lagerung von Waffen gedacht, denn an mindestens drei Stellen standen Pfähle, die vermutlich Holzständer trugen, auf denen Schilde und Speere fern vom Boden und vor Schäden durch Insekten geschützt aufbewahrt wurden.

Hinter dem *Isigodlo* lag der *Bheje*-Trakt, in dem die königliche Familie gewohnt, der aber auch als Schmiede oder Getreidespeicher gedient haben könnte. In einer Vertiefung in diesem Trakt fand man eine Schieferform zur Herstellung von Messingperlen und -armreifen. Messing erhielt man von Händlern der Delagoa-Bai im Tausch gegen Elfenbein und Vieh.

Mahlzeiten in uMgungundlovu

Anscheinend war uMgungundlovu in der Nahrungsbeschaffung nicht autark; große Mengen Bier und Getreide wurden durch Verwandte der Krieger, die dort lebten, beschafft. Zeitgenossen berichteten, daß in der Umgebung kein Ackerbau betrieben wurde.

Tierknochen aus uMgungundlovu belegen, daß dort fast nur Rindfleisch gegessen wurde, ein Zeichen für den hohen sozialen Status der Gemeinschaft. Schafe, Ziegen und wilde Tiere scheinen unbedeutend gewesen zu sein. Die meisten verzehrten Rinder waren alt. Gardiner berichtete, das Fleisch sei zäh gewesen, und Dingane höchstpersönlich habe jeden Tag die Tiere ausgewählt, die für seine Krieger geschlachtet wurden. Im königlichen Trakt gefundene Knochen jüngerer Tiere lassen jedoch annehmen, daß die Elite ab und zu auch einmal zarteres Fleisch genoß.

Die Mahlzeiten wurden in Kesseln zubereitet, die so groß waren, daß die Hälfte der Fleischknochen hineinpaßte – anscheinend zog man das Fleisch am Kopf dem Beinfleisch vor. Die Hörner wurden offensichtlich aus religiösen oder rituellen Gründen verbrannt.

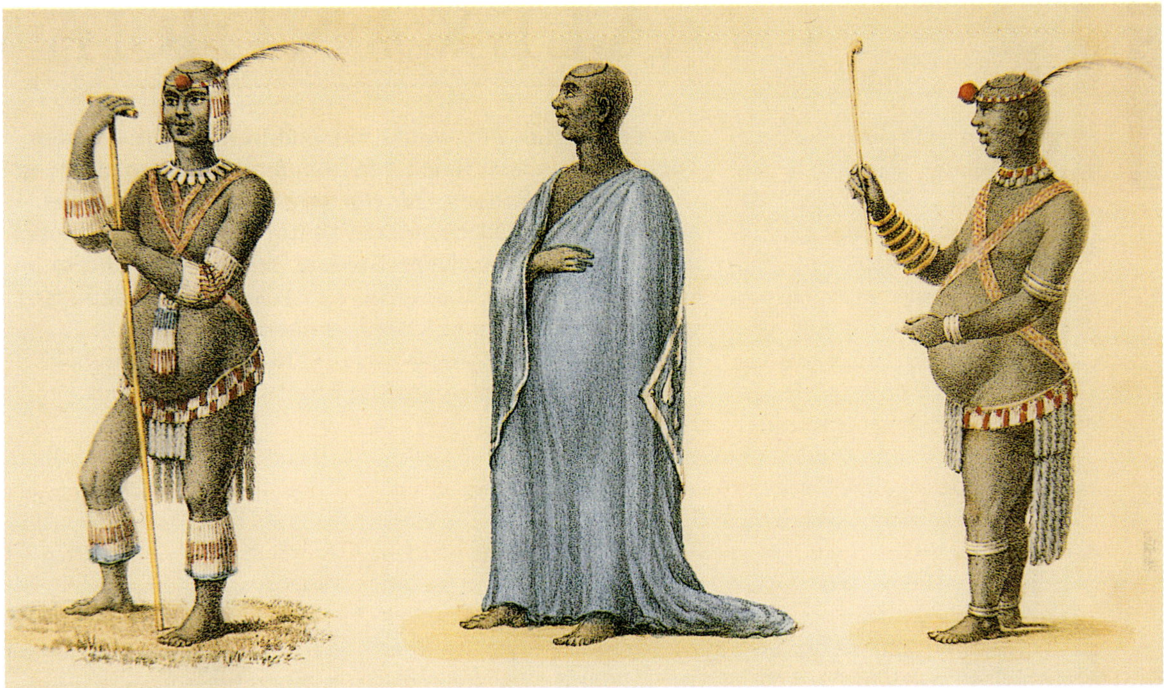

Skizzen von Dingane (auch im Tanzkostüm) von Captain Gardiner.

Zerstörung

Am 6. Februar 1838 verpflichtete sich Dingane vertraglich zum Gebietsabtritt an den Anführer der Voortrekker, Piet Retief. Die Voortrekker waren eine Gruppe von 15 000 afrikaanssprachigen Landwirten, die zwischen 1834 und 1840 von der Ostgrenze der Kapkolonie nordostwärts wanderten, um sich der britischen Herrschaft zu entziehen, neues Weideland und Handelschancen zu erschließen und im südafrikanischen Hinterland ihren eigenen Staat zu gründen.

Als Retief und seine Begleiter in uMgungundlovu das Abschiedsfest erwarteten, gab Dingane den Befehl, sie zu töten. Am 16. Dezember 1838 wurde die Zulu-Armee in der Schlacht vom „Blutfluß" von den Voortrekkern geschlagen, woraufhin Dingane seine Hauptstadt anzündete und verließ. Kurz darauf brannten die Voortrekker das nieder, was noch übrig war. Die intensive Hitze der brennenden Holz- und Strohdächer der Häuser konservierte ihre Lehmböden bis heute.

Im Nordwesten erbaute Dingane eine neue Stadt namens uMgungundlovu. Um 1840 fand er unter mysteriösen Umständen nahe der Grenze zum heutigen Swasiland den Tod. Das verkleinerte Königreich der Zulu konnte seine Autonomie bewahren. Doch nach den ersten Funden von Gold und Diamanten im Landesinnern erfuhr die südafrikanische Gesellschaft ab den 1860er Jahren umwälzende Veränderungen: Die ländlichen Gemeinschaften wurden vom zentralisierten, industriellen Lebensstil abgelöst. ■

Alexandria

Im Jahr 642 n. Chr. wurde Alexandria wie ganz Ägypten vom Oströmischen Reich den unaufhaltsam vorrückenden Arabern überlassen, die von der arabischen Halbinsel kamen und acht Jahrhunderte später auch Konstantinopel einnahmen. Der arabische General Ibn Al-As berichtete an den Kalifen Omar, daß unter den öffentlichen Gebäuden der Stadt, die er kampflos übernommen hatte, „4000 Paläste, 4000 Bäder, 400 Theater" waren – eine der wirklich großen Städte der alten Welt.

Von den Städten Ägyptens wurde Alexandria sehr spät erbaut, fast 3000 Jahre nach der Gründung der ersten Stadt, Memphis (auf dem anderen Flußufer, westlich vom heutigen Kairo) durch den halblegendären Erobererkönig Menes. Alexandria wurde wie weitere 16 Städte des makedonischen Reichs vom noch bekannteren Erobererkönig Alexander dem Großen gegründet, dessen Namen es trägt. Überwiegend aufgrund seiner natürlichen Gegebenheiten als Seehafen auf einer 2 km breiten Landzunge zwischen dem Mittelmeer im Norden und dem Mareotis-See im Süden wurde Alexandria zur neuen Hauptstadt Ägyptens erwählt. Ein künstlicher Steindamm, das Heptastadion, verband die Stadt mit der im Meer liegenden Pharosinsel und schuf so den Ost- und den Westhafen; ersterer ist der bedeutendere „Große Hafen". Die vorher hier stehende ägyptische Stadt Rhakotis scheint die Vorteile ihrer Lage nicht voll genutzt zu haben, doch die griechischen Neuankömmlinge erkannten sofort die bedeutenden Möglichkeiten dieses Ortes, der einmal der wichtigste Seehafen des hellenistischen und römischen östlichen Mittelmeerraums werden sollte.

Der Rest der Stadt wurde als regelmäßige Anlage von einem makedonischen Baumeister namens Deinokrates, vielleicht gar von Alexander selbst, entworfen – je nachdem, welcher Version man Glauben schenken möchte. Die Hauptachsen bildeten die beiden

Die Überreste des antiken Alexandria liegen wie dieses Theater mitten in der modernen Stadt.

Oben: „Pompejussäule" und Sphinx bei den Ruinen des Serapistempels.
Rechts: Die Katakomben von Alexandria.

Hauptstraßen, die sich im rechten Winkel kreuzten. Die „Canopus-Straße" durchlief die ganze Stadt vom Mondtor im Westen bis zum Sonnentor im Osten. Sie wurde von der „Soma-Straße" gekreuzt, die vom Mareotis-See im Süden gen Norden zum Meer führte. Die Kreuzung der beiden Straßen bildete das Herz der Stadt; hier stand das Soma, die Begräbnisstätte Alexanders des Großen (von der es heute heißt, sie läge unter der Moschee von Nebi Daniel). Der Leichnam des Königs wurde über Memphis aus Babylon gebracht, nachdem einer der Feldherren Alexanders, Ptolemäus, ihn entführt und erfolgreich als politisches Werkzeug benutzt hatte, um sich und seine Familie als Herrscherdynastie von Ägypten zu etablieren. Die Soma ist gleichzeitig die letzte Ruhestätte der ptolemäischen Herrscher, die die Namen Ptolemäus und Kleopatra trugen, von denen einige Überreste noch dicht neben Alexanders Gebeinen lagen, als der Römer Octavianus, der sich bald Kaiser Augustus nannte, Alexandria eroberte, nachdem er Kleopatra VII. besiegt hatte.

Alexandria unterschied sich stark von anderen, älteren Städten Ägyptens, und obwohl es die Hauptstadt der Ptolemäer-Reiches war, nannte man es „Alexandria-bei-Ägypten", um die Trennung zu betonen. In vieler Hinsicht verkörperte Alexandria Alexanders Idealbild von einem Reich als kosmopolitischer Mischung von Völkern und Gedankengut: eine polyglotte Stadt mit Griechen, Ägyptern und einer großen jüdischen Gemeinschaft als Grundelementen einer internationalen Gesellschaft, die nicht nur Handel trieb, sondern durch die Verschmelzung antiker und moderner Elemente auch neue Kultur- und Religionsformen hervorbrachte.

In den Hauptbezirken der Stadt lag das Palastviertel, ein Verwaltungskomplex, der östlich des Großen Hafens auf einem ins Mittelmeer ragenden Vorgebirge gebaut war. Südlich davon befand sich das Museion, eine Forschungs- und Lehrstätte, mit der Großen Bibliothek, die die Bibliothek von Athen zunächst nachahmte und dann ausstach. Wie früher Athen, vermochte Alexandria mit seinen Schulen die klügsten Köpfe der Zeit anzuziehen, darunter Euklid und den Geographen Eratosthenes.

An der Ostspitze der Pharosinsel stand der große Leuchtturm, eines der sieben Weltwunder, von Sostratus aus Knidos für Ptolemaios II. gebaut. Über die genaue Gestalt des Gebäudes wurde viel diskutiert. Wahrscheinlich handelte es sich um einen Turm von über 100 m Höhe, unten quadratisch mit einem achteckigen Schaft darauf, auf dem eine zylindrische Säule stand. Anscheinend stand der Leuchtturm in dieser oder anderer Gestalt bis ins Mittelalter, als einige schwere Erdbeben ihn endgültig zum Einstürzen brachten. Von der Festung, die Sultan Kaitbai 1477 erbaute und die bis heute gut erhalten ist, wird oft gesagt, sie sei auf den Ruinen des Leuchtturms erbaut. Jüngere Ausgrabungen haben sich auf die Altertümer konzentriert, die unter Wasser bei der Festung von Kaitbai liegen, wo Tausende architektonische Elemente von Bauten im pharaonischen und griechischen Stil neben Kolossalstatuen liegen. Die pharaonischen Stücke, darunter auch Monumente Ramses II., wurden anscheinend aus anderen Städten nach Alexandria gebracht (besonders aus Heliopolis beim heutigen Kairo), um die neue Stadt zu verschönern, so wie man vorher mit Tanis verfahren war (siehe S. 18).

Alexandria war nicht nur der Mittelpunkt griechischer Geistesbildung, sondern auch ein Zentrum der Theologie. Hier wurde das Alte Testament ins Griechische übertragen, vermutlich im Interesse der weitgehend angepaßten und griechischsprachigen jüdischen Gemeinde. Alexandria war ein Schmelztiegel der Religionen des östlichen Mittelmeerraums; es kam zur Synthese von Gottheiten wie dem ägyptisch-griechischen Serapis. Auch war es nach der Verbreitung des Christentums der Ort, an dem die heftigsten Debatten der frühen Kirche durchgeboxt wurden (oft sogar im wahrsten Sinn des Wortes!).

Der Haupttempel des Serapis, das Serapeum, befand sich im Südwesten der Stadt im alten Stadtteil Rhakotis. Dicht neben den Tempelruinen liegen die besterhaltenen Überreste des antiken Alexandria neben den untergegangenen Ruinen von Pharos: die Friedhöfe. Besonders die Katakomben von Kom el-Shuqafa mit ihren bemalten, unterirdisch in ägyptisch-hellenistischer Manier in den Felsen gehauenen Grabstätten, bilden eine der romantischsten archäologischen Stätten. ■

EUROPA

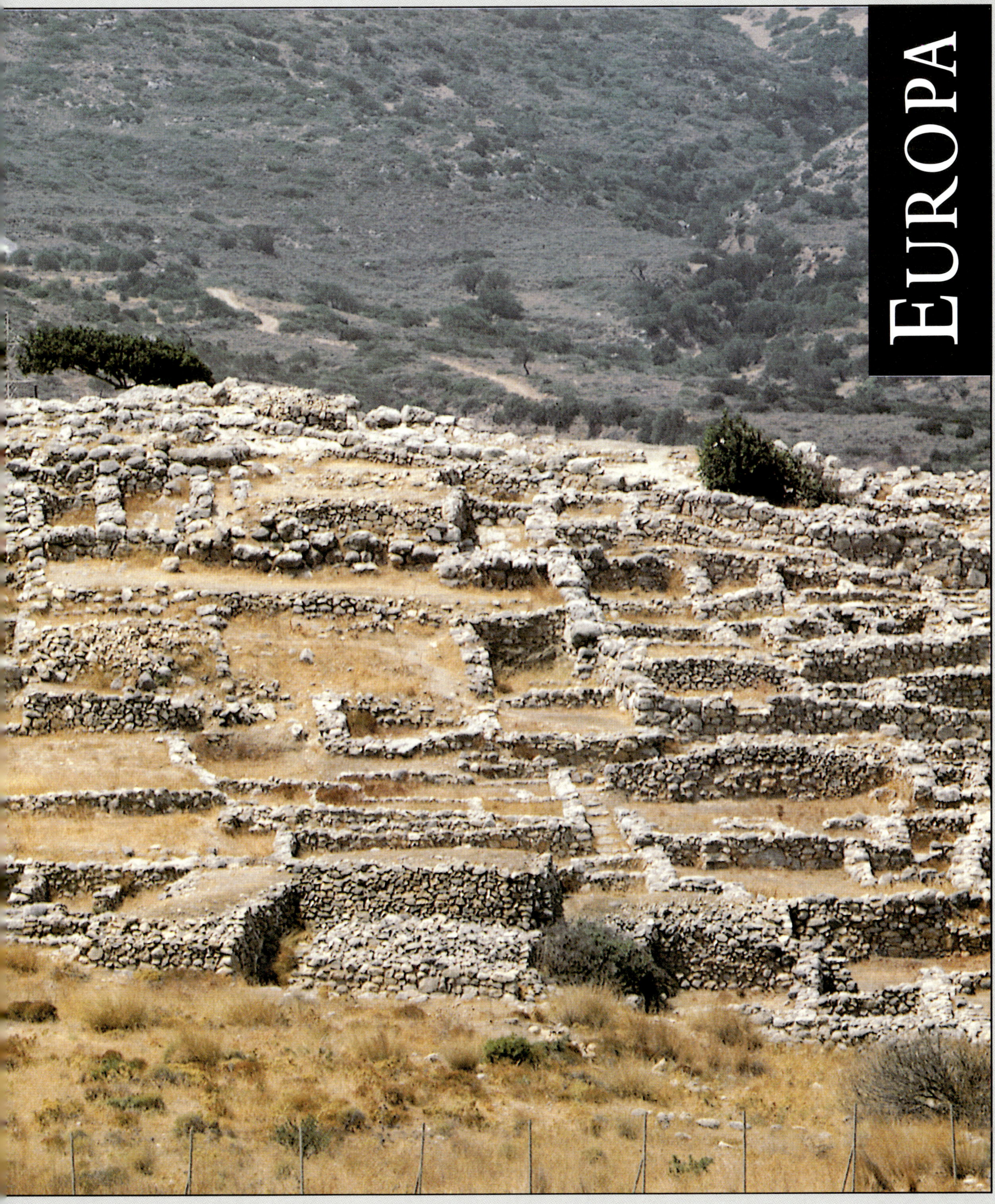

Akrotiri auf Thera

Eine der größten Entdeckungen in der griechischen Welt war die bronzezeitliche Stadt Akrotiri auf der Insel Thera (Santorin), die im 17. Jh. v. Chr. durch einen gewaltigen Vulkanausbruch zerstört wurde. Zwischen 1967 und 1979 machte der griechische Archäologe Spyridon Marinatos Ausgrabungen an der Stätte und förderte die Spuren einer hochentwickelten und wohlhabenden urbanen Zivilisation zutage, die ähnlich wie die römische Stadt Pompeji unter der Vulkanasche hervorragend erhalten geblieben war.

Die Fläche von Akrotiri wurde auf 20 ha geschätzt; vermutlich hatte die Stadt mehrere tausend Einwohner. Nur ein Bruchteil der alten Stadt ist bis heute erforscht, doch die Qualität der Architektur und der Funde legt nahe, daß wohl in einem der wohlhabenderen Viertel gegraben wurde. Große, unregelmäßige Häuser säumten gewundene Straßen, die für Transport auf Rädern zu schmal, doch ausreichend breit waren, daß Packtiere aneinander vorbeikamen. Der hohe Stand der Zivilisation von Akrotiri zeigt sich in der ausgeklügelten Kanalisation der Stadt. Abwasserkanäle, schmale, in Stein gefaßte Gräben, die in Gruben mündeten, verliefen unter gepflasterten Straßen und waren mit den Toiletten in den Häusern verbunden.

Die Architektur von Akrotiri ist bemerkenswert gut erhalten und zeigt ein klares Bild einer Stadt des 2. Jts. v. Chr. im Ägäischen Meer. Das Innere der Häuser war nach einem gleichbleibenden Schema angeordnet, was darauf hindeutet, daß sie für ähnliche Zwecke benutzt wurden. Doch einen einheitlichen Bauplan gab es nicht; individuelle Bedürfnisse und persönliche Vorlieben sorgten für Flexibilität. Die Häuser waren aus Schutt und Lehmziegeln erbaut und mit Bauholz verstärkt; die großen öffentlichen oder zeremoniellen Gebäude bestanden weitgehend aus einem Mauerwerk aus Quadersteinen. In der Regel besaßen die Häuser ein Obergeschoß; von manchen sind sogar drei Etagen erhalten.

Die Innenwände waren verputzt und einige mit eleganten Wandgemälden bedeckt (den berühmten Fresken von Thera), die in denselben Techniken gemalt waren wie die Fresken der minoischen Paläste auf Kreta.

Das Parterre wurde als Speicher und Arbeitsgeschoß genutzt und durch kleine Fenster belüftet, die auf die Straße gingen. Hier wurden Nahrungsmittel wie Getreideflocken, Trockenobst und Öl in großen Gefäßen, *Pithoi*, gelagert, die in den Boden eingelassen waren oder auf Bänken standen. Die meisten Haushalte waren mit Vorrichtungen zum Mahlen von Getreide und Mörsern ausgestattet und waren weitgehend autark. Die Wohn- und Empfangsräume befanden sich in den oberen Stockwerken. Sie waren geräumig und luftig; große Fenster ließen viel Licht herein. In den meisten Häusern gab es Toiletten, doch da das Wasser auf der Insel knapp war, blieben sie vermutlich den wohlhabenderen Einwohnern vorbehalten. Die Wände der Badezimmer waren bis zur halben Höhe zum Schutz vor Wasserspritzern verputzt und gelb gestrichen. Im Westhaus fand man eine tönerne Badewanne und eine Bronzevase daneben, mit der man vermutlich die Wanne füllte. Dies erinnert an die Fresken rings um ein Tauchbecken (ein in den Boden eingelassenes, steinernes Bassin zur rituellen Reinigung im Bad) im Erdgeschoß des Westhauses, auf dem junge Männer sich auf das Bad vorbereiten und Wasser in prachtvollen Metallvasen gebracht wird.

Viele Alltagsgegenstände wurden im Inneren der Häuser gefunden, anhand derer sich das tägliche Leben im antiken Thera rekonstruieren läßt. Am gebräuchlichsten war Töpferware, die einer Vielzahl von Zwecken diente: der Lagerung von Nahrungsmitteln, dem Transport von Handelswaren und als Koch- und Eßgeschirr. Neben der einheimischen Töpferware fand man minoische Vasen, die aus den Palästen Kretas stammten. Die Wandgemälde belegen auch den Gebrauch von Metallgefäßen und Körben. Aufgrund der Zerstörung durch den Vulkan kann man sich heute ein klares Bild vom Mobiliar einer bronzezeitlichen Stadt machen. Es war

Der schwere Vulkanausbruch, der die Stadt Akrotiri zerstörte, riß das Innere der Insel heraus.

Von den größeren Häusern aus Lehmziegelwänden auf Steinfundamenten blieben zwei oder mehr Stockwerke erhalten.

aus Holz gezimmert, das sich an Ausgrabungsstätten selten hält; doch es blieben die Negativabdrücke in der Asche. Gipsabgüsse von diesen Aushöhlungen hatten die Form einer Vielzahl feingeschnitzter Objekte wie Betten, Stühlen und Hockern. Andererseits wurden sehr wenige Wertgegenstände in Akrotiri gefunden, als ob die Einwohner das meiste mitgenommen hätten, als sie kurz vor der großen Eruption fluchtartig die Insel verließen. Doch die Fresken, die reichgeschmückte Frauen und Mädchen beim Safransammeln zeigen, geben Aufschluß über den Schmuck, den die reichen Einwohner getragen haben könnten.

Einige der Gebäude deuten auf komplexe öffentliche Strukturen von zeremonieller oder administrativer Funktion hin. Einige dieser „öffentlichen“ Bauten wie das größtenteils noch nicht freigelegte Xeste 4 (*Xeste* ist das griechische Wort für die Quaderbauweise) hatten gewaltige Ausmaße. Es ist unwahrscheinlich, daß alle Einwohner von Akrotiri Zutritt zu diesen Gebäuden hatten, obwohl der Platz vor dem Westhaus öffentlich gewesen sein könnte. Die Gebäude sind aus Quadersteinen erbaut und weisen Elemente der minoischen (kretischen) Architektur auf, wie das Reinigungs-

In vielen Häuser gab es herrliche, naturalistische Wandgemälde wie diese Felsenlandschaft und den Fischer mit seinem Fang.

becken und die Pfeiler- und Tür-Trennwand (eine niedrige Steinwand mit mehreren Öffnungen). Die aufwendige Architektur der Tauchbecken und die dafür benötigten großen Wassermengen deuten darauf hin, daß sie eher für zeremonielle Zwecke als für den privaten Gebrauch gedacht waren. Einige der schönsten Fresken von Thera sind in diesen öffentlichen Gebäuden zu finden. Die Szenen um das Reinigungsbecken in Xeste 3 zeigen junge Männer mit geschorenen Köpfen (ein Zeichen der Jugend in zeitgenössischen ägyptischen Darstellungen), die sich auf das Bad vorbereiten und dabei prächtige Metallvasen verwenden. Vielleicht war das Bad in dem Becken von Xeste 3 Teil eines Initiationsritus, der den

Oben: Die Insel Santorin.
Rechts: Landwirtschaftliche Erzeugnisse wie Getreide oder Öl wurden in riesigen Tongefäßen, *Pithoi*, gelagert.

Übergang von der Jugend ins Erwachsenenalter markierte? Ob für die Öffentlichkeit, für Zeremonien oder zum Privatvergnügen geschaffen, die Fresken zeugen jedenfalls von einer kultivierten Gesellschaft und einer sozialen Schicht, die über die Mittel verfügte, solche Arbeiten in Auftrag zu geben, wie auch über die Muße, sie zu genießen. Manche Bilder ähneln den Fresken minoischer Paläste auf Kreta, wie z.B. nach minoischer Mode gekleidete Mädchen, die Safranblüten sammeln; generell sind die Fresken von Akrotiri jedoch naturalistischer und feiner. Ähnliche Wandgemälde fand man in der südlichen Levante und in Ägypten.

Akrotiri wurde durch Seehandel reich. Die Bucht bildete einen sicheren natürlichen Hafen, ideal gelegen für den Handel mit dem wohlhabenden Kreta; auch fand man nach dem minoischen Gewichtssystem geeichte Bleigewichte und Linear-A-Schrift (dem System der Paläste Kretas). Vielleicht handelten die Theraner mit Textilien, denn zahlreiche Webstuhlgewichte und zerstoßene Murexmuscheln, aus denen man roten Farbstoff gewann, wurden an der Stätte gefunden. Der Hafen von Akrotiri ist jedoch noch nicht erforscht, doch die Wandbilder von einer prachtvollen Schiffsprozession im Westhaus lassen vermuten, wie er vielleicht ausgesehen haben könnte. ■

GURNIA

Ausgrabungen auf Kreta Anfang des Jahrhunderts, vor allem jene von Sir Arthur Evans auf Knossos, brachten die Überreste einer reichen bronzezeitlichen Zivilisation aus dem frühen 2. Jt. v. Chr. zutage, die Evans nach dem legendären König Minos der frühen griechischen Mythologie „minoisch" nannte. Eine der bekanntesten minoischen Städte ist Gurnia im Osten Kretas über der Bucht von Mirabello, die die amerikanische Archäologin Harriet Boyd Hawes um die Jahrhundertwende ausgrub.

Die Minoer waren geschickte Kunsthandwerker und vor allem in der ganzen Ägäis, im östlichen Mittelmeerraum und in Ägypten für ihre feinen Stein- und Metallvasen berühmt. Das Charakteristikum der minoischen Zivilisation ist der Palast – ein verschachteltes Gebilde, das rings um einen Innenhof gebaut und häufig mit prachtvollen Wandgemälden geschmückt war. Neben den Palästen waren große Landhäuser oder Villen (Miniaturversionen der Paläste) und vor allem wohlhabende Städte und Handelszentren in der kretischen Landschaft verstreut.

Gurnia ist eine der besterforschten minoischen Städte: Von insgesamt 5 ha wurden 2,5 freigelegt, auf denen sich über 60 Häuser und ein großes öffentliches Gebäude in der Mitte fanden. Die Stadt lag strategisch günstig: Sie kontrollierte die Straßen zwischen der Ostspitze der Insel und dem Westen Kretas und den schmalen Nord-West-Streifen unterhalb der Mirabello-Bucht; reich wurde sie wohl aufgrund ihrer Bedeutung als Handelszentrum und wegen des nahegelegenen Hafens in Sphoungaras. Gurnia war auf einem flachen Hügel erbaut, das Zentrum von einer Ringstraße umschlossen, der Hauptdurchfahrtsstraße, die kleinere Straßen und Alleen im rechten Winkel kreuzten. Dieses komplexe Netz gepflasterter Straßen teilte die Stadt in eigenständige Blocks oder *insulae*. Ein weiteres Beispiel für das hohe Niveau des organisierten Stadtlebens war das ausgefeilte Abwassersystem aus in Stein angelegten Kanälen und tönernen Leitungen zu den Häusern. Wie in vielen Städten der Zeit in der Ägäis oder im Nahen Osten scheinen die Einwohner Gurnias komfortabel und hygienisch gelebt zu haben. Ein Vorrat neuer Abwasserleitungen in einem Lagerraum des öffentlichen Gebäudes legt nahe, daß die Kanalisation zentral verwaltet wurde.

Das Stadtbild wurde von dem großen öffentlichen Gebäude auf der Akropolis im Zentrum dominiert. Vermutlich war dies ein Palast, ähnlich wie die berühmteren minoischen Beispiele, der als ökonomischer Mittelpunkt der Stadt und als Sitz der örtlichen Verwaltung fungierte, wie es auch bei den größeren Palastanlagen von Knossos, Phaistos und Mallia der Fall war. Es war ein Monumentalbau, der sowohl die Einwohner als auch Besucher der Stadt beeindrucken sollte. Die Fassaden bestanden z. B. aus Sandsteinblöcken (Quaderbauweise), in der minoischen Gesellschaft ein Zeichen für Reichtum und hohen Rang. Ansonsten glich der Bau den Stadthäusern: Die Wände der oberen Stockwerke waren aus Schutt oder Lehmziegeln gebaut und verputzt, doch anders als in den Palastanlagen nicht mit Fresken verziert. Bauholz wurde weitgehend eingesetzt, besonders für Säulen, Fensterrahmen, Eingänge und Treppen; die Böden bedeckten dekorative Steinfliesen in unterschiedlichen Farben. Das Badezimmer hatte einen Steinfußboden, der in feinen Schichten mehrfach übertüncht war. Hinter der kunstvollen Westfassade befand sich eine Reihe von Lagerräumen, was an die Bauweise größerer minoischer Paläste erinnert. Zusätzlich gab es Wohnsuiten und elegante Empfangsräume, in denen der Machthaber oder die Aristokratie von Gurnia Würdenträger empfing, sowie eine Reihe kleiner Altäre. Auch andere Merkmale der Palastbauweise fanden sich im öffentlichen Gebäude von Gurnia, wie z. B. das Reinigungsbecken – eine tiefliegende, gepflasterte Fläche, die vermutlich für das zeremonielle Bad gedacht war.

Obwohl die minoische Zivilisation die Schrift kannte, war das bronzezeitliche Kreta prähistorisch. Das Schreiben war ein integraler Bestandteil der Palastverwaltung in Kreta, und man fand viele Tontäfelchen, auf denen wirtschaftliche Transaktionen in Silbenschrift (Linear A) festgehalten wurden. Doch sie waren in einer unbekannten, weder indogermanischen noch semitischen Sprache geschrieben, die mit keiner bekannten Sprache verwandt zu sein scheint. Die meisten Texte wurden in den Palästen gefunden, doch in Gurnia fand man nichts dergleichen.

Ein großer, gepflasterter Platz vor dem Palast dürfte von den Stadtbewohnern für öffentliche Versammlungen, Handels- und Rechtspflege und andere Aktivitäten genutzt worden sein, die sie mit dem Verwaltungszentrum in Berührung brachten. An einer Seite stand ein kleiner Altar.

Viele Gebäude wurden in Gurnia ausgegraben, mehr Wohnhäuser als Geschäfte, Gasthäuser oder Werkstätten. Eine Zimmermannswerkstatt konnte identifiziert werden und zwei Anlagen zur Metallverarbeitung; in der Südstadt befand sich eine Töpferwerk-

Ausgrabungen in Gurnia zu Beginn dieses Jahrhunderts.

Blick auf die Ausgrabungsstätte Gurnia oberhalb der Mirabello-Bucht.

statt. Die meisten Haushalte waren vermutlich autark; sie hatten eigene Lagerräumen und Vorrichtungen zur Verarbeitung von landwirtschaftlichen Erzeugnissen. Die größten Häuser, die vermutlich wohlhabenden Kaufleuten gehörten, lagen an der Hauptstraße. Fayence-Plaketten aus Knossos (das Stadtmosaik) vermitteln einen Eindruck von den Behausungen, die in der Regel neben dem Eingang einen gepflasterten Hof hatten, der wiederum in andere Teile des Hauses führte. Manche dieser Höfe hatten schattenspendende Kolonnaden und „Mosaik"-Böden aus roten, grünen und weißen Fliesen. Das Parterre war für die Hausarbeit wie die Lagerung von Agrarprodukten (Getreide, Oliven, Olivenöl) in großen Vorratsgefäßen oder *pithoi*, für die Essenszubereitung auf tragbaren Kochstellen und vermutlich auch andere Gelegenheiten reserviert, die archäologisch nicht nachgewiesen werden können, wie das Spinnen und Weben von Wolle und geselliges Beisammensein. Die Privatgemächer der Häuser, vielleicht auch Empfangsräume, befanden sich in den Obergeschossen. Während die Abwasserbeseitigung zentral geregelt war, mußten sich die Haushalte Frischwasser selbst beschaffen. Daher verfügten sie über Brunnen und Zisternen.

Ein Kuriosum des Lebens in Gurnia war die Nähe zu den Toten. Der große Friedhof auf der Nordspitze des Gebirgskamms, der wohl den Reichen vorbehalten war, beherrschte den Eingang zur Stadt. Die Grabkammern waren einstöckige Häuser, die jedoch in jeder Hinsicht die Anlage der Häuser der Lebenden nachahmten; sogar Lagerräume, in denen die Speisen für das Leben nach dem Tod aufbewahrt wurden, sind zu sehen. Der Friedhof mit seinen Totenhäusern gehörte als Erweiterung des Lebensraums zum Stadtbild Gurnias, was auf eine enge Beziehung zwischen den Einwohnern und ihren Vorfahren hindeutet. ■

Nur die Grundmauern der Häuser von Gurnia sind erhalten.

ENKOMI

Nordwestlich des heutigen Famagusta liegen die Ruinen einer der bedeutendsten Städte des späten Bronzezeitalters in Zypern, Enkomi. Sie war ab dem 16. Jh. v. Chr. bewohnt, doch die Blütezeit der Stadt fiel auf die Zeit vom 13. bis 12. Jh. v. Chr. Lange war Enkomi die einzige bekannte bronzezeitliche Stadt auf Zypern, doch jüngere Ausgrabungen an anderen Stätten, besonders in Kition, liefern weitere Informationen über städtische Zivilisationen, die in der zweiten Hälfte des 2. Jts. v. Chr. auf der Insel lebten.

Enkomi war ein wichtiges, weltoffenes Handelszentrum und unterhielt weitreichende Kontakte im östlichen Mittelmeerraum: mit Ägypten, den Stadtkönigtümern entlang der levantinischen Küste und der Ägäis. Den Reichtum und Auslandskontakte belegen besonders die ausgesuchten Grabbeigaben, die sich in den Gräbern reicherer Bürger fanden. Die bedeutendsten darunter sind verziertes Trinkgeschirr aus der Ägäis. Sehr beliebt waren auch die großen *Kraters*, die man zum Weinmischen benutzte und die oft mit Triumphwagenszenen verziert waren. Exquisite Vasen aus Fayence (Tonkeramik mit farbiger Bleiglasur) wurden aus Ägypten und der Levante importiert, ebenso zierliche Objekte aus Elfenbein, wie Kosmetikdöschen in Entenform oder feingeschnitzte Spiegelrahmen und Spielkästen. Die Erlesenheit und Vielfalt goldenen Schmucks ist bemerkenswert, darunter ein Pektoral (Halskette) nach ägyptischer Art, Siegelringe mit eingravierten Szenen, Ketten und Ohrringe.

Im frühesten Stadium Enkomis waren Häuser unterschiedlicher Größe in der Landschaft verstreut, durch offenes Land, Höfe und Gärten voneinander getrennt, zwischen denen es keinen erkennbaren Zusammenhang gab. Doch zu ihrer Blütezeit im 13. Jh. v. Chr. änderten sich Aussehen und Struktur der Stadt grundlegend – wohl als Ausdruck einer stärker organisierten politischen Form. Nun baute man die Stadt nach einem regelmäßigen Plan aus; eine Nord-Süd-Straße führte mitten hindurch. Diese Hauptstraße war von einer Vielzahl großer Bauten mit Fassaden aus großen Steinquadern gesäumt. Im Stadtzentrum lag ein kleiner, gepflasterter Platz, auf dem sich die Einwohner versammeln konnten. Diese neue Stadtorganisation überstand eine der heftigen Feuersbrünste zu Beginn des 12. Jhs. v. Chr., die viele große Zentren des östlichen Mittelmeerraums zerstörte (z. B. die ägäischen Paläste, Ugarit (S. 98), das Hethitische Reich). Obwohl auch Enkomi dem Brand zum Opfer fiel, wurde es nach demselben Plan wieder aufgebaut.

Im Rahmen eines Programms zur Stadtentwicklung wurde Enkomi im 13. Jh. v. Chr. befestigt. Eine massive Mauer (mindestens 1 m stark) aus riesigen, unbehauenen Felsblöcken wurde um die Stadt gezogen und schloß eine Fläche von 11 ha ein. Nach ihrer Zerstörung um 1200 v. Chr. wurde die Stadtmauer auf 4 m verstärkt. An verschiedenen Stellen waren massive Tore eingelassen. Unter dem Westtor verliefen Kanäle, die zu einem Drainagesystem gehörten und durch die Wasser aus der Stadt geleitet wurde. Die Wasserversorgung war größtenteils durch Brunnen im Inneren der Stadt sichergestellt, die nach ihrem Versiegen als Abfallschächte benutzt wurden. Es scheint jedoch nicht nur Abfall hineingeworfen worden zu sein: Man fand z. B. in einem Brunnen sogar einige versteckte Bronzegegenstände.

Die Häuser von Enkomi sind nach einem traditionellen zypriotischen Plan angelegt. Die Räume gruppieren sich zu drei Seiten um einen Hof. Anders als die Einwohner anderer Städte des östlichen Mittelmeerraums zu jener Zeit scheinen die Menschen in Enkomi nicht auf dem höchsten Stand der Bequemlichkeit und Zivilisation gelebt zu haben. Anstelle einer fortschrittlichen Kanalisation wie in Akrotiri auf Thera (siehe S. 44) verfügten sie nur über Gruben als Latrinen, obwohl sie Badewannen aus Ton kannten. Die Toten bestattete man im Stadtgebiet; ihre Gräber lagen unter Höfen oder

Viele Gräber in Enkomi waren reich mit Goldschmuck ausgestattet, wie z. B. diesem goldenen Mundstück.

Oben: Silberschale mit einheimischem Stierkopfmuster.
Rechts: Diese gegossene Bronzestatue des Gehörnten Gottes wurde in den Ruinen eines imposanten Heiligtums vom 12. Jh. v. Chr. gefunden.

unter den Straßen, wo sie gelebt hatten. Obwohl sich Enkomi im 13. Jh. v. Chr. reorganisierte, gab es erst im 12. Jh. ein größeres Stadtentwicklungsprogramm, im Rahmen dessen öffentliche Gebäude innerhalb der Stadtmauern entstanden – typisch für diese Phase waren Monumentalbauten mit kunstvoll gestalteten Fassaden in Quaderbauweise. Die bekanntesten darunter sind Bâtiment 18, das Heiligtum des Gehörnten Gottes und das Heiligtum des Ingot-Gottes.

Der Metallhandel war der Kern des Handelssystems, das sich im 2. Jt. v. Chr. im östlichen Mittelmeerraum entwickelte, und Zypern als Wiege der Kupfergewinnung spielte darin eine besonders große Rolle. So blühte auch Enkomi auf, und innerhalb der Stadtmauern gab es viele Kupferbronze-Werkstätten. Eine der größten Werkstätten des 13. und 12. Jhs. lag in der Nähe des Nordtors, wo die vorherrschenden südlichen Winde den lästigen Rauch aus den Wohnvierteln trugen. Die Kupfergießerei lag in einem großen architektonischen Komplex, der in drei Hauptbereiche unterteilt war. Der mittlere war der Wohnbereich mit zwei rechteckigen Sälen, die als Speisesäle genutzt wurden. Der Osttrakt diente dem Kochen und anderen Haushaltstätigkeiten; die eigentliche Gießerei befand sich im Westflügel. Große Mengen Schlacke (ein Nebenprodukt des Kupferschmelzens) waren im Hof an der Nordseite der Gießerei aufgestapelt, und in der Werkstatt fanden sich Gußformen für Waffen, Werkzeuge und Nadeln.

Selbst nach den Zerstörungen, die die blühende Welt der Levante um 1200 v. Chr. erschütterten und viele Märkte für zypriotisches Kupfer dem Boden gleichmachten, blieb Enkomi ein Zentrum der Kupferverarbeitung, ja, das 12. Jh. v. Chr., als die kunstvollsten Bronzeobjekte gefertigt wurden, brachte der Stadt erst wahren Reichtum. Unter den Kunsterzeugnissen jener Zeit sind die prachtvollen vierseitigen Bronzeständer mit üppigem Figurenbesatz, die Tripoden aus Bronze und diverse Gußfiguren von Gottheiten zu nennen, die vor allem den Ingot-Gott und den Gehörnten Gott darstellen. Für diese wundervollen Produkte fand man Abnehmer im Westen, denn viele wurden in Sardinien, Süditalien, auf Kreta und auf der Insel Euböa entdeckt.

Im Gegensatz zu seinen Nachbarn im Nahen Osten und in Ägypten war Zypern im 2. Jt. v. Chr. im Grunde noch prähistorisch, obwohl das antike Zypern eine eigene Schrift hatte, die auf den verschiedensten Medien zum Einsatz kam. Diese kyprisch-minoische Schrift ähnelt den Schriften, derer man sich in den ägäischen Palästen auf Kreta und auf dem griechischen Festland bediente; die Sprache jedoch ist unbekannt. Daher haben wir auch keine Kenntnis vom politischen System, das Zypern damals hatte. Die Planung in bezug auf die Reorganisation Enkomis im 13. Jh. v. Chr. setzt auf jeden Fall eine zentrale Gewalt voraus, und die reich ausgestatteten Gräber weisen auf die Existenz einer Aristokratie hin. Nur wer an der Spitze der zypriotischen Gesellschaft stand, ist unbekannt. Zypern mag zumindest zum Teil mit dem kupferproduzierenden Königreich Alashiya identisch gewesen sein, das man aus den Amarnabriefen kennt (einem ägyptischen Archiv mit Briefen der Herrscher benachbarter Staaten an den Pharao, S. 17). In Enkomi vermutet man bis heute gerne die „Hauptstadt“ des Königs von Alashiya. Doch sollte dies zutreffen, so ist zumindest der Königspalast nie gefunden worden. ■

Delos

Die felsige, unfruchtbare Kykladeninsel Delos wird zu Recht als das Pompeji der Ägäis bezeichnet. Heute nur umständlich von der benachbarten Ferieninsel Mykonos zu erreichen, beschwören die seit langem verlassenen Tempel, öffentlichen Gebäude, Häuser und Straßen noch immer die Atmosphäre dieser einst blühenden Stätte des Apollonkults und einer wohlhabenden und weltoffenen Handelsstadt herauf.

Die unfruchtbare, trokkene Insel Delos mitten in der Ägäis ist zwar klein (5 km von Nord nach Süd und 1,3 km von Ost nach West), doch in der Geschichte der griechischen Welt spielte sie eine bedeutende Rolle, die sie zwei Faktoren verdankte. Zum einen war sie die Geburtsstätte von Apoll und Artemis. Schon aus der *Odyssee* bekannt, entwickelte sich Delos im 7. Jh. v. Chr. zur Stätte des Apollonkults; ein jährliches Fest zog Besucher von anderen ägäischen Inseln und sogar vom Festland an. Ab dem 6. Jh. v. Chr. stieg die Bedeutung der Insel als Kultstätte besonders bei den ionischen Griechen, als der Athener Tyrann Peisistratos im Rahmen seiner Anstrengungen, auch die Kykladen unter die Kontrolle Athens zu bringen, das Heiligtum von den umliegenden Grabresten säubern ließ. 478–477 v. Chr. gewann Delos weiter an Einfluß: Nach dem Sieg über die Perser wählte der von Athen regierte Attisch-Delische Seebund die Insel als Zentrum und Sitz der Bundeskasse.

Das Apoll geweihte Heiligtum am Hafen blieb das Herz der Stadt. An Delos' Monumenten kann man die fortwährende Bedeutung des Heiligtums und das unausgesetzte Interesse der Griechen ablesen. Im Mittelpunkt des Heiligtums stehen drei Apollontempel. Der älteste war der „*Poros*"-Tempel, der im 6. Jh. erbaut wurde. Die Vormacht Athens schlug sich in einem „Tempel der Athener" nieder, der von etwa 420 v. Chr. datiert. Der dritte und größte war der sogenannte peripherische Tempel, der 477 v. Chr.

Rechts: Die Löwenterrasse, ausgehendes 7. Jh. v. Chr.

Unten: Straßen und Häuser von Delos.

Hof mit Kolonnaden und Mosaikboden im Haus des Diadumenos.

begonnen, aber nicht vor dem 3. Jh. v. Chr. vollendet wurde. Die wachsende Bedeutung, die dem Heiligtum zukam, zog weitere Monumente, Gebäude und Widmungen an. Ab dem 3. Jh. v. Chr. wurde das Heiligtum im Rahmen von Rivalitäten unter hellenistischen Königen erheblich verschönert. Philipp V. von Makedonien stiftete einen Säulengang südlich der Tempel, dessen Architrav die Inschrift „Von Philipp, König der Makedonier und Sohn des Königs Demetrius, an Apollo" trug. Auch ein weiterer makedonischer König, Antigonos Gonatas, stiftete einen Säulengang. Eines der rätselhaftesten Bauwerke des Heiligtums ist die sogenannte Stierhalle. Der Grund für ihre Existenz liegt völlig im Dunkeln. Das längliche Gebäude war mit Meerestieren verziert, und es ist denkbar, daß es ein Schiff in sich aufnehmen konnte oder einem Sieg auf See gewidmet war. Die Ausgrabungen förderten auch die Buchführung des Heiligtums zutage; die detaillierten Berichte und Inventare von Opfergaben bieten einen tiefen Einblick in die Organisation und die religiösen Institutionen der Stadt und des Heiligtums.

Im hellenistischen Zeitalter, und besonders nach 166 v. Chr., als die Römer die Kontrolle über die Stadt wieder an Athen abgaben und sie zum Freihafen erklärten, wurde Delos zu einer blühenden Handels- und Geschäftsstadt. In direkter Konkurrenz zur Insel Rhodos, die kurz zuvor von den Römern geplündert worden war, gedieh Delos, und die Stadt dehnte sich aus, als ausländische Händler und Geschäftsleute aus allen Teilen der alten Welt angereist kamen. Delos wurde ein Zentrum des Sklavenhandels im östlichen Mittelmeerraum; in seiner Blütezeit wechselten auf den Sklavenmärkten der Insel täglich 10 000 Menschen ihre Besitzer.

Die kommerzielle Bedeutung läßt sich auch an den Installationen am Hafen ablesen, an nicht weniger als fünf *agoras* und zahlreichen Geschäftshäusern, die von einheimischen und fremden Kaufleuten und Unternehmern errichtet wurden. Besonders eindrucksvoll ist die „*Agora* der Italiker", das größte Gebäude der Insel, vermutlich in der ganzen griechischen Welt einzigartig und wirtschaftliches und gesellschaftliches Zentrum für die große italienische Gemeinschaft, die sich auf der Insel ansiedelte. Mit dem Bau begann man 110 v. Chr., war jedoch noch nicht fertig, als die Truppen des Mithridates, König von Pontos, im Jahr 88 v. Chr. die Insel verwüsteten. Die „*Agora* der Italiker" und andere Gebäude, die für religiöse Vereinigungen der Händler aus Italien und anderen Ländern gebaut waren, stehen für die weltoffene Gesellschaft, die auf der Insel lebte – Athener und andere Griechen, Ägypter, Phönizier, Händler aus Palästina und eine kleine jüdische Gemeinde. Sie alle brachten ihre eigenen Gottheiten mit, für deren Heiligtümer auf den Hängen des Bergs Kynthos, der höchsten Stelle der Insel, eine Terrasse angelegt wurde.

Außenseitern blieb der Zutritt zu den einzelnen Gruppen verwehrt, die sich aufgrund von Nationalität und Berufen, oft unter der Ägide einer bestimmten Gottheit bildeten. Aus Inschriften weiß man von Vereinigungen, die Herakles von Tyros gewidmet waren. Italienische Händler organisierten sich unter Apoll, Hermes und Poseidon; eine Gruppe von Sklaven unter den Hausgöttern, den Laren. Eine Gruppe von Händlern aus Beirut organisierte sich unter dem Patronat des syrischen Poseidon als die „Vereinigung der Poseidoniasten von Berytos auf Delos, Kaufleute, Frachtschif-

fer und Großhändler". Ihr Verbindungshaus, „das Etablissement der Poseidoniasten von Beirut", fungierte als Heiligtum, Treffpunkt und Handelszentrum wie auch als Unterkunft für Kaufleute auf der Durchreise.

Während dieser Blütezeit in der zweiten Hälfte des 2. Jhs. v. Chr. wuchs die Stadt erheblich; ein neuer Bezirk mit prächtigen, regelmäßigen Häusern und anderen Gebäuden entstand an der Nordspitze der Stadt. Die Gegend im Süden dagegen, die sich vom Heiligtum bis zum Theater erstreckt, ist ein gutes Beispiel für eine griechische Wohnstadt, in der sich schmale, unregelmäßige Straßen durch verwinkelte Häuserblocks winden. Je nach verfügbaren Mitteln und Platz variieren die Häuser in Größe, Form, Gestaltung und Komfort, doch alle haben dasselbe Grundmuster von einem Hof in der Mitte, möglichst mit Säulengang, der als zusätzlicher Raum diente und die umliegenden Räume mit Licht und Luft versorgte. Obergeschosse waren weitverbreitet, und viele der komfortablen Häuser verfügten über eine an die Kanalisation angeschlossene Latrine.

Einige Gebäude waren mit üppigen Statuen, Fresken und Mosaiken geschmückt, die auf den Reichtum der Bewohner wiesen. Geschäfte, die von den Häusern, in denen sie lagen, unabhängig waren, säumten vor allem zwei Straßen und zeugten von einem blühenden Handel vor Ort.

Der wirtschaftliche Erfolg der Insel währte nur kurz. 88 v. Chr. wurde Delos im 1. Mithridatischen Krieg geplündert und zerstört. Piraten unter dem Kommando des Athenodoros, eines Verbündeten des Mithridates, griffen die Stadt erneut an und plünderten sie trotz der vom römischen Feldherrn Triarius zur Verteidigung der Stadt eilig errichteten Mauer. Diese Katastrophen und die wachsende Konkurrenz italienischer Handelsstädte wie Puteoli und die Neugründung Korinths, strategisch günstig auf dem Isthmus von Korinth gelegen, waren die Gründe dafür, daß Delos nie wieder seinen alten Einfluß zurückgewann. Die Bevölkerung schrumpfte; nur eine kleine Gemeinschaft zur Pflege des Heiligtums blieb. ■

RECHTS: Der Gehörnte Altar, der der hellenisierten Form der ägyptischen Gottheit Serapis gewidmet ist.

UNTEN: Die künstlich erweiterte Höhle in den Hängen des Bergs Kynthos war wahrscheinlich Herakles gewidmet.

Biskupin

1933 brachte man in Biskupin die versunkenen Überreste einer aus Holz erbauten befestigten Siedlung der Eisenzeit und viele tausend Werkzeuge ans Licht, die einen Einblick in den Alltag vor 2500 Jahren gewähren.

Im Norden Polens gibt es eine ganze Reihe versunkener Siedlungen, die einen faszinierenden Einblick in das Leben im 1. Jt. v. Chr. gewähren. Die bekannteste ist Biskupin, etwa 60 km nordöstlich der Stadt Posen gelegen, wo in den 30er Jahren aufgenommene und in kleinerem Rahmen noch heute stattfindende Ausgrabungen die Überreste einer Siedlung zutage brachten, die von etwa 700–500 v. Chr. datieren. Da die Siedlung jahrtausendelang unter Wasser lag, sind die Häuser- und Straßenanlagen wunderbar erhalten wie auch Gebrauchsgegenstände aus Holz und Fasern, die sich an trockenliegenden Stätten selten finden, Knochen und Samen sowie Mahlsteine, Metallschmuck und -werkzeuge.

Im Gebiet um Biskupin gibt es viele kleine Seen, die aus der letzten Eiszeit stammen. Auf Halbinseln und Inseln in diesen Seen und an den Ufern der kurzen Flüsse, die sich durch das Gebiet winden, wurden zahlreiche prähistorische Siedlungen aus unterschiedlichen Epochen gefunden. Im Lauf der Zeit wechselte der Wasserstand. Bei einem Niedrigstand vor etwa 3000 Jahren wurde die Halbinsel Biskupin, die ursprünglich wohl eine Insel war, besiedelt. Um 500 v. Chr. stieg das Grundwasser erneut, und die Siedlung versank in Wasser und Torf, bis sie fast 2500 Jahre später entdeckt wurde.

1933 bemerkte der Lehrer Walenty Szwajcer Holzpfähle, die aus dem See Biskupin herausragten. Durch die Stauung eines nahegelegenen Flusses hatte sich der Wasserspiegel gesenkt und die torfige Oberfläche der Halbinsel freigelegt. Szwajcer dachte sofort an die berühmten Seesiedlungen, die 1854 in der Schweiz gefunden worden waren, und erkannte, daß dies eine bedeutende archäologische Entdeckung sein konnte. Er verständigte den Direktor des Großen Nationalmuseums in Posen und Professor an der dortigen Universität, Józef Kostrzewski, der den Wert der Stätte erkannte. Am 20. Juni 1934 begann Kostrzewski mit den Ausgrabungen von Biskupin.

In den folgenden sechs Jahren legten Kostrzewski und seine Assistenten erstaunliche Konstruktionen aus vollgesogenem Bauholz frei. Das Projekt wuchs von einem kleinen Studententeam zu einer Truppe von rund 200 Arbeitern an. Als die Ausgrabungen voranschritten, wurde deutlich, daß der Ansammlung von Holzpfählen ein System zugrunde lag; Wände und Straßen nahmen Formen an. Zwischen den Holzkonstruktionen waren hunderttausende Gebrauchsgegenstände aus Ton, Stein, Metall und Holz verstreut, anhand derer sich die Siedlung auf etwa 700 v. Chr. datieren ließ. Offenbar hatte die Halbinsel von Biskupin die Spuren einer prähistorischen Stadt verborgen, die fast vollständig freigelegt werden konnte. 13 Häuserzeilen von je 10 x 7 m Ausmaß, deren Wände auf eine Höhe von 1,5 m konserviert waren, bildeten den Kern der Siedlung. Zwischen den Häusern verliefen mit Holzbohlen befestigte Straßen, und um die ganze Siedlung lag ein Schutzwall aus Holzgeflecht, der am Seeufer durch einen Wellenbrecher aus spitzen Pfählen verstärkt war.

Kostrzewskis Ausgrabungen waren sehr umfangreich und technisch ihrer Zeit voraus. 1935 bediente man sich z. B. eines von der polnischen Armee zur Verfügung gestellten Ballons, um aus 150 m Höhe die Ausgrabungsstätte zu fotografieren. Botaniker, Zoologen und Geomorphologen wurden engagiert, um die reichen organischen Funde und Ablagerungen zu analysieren. 1938 setzte man die Dendrochronologie (Datierungsverfahren anhand der Jahresringe von Hölzern) ein, die Anfang des 20. Jhs. erstmals im Südwesten der USA angewendet worden war, um Kalenderdaten von der Siedlung zu erhalten. Diese Untersuchung ergab, daß die

Eine an einem Ballon befestigte Kamera fotografierte Häuser, Straßen und Schutzwall von Biskupin.

Eichenpfähle von 625 und 680 v. Chr. und die Kiefernpfähle von etwa 500 v. Chr. stammten, was auf zwei Bauphasen hindeutet. Taucher erforschten den See und entdeckten zwei Einbaumkanus und die Spuren eines Steindamms.

Über die Ausgrabungen wurde in Polen in großem Stil berichtet, und obwohl die Stätte nicht leicht zu erreichen ist, kamen Tausende von Besuchern, um die aus dem Sumpf ragende Siedlung zu sehen. Das Projekt Biskupin wurde in der Presse gefeiert, lieferte Inspiration zu vielen Romanen und war sogar Thema eines der ersten Filme über archäologische Ausgrabungen.

Kurz vor Ausbruch des Zweiten Weltkriegs entdeckte man das Tor zur Siedlung, nach dem die Archäologen lange gesucht hatten, doch einige Tage später kam die Arbeit zum Erliegen. 1942 führten deutsche Archäologen kleinere Grabungen an der Stätte durch. Nach dem Krieg übernahm ein Schüler Kostrzewskis, Zdzislaw Rajewski vom Staatlichen Archäologischen Museum in Warschau, die Verantwortung für das Projekt. Die Nachkriegsregierung in Polen förderte die Ausgrabungen sehr, da sie großen Wert darauf legte, die kulturelle Tradition dieser Gegend zu belegen. So wurde Biskupin zur ständigen Ausgrabungsstätte. 1949 richtete man in Biskupin ein Museum ein, in dem die Funde ausgestellt wurden, und 1968 begann man mit der Rekonstruktion eines Abschnitts des Schutzwalls und einiger Straßen und Häuser.

Anfang der 70er Jahre waren bereits 75 % der Siedlung von Biskupin freigelegt; die Einzelheiten lagen klar zutage. Diese eisenzeitliche Ortschaft erstreckte sich über 20 km^2 und war von einem 4 m starken Schutzwall aus mit Sand und Steinen aufgefülltem und lehmverputztem Holzgeflecht umgeben, den wiederum ein Wellenbrecher aus Eichenpfählen vor Unterspülung schützte. Ein einziges Tor kontrollierte den Zugang zur Siedlung. Ringsum innerhalb des Walls verlief eine mit Holz befestigte Straße, von der parallel verlaufende Straßen abgingen, zwischen denen Zeilen von insgesamt 100 Häusern standen. Die Häuser waren durch Mauern voneinander getrennt und hatten alle einen Windfang vor der Tür und einen zentralen Bereich mit einem Steinkamin. Die Zimmermannstechnik war ausgefeilt: Waagerechte Pfosten waren mit den senkrechten verzapft. Große Mengen Holz waren für den Bau und die Instandhaltung der Siedlung, zum Kochen und zur Metallverarbeitung verbraucht worden, was sicherlich einen tiefen Eingriff in den umliegenden Waldbestand bedeutete.

Die Bewohner von Biskupin waren Bauern und Hirten, und vermutlich teilten sie sich ihre Häuser mit dem Vieh. Die Knochenfunde weisen darauf hin, daß Schweine Hauptfleischlieferanten waren, aber auch Rinder als Zugtiere, ihrer Milch und ihres Fleischs wegen gehalten wurden. Hirse, Weizen, Gerste und Bohnen wurden auf Feldern auf dem festeren Boden südlich der Halbinsel angebaut.

Wenn in Biskupin jemand starb, wurde er eingeäschert und in einer Urne auf einem Friedhof auf der anderen Seite des Sees bestattet. Kostrzewski und Rajewski schätzten die Bevölkerungszahl auf 1000 bis 1200; andere gehen von nur 200 bis 500 Einwohnern aus. Die Gründe für die Aufgabe der Siedlung sind unklar. Die traditionelle Erklärung ist, daß die Ortschaft am immer nässeren Klima Mitte des 1. Jts. v. Chr. zugrunde ging und Überschwemmungen die Einwohner zum Umzug zwangen. Doch auch soziale Gründe wie Überbevölkerung, verbrauchte Umweltressourcen und Konflikte mit Nachbarn mögen vielleicht eine wichtige Rolle gespielt haben.

Das rekonstruierte Haupttor der Siedlung von Biskupin, hinter dem Häuser zu erkennen sind, wie sie vor 2500 Jahren die Straße säumten.

Es darf nicht vergessen werden, daß Biskupin in Polen kein Einzelfall ist. Etwa 20 solcher Siedlungen sind heute bekannt: So wurden z. B. die Stätten von Sobiejuchy, Izdebno, Kruszwica und Smuszewo erforscht, wenn auch nicht so intensiv wie Biskupin. Alle scheinen ähnlich angelegt und ebenfalls in Holzbauweise errichtet worden zu sein.

Diese Bollwerke haben anscheinend zeitgleich existiert, was auf kleine Einzelstaaten schließen läßt, die verschiedene Gebiete im Seengürtel kontrollierten. Doch dieses System scheint innerhalb weniger Jahrhunderte gescheitert zu sein, vielleicht aus denselben Gründen, die schließlich auch zum Untergang von Biskupin geführt haben.

Aus Biskupin ist eine Touristenattraktion geworden; es zählt jährlich 200 000 Besucher. Einige Häuser, der Torturm und ein Teil des Schutzwalls wurden wiederhergestellt, um den Besuchern das Leben und Wirken der Einwohner nahezubringen, und im Museum wird die Siedlungsgeschichte der Gegend um Biskupin dokumentiert. ■

ENTREMONT

Im 19. Jh. versetzten frühe Funde außergewöhnlicher Statuen in Entremont französische Gelehrte in Staunen über die Leistungen ihrer keltischen Vorfahren. Die Berichte der klassischen Geschichtsschreiber und die Funde jüngerer Ausgrabungen, die auch ein Schädelheiligtum einschließen, reich bebildert mit abgetrennten Köpfen und Gottheiten mit übergeschlagenen Beinen, legen ein einzigartiges Zeugnis von der Religion und dem blühenden Handel einer frühen europäischen Stadt am Rande der römischen Welt kurz vor der Eroberung Südgalliens ab.

Entremont im Herzen der Provence war die Hauptstadt der Salluvier, einem Militärbund keltischer und ligurischer Stämme, die die südlichen Ausläufer des Rhônetals kontrollierten. Südlich davon lag die griechische Kolonie Massilia, das heutige Marseilles, ein Handelsumschlagplatz, von dem aus die Griechen ihren Einflußbereich über das Rhône- und andere Flußtäler nach West- und Mitteleuropa ausdehnten. Im Norden verliefen die Routen zu den Alpenpässen nach Mitteleuropa; im Westen lag Spanien. Die Eroberer näherten sich allmählich vom Osten, aus Italien und Rom.

Die Gebäude, Schutzwälle und Straßen Entremonts wurden oft wiederaufgebaut und ausgebessert, wohl wegen der mangelhaften Qualität der Baustoffe. Die früheste Siedlung, die Oberstadt, datiert von 190–170 v. Chr. Auf einem Kalksteinplateau gelegen ähnelte diese Siedlung vielen keltischen Hochdörfern in Frankreich. Steinmauern umschlossen und schützten eine Vielzahl identischer Häuschen mit Flachdächern aus mit Lehm beworfenem Flechtwerk, die an parallel verlaufenden Straßen lagen. Jedes Haus enthielt eine oder mehr *Dolia* aus Ton mit Getreide oder Wasser und einen Herd, der oft auch als Altar diente.

Nach etwa 40 Jahren, um 150–140 v. Chr., wurde Entremont neu gestaltet und vergrößert. Man legte die Unterstadt an, errichtete große öffentliche Gebäude und zweigeschossige Häuser, die nun in mehrere Räume unterteilt wurden. Es entstand ein Handwerkerviertel mit Schmieden, Lederwerkstätten, Keramikbrennöfen und Webstühlen. Die meisten Bewohner lebten allerdings von der Landwirtschaft. Es wurden viele Handmühlen zur Mehlherstellung gefunden. Die Überreste von *Areae* für Olivenpressen bezeugen die Bedeutung des heute noch kostbaren Olivenöls. Die Steinmauern, die die Stadt umschlossen, waren 2,5 m stark, bis zu 4 m hoch und hatten unten Luken, die als Abflüsse dienten. Runde, vorspringende, mit Schutt gefüllte Türme wurden in 19-m-Abständen entlang der Mauer gebaut, um auch vor Rammböcken ausreichend Schutz zu bieten. Mit seiner Fläche von über 34 km^2 stellte Entremont andere ligurische Siedlungen in den Schatten. In seiner Entwicklung kann man die Geburt eines der ersten nicht-klassischen städtischen Zentren Europas sehen. Entremont wurde durch den Handel zwischen der griechischen

Die saluvische Hauptstadt Entremont aus der Luft (LINKS). Auf einem Pfeiler der Schädelheiligtums (OBEN) in der Oberstadt, sind 12 abgetrennte Köpfe ohne Mund eingraviert – besiegte Feinde oder tote Helden?

Handelsstadt Massilia und der keltischen Welt reich, doch die Wahrung kommerzieller Interessen besiegelte auch Entremonts Untergang. Die hochwertigsten Importe waren Amphoren mit italienischem Wein, dicht gefolgt von Salzfisch und Pökelfleisch aus Spanien. Die Händlerschicht fand Geschmack an persönlichem Luxus, und der in Entremonts Ateliers gefertigte Schmuck wurde durch bunte Glasperlen, Armbänder und Korallenketten aus Massilia ergänzt. Dem einheimischen Alltagsgeschirr standen die feinen, aus Massilia importierten Waren gegenüber. Die Koexistenz mit dem griechischen Außenposten verlief jedoch nicht immer harmonisch, und als Massilia sich um Unterstützung gegen ligurische Piraten an Rom wandte, um die Handelsrouten zwischen Spanien und Italien zu schützen, unternahm Rom mehrere Feldzüge zur Unterwerfung Südgalliens. Historiker wie Appian und Livius hielten diese Ereignisse für die Nachwelt fest.

Münzen, die die römischen Plünderer nicht entdeckt hatten.

Entremont hielt dem ersten Ansturm 125 v. Chr. stand, unterlag jedoch beim zweiten Feldzug unter Konsul C. Sextius Calvinus im Jahr 123 v. Chr. Ein Katapultbombardement begrub die Stadt unter Steinkugeln. Haufen von Schleudersteinen, Eisendolchen, Pfeilen und Speeren sprechen von einer beherzten, aber fruchtlosen Verteidigung gegen die römischen Angreifer, die aus dem Nordwesten in die Stadt einfielen, wo man später viele eiserne Speerspitzen, *Pilae*, entdeckte. Entremont wurde geplündert; *Dolia* aus Ton auf dem Boden zerschmettert. Münzschätze, die vor der Schlacht in den Häuschen versteckt worden waren, wurden geraubt – nur wenige blieben den Archäologen: Oboli aus Massilia und Drachmen aus Griechenland. Der salluvische König und der Prinz brachten sich im Land der Allobroger im Norden in Sicherheit. Außer etwa 900 Rom-Sympathisanten und Kollaborateuren wurden alle Einwohner Entremonts deportiert. Entremont war verwaist und geriet in Vergessenheit.

Obwohl sie nach dem Vorbild der Griechen von Massilia einen städtischen Lebensstil entwickelt hatten, legten die Einwohner Entremonts ihre Religion nie ab. Zwischen zwei Steintürmen, die außen in den Steinwall der Oberstadt eingelassen waren, stand ein Gebäude mit Säulengang, dessen Dach von einer Reihe Pfeilern getragen wurde, in die Symbole für den Tod eingraviert waren. Auf einem ist eine Schlange zu sehen, ein häufiges Zeichen für das Leben nach dem Tod. Über die ganzen 2,6 m Höhe eines anderen Pfeilers sind 12 abgetrennte Köpfe eingraviert, der unterste „auf dem Kopf stehend". Allen fehlen die Münder, wobei der Sprachverlust den Tod symbolisiert.

Zwei Sockel in Schädelform, die ursprünglich abgetrennte Köpfe hielten, waren in eine Oberschwelle gemeißelt, in die auch ein mundloser Kopf eingraviert war. Klassische Autoren wie Strabo beschreiben die keltische Sitte, den Feind zu enthaupten und seinen Kopf zur Schau zu stellen.

Dieses Heiligtum lag am sogenannten Heiligen Weg. Viele schöne Kalksteinstatuen säumten diese Straße, darunter auch Darstellungen sitzender oder stehender Gottheiten und Helden. Männliche Kriegerfiguren tragen lederne Pektorale und Kniehosen; der Bauch bleibt frei. Lange Schwerter hängen an ihrer Seite; sie sind mit Ketten und Armbändern geschmückt. Verschiedene Haartrachten, auch Ringellocken, sind kunstvoll dargestellt. Die Köpfe der weniger zahlreichen weiblichen Statuen sind mit mehr Finesse ausgearbeitet, die langen Flechten sind aufgesteckt. Obwohl diese Statuen individuell gestaltet sind, sind sie doch – wie die Gravierungen auf den Pfeilern – nur ein Teil des Prunks, der um den Tod betrieben wurde. Ein sitzender Held läßt die Hand auf einem abgetrennten Haupt ruhen; in der anderen hält er einen eisernen Donnerkeil. Dieses Handauflegen kann entweder den endgültigen Sieg über den Feind symbolisieren oder aber als zärtliche Berührung eines göttlichen Vorfahrs gedacht sein.

In der letzten Phase vor dem Fall der Stadt stand das Heiligtum im Mittelpunkt des Geschehens. Rund 20 Schädel wurden im Innern und auf dem Heiligen Weg gefunden. Punkturen in einigen Schädeln zeigen, daß sie kurz nach der Enthauptung gepfählt und auf einer Holzbühne ausgestellt wurden, das Fleisch von den Hälsen heruntergerissen. Viele Schädelfragmente fand man in den oberen Schichten des Heiligen Wegs, wie auch eine Kugel von einem Katapult, die wohl 123 v. Chr. während der letzten Belagerung abgefeuert wurde. Ähnliche Kugeln hatten zwei Schädel zerschmettert. Sind es die Schädel besiegter Feinde oder verehrter Ahnen? Wie auch immer, das Schädelheiligtum verdeutlicht den funeralistischen und animistischen Aspekt der saluvischen Religion auf eindrucksvolle Weise und bot den toten Helden eine Ruhestätte im Herzen dieser frühen europäischen Stadt. ■

POMPEJI UND HERCULANEUM

Als der Vesuv am 24. August 79 n. Chr. ausbrach, zerstörte er, in den Worten Plinius des Jüngeren, „die lieblichsten Gegenden der Erde, ein Schicksal, das ganze Städte mit ihren Bewohnern teilten". Tatsächlich zerstörte die Katastrophe, die über das Gebiet rund um den Vesuv hereinbrach, mehrere Städte, Dörfer und viele Villen. Die berühmtesten Stätten sind Pompeji und Herculaneum, wo man die zwei herausragendsten Beispiele für wohlhabende Städte in Süditalien freilegte.

In zwei Briefen an den großen römischen Historiker Cornelius Tacitus berichtet Plinius der Jüngere vom Tod seines Onkels während der Eruption und seiner eigenen Flucht mit der Mutter aus Misenum, um dem Vulkan zu entgehen. Lebendig beschreibt er die zerstörerische Gewalt des Vulkans mit seinen „breiten Bahnen von Feuer und überspringenden Flammen", und die Panik, die er auslöste. Er vergleicht die Asche mit Schneewehen und berichtet von den Schreien verängstigter Menschen. „Kaum hatten wir uns hingesetzt, brach die Finsternis herein, nicht die Finsternis einer wolkigen oder Neumondnacht, sondern als ob in einem geschlossenen Raum die Lampe gelöscht würde. Man hörte das Kreischen der Frauen, das Weinen der Kinder und die Rufe der Männer; einige riefen nach ihren Eltern, andere ihre Kinder oder Frauen und versuchten sie an der Stimme zu erkennen." Dies ereignete sich in Misenum, 16 km vom Vesuv entfernt. Näher am Vulkan lagen Pompeji und Herculaneum, zwei der Städte und Dörfer, die in glühender Lava und Asche versanken.

An jenem schicksalhaften Tag hatte Plinius den Älteren, Plinius Onkel, Kommandeur der in Misenum stationierten Flotte und Au-

Rechts: Eine Straßentaverne in Herculaneum.

Gegenüber: Die Gartenmauer des Hauses von Lucius Ceius Secundus in Pompeji war mit Szenen aus Afrika bemalt.

Unten rechts: Eine Statue von Apoll als Bogenschütze im Apollontempel von Pompeji.

genzeuge der Eruption, der Hilferuf der Frau eines Freundes erreicht. Sie lebte am Fuß des Vesuvs und war dort eingeschlossen, die einzige Fluchtmöglichkeit wäre ein Boot gewesen. Sofort ließ er die Flotte in See stechen und machte sich auf nach Stabiae, 8 km südlich von Pompeji. Als er am frühen Nachmittag ankam, war Pompeji, das näher am Epizentrum lag, bereits von einer dicken Bimsstein- und Aschenschicht bedeckt, die der Wind aus Nordnordwest herübertrug. Diese Schicht erreichte allmählich eine Dicke von 5 m. So bot sich später Archäologen die einzigartige Gelegenheit, eine fast intakte wohlhabende, italienische Stadt des späten 1. Jhs. n. Chr. zu erforschen.

Heute kann der Besucher in Pompeji die gepflasterten Straßen mit den erhöhten Bürgersteigen entlangschlendern, die Tempel, Badehäuser und das Amphitheater betreten, in dem es 59 n. Chr. zu einem ernsten Zwischenfall zwischen Zuschauern aus Pompeji und jenen aus der Nachbarstadt Nuceria kam, und die Wohnviertel durchstreifen. Hier, zwischen Läden, Tavernen und Bordellen ist die echte Atmosphäre einer alten italienischen Stadt zu spüren. Man findet eine Mischung aus ärmlichen und reichen Häusern vor; manche sind geräumig und haben gepflegte Gärten; andere sind klein, mit überhängenden Balkonen, die die Straße verengen. In vielen prachtvolleren Häusern findet man Wandgemälde und Mosaiken.

Wenn die Straßen, Läden und Häuser von der Vitalität Pompejis sprechen, so sind es die detaillierten Funde, die in dem Moment konserviert wurden, als Asche und Bimsstein vom Himmel fielen, die die Tragödie und Plötzlichkeit der Katastrophe bezeugen. Speisen und Getränke waren stehengelassen worden. In einer Bäckerei blieben die Brotlaibe im Ofen. Viele der 20 000 Einwohner flohen aus der Stadt und nahmen ihre Wertgegenstände mit und soviel sie sonst noch tragen konnten. Viele wurden von Lavabrocken und Steinen erschlagen, die bei der ersten Explosion in die Luft geschleudert wurden und nun herunterregneten. Andere wurden unter einstürzenden Bauten begraben. Viele, die mit der Flucht

OBEN: Beschriftete Tongefäße in einem Laden in Herculaneum.

LINKS: Mosaik mit einem Kettenhund und der Warnung: „Achtung vor dem Hund". Die Überreste eines Kettenhunds fand man in Pompeji.

RECHTS: Der Garten des Hauses der Vettii in Pompeji. Die umlaufenden Säulengänge spendeten wohltuenden Schatten.

gewartet hatten, bis es zu spät war, erstickten in der Asche und den giftigen Dämpfen, die der Krater ausspie. In einem Haus (Menander) starben zehn Sklaven auf der Treppe, einer mit einer Lampe in der Hand; der Portier und seine Tochter erstickten unter den Kissen, mit denen sie sich vor dem Asche- und Schuttregen schützen wollten. In einem anderen Haus (Pansa) starben die Herrin und drei Dienerinnen inmitten der Wertsachen, die sie hatten retten wollen. Auch Plinius' Onkel starb: „Er stand auf zwei Sklaven ge-

stützt und brach plötzlich zusammen, vermutlich, weil der dichte Qualm ihm den Atem nahm ... Als am 26. das Tageslicht wiederkehrte ... fand man seinen Körper intakt und unverletzt, voll bekleidet; er wirkte eher schlafend als tot." In der Gladiatorenkaserne fand man mehr als 60 Gladiatoren, zwei darunter noch in Ketten im hauseigenen Gefängnis. Die Flüchtenden hatten sogar die Hunde vergessen, die angekettet starben.

Herculaneum, das nach seinem legendären Gründer, Hercules, benannt ist, liegt unmittelbar westlich des Vulkans und erlitt ein anderes Schicksal. Aufgrund der Windrichtung entging die Stadt dem Aschenregen. Statt dessen wurde sie von der Lava überrollt. Die großen Mengen Dampf, die der Vulkan ausstieß, mischten sich mit der Gischt der von der heftigen Eruption und begleitenden Erdstößen aufgewühlten See und fielen als sengender Regen

UNTEN: Detail des Grabes einer Freigelassenen. Das in den Hafen einlaufende Schiff ist möglicherweise ein Symbol für den Tod.
RECHTS: Pornographische Gemälde und Graffiti an den Mauern dieses Gebäudes verraten, daß es sich um ein Bordell handelte.

R. VII · INS · XII

herab. Dieser spülte Lava und Erde von den Hängen des Bergs; es bildeten sich reißende Flüsse kochenden Schlamms, die über die Stadt hereinbrachen. Der abgekühlte Schlamm wurde zu einer harten, bis zu 15 m dicken, undurchdringlichen Schicht.

Pompeji war ein geschäftiges Handwerkszentrum und Handels- und Hafenmetropole mit großem Einzugsgebiet. Herculaneum dagegen war ein beliebter Ferienort für reiche Römer. Viele der öffentlichen Gebäude blieben unter dem Kalktuff verborgen, doch vollständig eingerichtete Villen mit Marmor- und Bronzestatuen, vornehmen Möbeln und Ausstattungsgegenständen erzählen vom Lebensstil ihrer Bewohner. Herculaneums Bedeutung als Ort der Freizeit und Erholung zeigt sich in der Papyrus-Bibliothek, in der die reichen, gebildeten Einwohner ihre Zeit verbringen und Studien betreiben konnten.

Als die Vulkanausbrüche nachließen, wurde der Ort nicht instandgesetzt oder wiederaufgebaut. Einige Pompejaner kehrten in ihre Stadt zurück, um in der Asche nach ihren Wertsachen zu graben, teilweise gar, um Statuen und die Marmorverkleidung von den Fassaden der öffentlichen Gebäude abzumontieren. Im abgekühlten, steinharten Schlamm von Herculaneum war eine solche Plünderung nicht möglich. Die Überlebenden ließen sich anderswo nieder, und Pompeji und Herculaneum waren verloren, bis man bei Grabungen im 17. und 18. Jh. zufällig auf sie stieß. ■

RECHTS: Die Via dell'Abbondanza war eine der Hauptstraßen Pompejis. Die erhöhten Steine waren Übergänge für Fußgänger.
UNTEN: Das Zeichen an diesem Gebäude in der Nähe des Forums zeigt, daß sich hier der Laden eines Weinhändlers befand.

Nowgorod

Bei Ausgrabungen in der mittelalterlichen russischen Stadt Nowgorod wurden viele Siedlungsschichten ab dem 9. Jh. n. Chr. freigelegt, darunter auch Holzbauten und -straßen. Auf fast 700 Manuskripten auf Birkenrinde ist der Alltag der Einwohner Nowgorods festgehalten.

Das 160 km südlich von Sankt Petersburg am Wolchow gelegene Nowgorod ist eine der ältesten Städte Rußlands. Die mittelalterliche Siedlung von Nowgorod stammt aus der Mitte des 9. Jhs. n. Chr. Einige Forscher datieren die Gründung Nowgorods auf die Ankunft wikingischer Kaufleute; andere sind jedoch der Ansicht, daß die Siedlung von einheimischen Slawen gegründet wurde. In den folgenden Jahrhunderten wurde Nowgorod eine große, wohlhabende Stadt an einer Handelsroute vom Baltikum bis nach Byzanz. Aufgrund intensiver archäologischer Ausgrabungen weiß man heute viel über das Leben in dieser frühen russischen Stadt. Die Ausgrabungen wurden 1929 unter Artemii Artsikhovsky aufgenommen und seither unter verschiedenen Direktoren fortgeführt. Seit 1951 wurde die Arbeit an vielen Stellen dieser zeitweise größten Ausgrabungsstätte Rußlands nicht mehr unterbrochen.

Der Lehmboden, auf dem Nowgorod gebaut ist, verhindert das Abfließen des Wassers, und so sind die Funde in der oberen, 6 m starken Bodenschicht derart mit Wasser vollgesogen, daß nicht nur Holz (besonders Hauswände und Straßenplanken), sondern auch lederne und wollene Utensilien, Musikinstrumente und sogar Spielzeug hervorragend erhalten geblieben sind. Anhand der Analyse der Jahresringe der großen Bauholzpfosten konnte eine Chronologie entwickelt werden, mit der sich einzelne Bauphasen bis auf 15 oder 25 Jahre bestimmen lassen.

Das alte Nowgorod bestand aus einem Straßennetz, das sich durch die Altstadt zog. Wegen des feuchten Untergrunds waren die Straßen mit Holzplanken befestigt. Dafür legte man zunächst drei oder vier dünne Birken- oder Fichtenpfähle längs der Straße. Auf dieser Basis legte man gespaltene Baumstämme von 40–50 cm Stärke dicht an dicht quer über die Straße, so daß sie eine Art Deck bildeten. Entlang der Sankt-Kosmas-und-Damian-Straße wurden insgesamt 28 Plankenschichten anhand der Baumringe identifiziert und datiert: Die erste Straße, die in der Gegend angelegt wurde, stammt von 953, die letzte von 1462.

Nowgorods Straßen waren von Holzhäusern gesäumt, und der gute Zustand, in dem sich die unteren Wandabschnitte befinden, ermöglicht eine detaillierte Rekonstruktion. Wohnhäuser waren Blockhütten, die meist aus einer Kombination verschiedener Grundmodule bestanden. Einige waren vermutlich zwei oder drei Stockwerke hoch. Die Behausungen bestanden aus dem eigentlichen Haus und Nebengebäuden auf einem Hof, der durch einen Zaun von der Straße und Nachbargrundstücken abgegrenzt war.

Die Handwerker, die in solchen Gebäudekomplexen arbeiteten, waren auf die Herstellung von Lederwaren, Schmuck, Schuhen, Gegenständen aus Metall oder Glas und Töpferwaren spezialisiert. Man kann erkennen, welche Handwerke in den einzelnen Bezirken überwogen. Nowgorod war einem Handelsnetz angeschlossen, das einen Großteil Nordeuropas umfaßte und bis zum Indischen Ozean reichte. Große Warenmengen passierten die Stadt, darunter auch Wein, Weihrauch, Gewürze, Nüsse, exotisches Holz und Tuchwaren. Die Stadt war ein Zentrum der Handelsaktivitäten skandinavischer Kaufleute,

Die Ausgrabungen in Nowgorod werden inmitten der Gebäude durchgeführt, die seit dem Mittelalter gebaut wurden.

OBEN: Über das Alltagsleben der Einwohner Nowgorods geben Manuskripte auf Birkenrinde Aufschluß, die *Beresti* genannt werden. RECHTS: Diese kleine Steinikone belegt die Bedeutung der Religion.

die die Stadt „Hólmgard" nannten, sowie slawischer Handwerker und Kaufleute. Der Reichtum und die Macht, die Nowgorod aus diesem Handel erwuchsen, machten es zur führenden Stadt im nördlichen Teil des russischen Staats, der im 10. Jh. n. Chr. entstand.

Der Kern des mittelalterlichen Nowgorod war von einem Schutzwall umgeben, so daß es schon im 10. Jh. eine Zitadelle (Kreml) bildete. Ursprünglich bestand der Wall aus Holz und Erde, doch in den folgenden Jahrhunderten wurde er durch eine Steinmauer mit Verteidigungstürmen ersetzt. Heute ist das herausstechendste Bauwerk des Nowgoroder Kreml die Sophienkathedrale mit ihrem Zwiebelturm, am Ende des 10. Jh. noch eine Holzkirche, die im 11. Jh. durch die heutige Kirche aus Stein ersetzt wurde.

Der Kreml war der Sitz des Prinzen, des nominellen Herrschers von Nowgorod, doch die eigentliche Macht lag bei der Volksversammlung oder *Veche*, die Gesetze erließ und über Verwaltungsangelegenheiten entschied.

Die wohl spektakulärsten Funde von Nowgorod waren über 700 in feuchten Bodenschichten konservierte Birkenrindenmanuskripte, *Beresti*, die von der Mitte des 11. bis Anfang des 15. Jhs. angefertigt worden waren. Die ersten entdeckte man 1951 in einer Bodenschicht aus der Zeit von 1369 bis 1409; eine größere Menge barg man aus älteren Schichten. Die *Beresti* waren Borkenstücke, deren zarte innere Schichten durch Abkochen freigelegt und dann ohne Tinte mit Knochen- oder Metallstiften beschriftet worden waren. Die Texte schildern zahlreiche Einzelheiten des Lebens in Nowgorod, von simplen Haushaltsangelegenheiten bis hin zu Problemen der Regierung und der Wirtschaft. Sie zeugen von einem Bildungsgrad, den man im mittelalterlichen Rußland nicht erwartet hätte – ein großer Teil der Bevölkerung konnte offenbar lesen und schreiben.

Da bisher nur 2 % der Fläche des alten Nowgorod erforscht wurden, sind nach Ansicht der Archäologen noch etwa 20 000 *Beresti* in den mittelalterlichen Bodenschichten unter der heutigen Stadt begraben. *Beresti* wurden in letzter Zeit auch in weiteren alten Städten im Nordwesten Rußlands, z. B. in Pskov, gefunden. Mit Hunderttausenden von Fundgegenständen, konservierten Häusern und Straßen werden Dokumente wie die *Beresti* uns neue Informationen über das mittelalterliche Rußland bescheren und uns einen faszinierenden Einblick in das Leben in dieser Region vor über 1000 Jahren gewähren. ■

WARKA/URUK

Der Süden des Irak mit seinen ausgedehnten Sümpfen und verstreuten Sanddünen wirkt heute unwirtlich und verlassen. Wenige Menschen leben hier, hauptsächlich Nomaden. Und doch entstand hier in Sumer Anfang des 4. Jts. v. Chr. die erste städtische Gesellschaft der Welt.

Vor 4000 v. Chr. existierte in Sumer (Südmesopotamien) eine Bauernkultur, die in 2000 Jahren allmählich einige Kleinstädte hervorgebracht hatte; ab 3500 v. Chr. regierte ein Beamtenstaat eine meist städtische Bevölkerung. Diese Veränderungen geschahen in einer Zeit, die Archäologen die Uruk-Periode nennen, nach der Stadt Uruk, dem biblischen Erech und heutigen Warka. Die Ruinen von Uruk stellen die Überreste der weltältesten Stadt dar, die Hauptstadt eines frühen Staates, dessen Beamte die Schrift erfanden, um Regierungsgeschäfte dokumentieren zu können.

Obwohl die ersten Ausgrabungen 1849 stattfanden, begann man erst 1912 mit der systematischen Erforschung, als die Deutsche Orient-Gesellschaft ihre Arbeit aufnahm. Trotz der Unterbrechungen durch zwei Weltkriege und der Launen der regionalen Politik haben die Deutschen bis heute unter wechselnder Leitung in Uruk geforscht. Auf Monumentalbauten mit öffentlicher Funktion konzentriert, haben die Archäologen den Palast des Königs Sinkasid freigelegt (der Herrscher eines Königtums im 19. Jh. v. Chr.) sowie Tempel aus den späten Phasen (hellenistische und parthische Zeit, etwa 300 v. Chr. bis 200 n. Chr.). Doch die bedeutendsten Bauten, darunter auch die der Uruk-Periode, liegen in den beiden Kultbezirken im Zentrum der Stadt.

Wie so viele mesopotamische Städte war Uruk erstmals während der Obeid-Zeit bewohnt, und zwar um 4500 v. Chr. Das ursprünglich vielleicht aus zwei einzelnen Dörfern bestehende Uruk wuchs im 4. Jt. schnell; 3300 v. Chr. erstreckte es sich bereits über 200 Hektar und hatte rund 40 000 Einwohner. Uruk und die anderen neuen Städte Mesopotamiens entstanden aus einer neuen Gesellschaftsform, die hierarchische Beziehungen, neue Ausdrucksformen der wachsenden sozialen Unterschiede und neue Techniken und Strukturen zur Produktion von Waren voraussetzte. Für viele Produkte benötigte man exotische Rohstoffe wie Me-

Die Zikkurat war das bedeutendste Monument von Uruk.

Mesopotamiens Architekten schufen im 3. Jt. v. Chr. Bögen und setzten dieses Element bis zum Ende der mesopotamischen Zivilisation ein.

Die Bauherren von Uruk drückten bunte Zapfen in Lehmwände, um Mosaikmuster zu erzielen.

talle, Steine, Hölzer aus den fernen Gebirgen der Türkei oder des Iran. Daher errichteten die Kaufleute von Uruk eine Kette von Niederlassungen und Außenposten im Norden Mesopotamiens und benachbarten Gebirgen.

Uruk wuchs unaufhaltsam; etwa 2800 v. Chr. hatte die Stadt eine Größe von 550 ha erreicht, bei entsprechend höherer Bevölkerungszahl; nun umschloß eine Mauer die Siedlung. Leider haben spätere Bauaktivitäten die meisten Spuren dieser Riesenstadt zerstört – zumindest in den von deutschen Archäologen bislang freigelegten Gebieten. Zu jener Zeit (der frühdynastischen Zeit, etwa 2900–2300 v. Chr.), bestand Sumer aus vielen Stadtstaaten, die untereinander oft um die regionale Vormacht kämpften. In dieser Periode war die höchste Urbanisierungsrate der alten Welt erreicht – man schätzt, daß um 2500 v. Chr. etwa 80 % der Sumerer in der Stadt lebten. Dies erwies sich jedoch für eine Agrargesellschaft auf längere Sicht als untragbar, und Südmesopotamien wurde im Lauf der folgenden 2000 Jahre wieder zunehmend ländlicher, teilweise gar verwaist. Die Geschichte der Stadt Uruk spiegelt diese regionalen Tendenzen wider. Die einstige Metropole der Sumerer endete als viel kleinere Stadt von rein lokaler Bedeutung, die mächtigeren Nachbarn wie Ur (siehe S. 80) untergeordnet war. Der Abstieg dauerte an, trotz kurzer zwischenzeitlicher Autonomie, und im 18. Jh. v. Chr. lag Uruk ganz verlassen. Zwar wurde die Stadt einige Jahrhunderte später erneut besiedelt und gewann durch das Eanna- und andere Monumente sogar eine gewisse Bedeutung, doch die regionalen Machtzentren hatten sich endgültig nach Norden (z. B. nach Babylon) verlagert. Seinen alten Glanz erreichte Uruk nie mehr.

Obwohl die Uruk-Periode seit 60 Jahren bekannt ist, ist Warka noch heute das beste Beispiel für diese Epoche in Mesopotamien. Die Erforschung früher Phasen Warkas hat sich auf zwei heilige Bezirke konzentriert, das Abu- und das Eannaheiligtum. Dabei entdeckte man Tempelgebäude und viele prachtvolle Kunstwerke sowie die Überreste der ersten Bürokratie der Welt. Diese beiden Bezirke waren so reiche Fundorte, daß die deutschen Archäologen keine anderen Gebiete erforschten, weder Wohnviertel mit ihren Häusern und Straßen noch Gewerbeviertel für die Fertigung z. B. von Töpferwaren noch andere Spuren des Alltagslebens. Unsere Kenntnis von der Kultur Uruks und besonders der späten Uruk-Periode (3500–3100 v. Chr.) stammt daher ausschließlich aus dem besonderen Kontext der Tempel, der angeschlossenen Gebäude und ihres Abfalls.

Die Architektur des Abuheiligtums zeugt von kontinuierlicher Bautätigkeit an gleicher Stelle. Diese mesopotamische Tradition, heilige Stätten zu erhalten, zeigt sich am deutlichsten am Fundort Eridu bei Ur, wo Archäologen eine Folge von 16 immer kunstvoller ausgestalteten Tempeln, die in 2000 Jahren nacheinander an derselben Stelle gebaut wurden, identifizierten. Der früheste Altar im Abuheiligtum ist etwa 1000 Jahre älter als das besterhaltene Monument der Uruk-Periode. Das aufgrund seines strahlen-

Die Kunsthandwerker von Uruk schufen viele schöne Steinobjekte für Kulthandlungen.

den Gipsputzes der „Weiße Tempel“ genannte Gebäude stand auf einer Lehmziegelterrasse, die 70 x 60 m maß und 13 m hoch war. Man gelangte über eine Treppe in den Tempel, der nur einen kleinen Teil der Terrasse (22 x 17 m) einnahm. Der Tempel war dreigeteilt: Beidseitig flankierte eine regelmäßig angelegte Reihe von Räumen eine lange Haupthalle, die die ganze Länge des Gebäudes einnahm. Dieser dreigeteilte Grundplan geht auf die Wohnhäuser der Obeid-Zeit zurück. Das Errichten von Tempeln auf Terrassen war in Mesopotamien damals weit verbreitet. Am Ende dieser architektonischen Entwicklung stand im 3. Jt. v. Chr. eine typisch mesopotamische Struktur, die Zikkurat (drei oder vier übereinandergebaute Terrassen, auf denen der Tempel stand).

Eanna (wörtlich das „Himmelshaus“) war das Kultzentrum der sumerischen Göttin des Kriegs und der Fruchtbarkeit, Inanna. Etwa 500 m vom Anu-Bezirk entfernt umschloß eine Mauer eine Fläche von 200 x 400 m, auf der viele große Gebäude standen, die meist ebenfalls dreigeteilt waren und auf Terrassen errichtet waren. Die Konstruktionen konnten eine Grundfläche bis zu 50 x 80 m haben. Treppen führten zu den Terrassen, auf denen die Tempel standen. Ein Treppenaufgang endete in einem Portiko, an dessen Wänden zwei Reihen von Säulen und Halbsäulen standen. Andere, quadratische Bauten bestanden aus einem dominierenden Hof, um den sich andere Räume gruppierten. Mindestens ein Gebäude war statt aus Lehmziegeln aus Kalksteinblöcken aus einem über 80 km entfernten Steinbruch erbaut. Einige Wände waren mit Tonstiftmosaiken verziert, für die man Pylone aus Ton (seltener aus Stein) mit bemalten, flachen Enden in den Lehmverputz der Mauern drückte, um bunte geometrische Muster zu erzielen. Ein großer, in den Boden eingelassener Hof diente heute unbekannten Zwecken.

So imposant diese Architektur auch war, einige Umstände machen sie noch bedeutender. Nichts, das als Palast hätte identifiziert werden können, wurde unter den frühen Bauten Uruks gefunden; auch in anderen Teilen Sumers tauchen Paläste erst in frühen dynastischen Zeiten auf. Diese Chronologie widerlegt die sumerische Geschichte von Gilgamesch, dem mythologisierten Herrscher Uruks, der um 2800 v. Chr. lebte und sich zum ersten König außerhalb des regierenden Ältestenrats ernannt haben soll. Zu Uruk-Zeiten waren die Tempelgemeinschaften die Zivilbehörden. Statt bloße Kultzentren mit geringer politischer Macht waren sie also ein Fundament der mesopotamischen Gesellschaft. Sie besaßen Ländereien und Landarbeiter, Handwerker und Kultdiener und häuften Reichtümer an, mit denen sie Kredite gewährten und andere Geldgeschäfte durchführten. Der wachsende Einfluß dieser Institution wird schon im frühen Uruk offensichtlich, denn in diesem Zusammenhang entstand die erste bürokratische Ordnung der Welt.

Die Bürokratien der späten Uruk-Periode entwickelten zwei Verfahren zur Arbeitserleichterung. Eines davon war das Zylindersiegel, das den Siegelstempel ersetzte. Ein Zylindersiegel konnte über eine große Tonfläche gerollt werden, z. B. über den Stöpsel eines Gefäßes oder ein Türschloß, um den Inhalt des Gefäßes oder Zimmers vor Unbefugten zu sichern. Auch Tonumschläge, *Bullae*, wurden so versiegelt. Eine *Bulla* enthielt mehrere unterschiedlich geformte Tonobjekte, deren Form auch in die Oberfläche der *Bulla* gedrückt wurde. Mit diesen Objekten hielt man Mengen fest (z. B. von Schafen oder Textilien), und mit dem *Bulla*-System führte man über die Finanzen des Tempels Buch. Die Buchhalter von Uruk vereinfachten dieses umständliche Verfahren, als sie diese Angaben in schlichte, rechteckige Tontafeln ritzten, die sie weiterhin mit einem Siegel versahen. Allmählich fügten sie abstrakte Zeichen hinzu, um Waren präziser zu benennen. So war eine rudimentäre Keilschrift entstanden, die mesopotamische Schreiber in den folgenden 3000 Jahren weiterentwickelten. Dieses neue Medium nutzten im 3. Jt. v. Chr. Könige für Inschriften, die ihre Taten priesen; Priester fingen an, ihre Mythen aufzuzeichnen; es entstanden Anleitungen für Ärzte, für Zauberer, Weissager und andere Meister des Okkulten wie auch eine Privatkorrespondenz unter Normalbürgern. Mit diesen zukunftsweisenden Verfahren legte man in Uruk den Grundstein für die moderne Welt. ■

Der Inanna-Tempel, der Mitte des 2. Jts. v. Chr. renoviert wurde.

Ur

Ur – mit diesem Namen verbinden wir heute viel: das Ur der Chaldäer, Abrahams Geburtsort, den dynastischen Sitz eines mächtigen, wenn auch kurzlebigen Reichs vor 4000 Jahren und die noch ältere Pracht der Königsgräber. Leonard Woolleys bekannte Ausgrabungsberichte von Ur haben dafür gesorgt, daß diese Stätte nicht in Vergessenheit geriet und sie sogar zur wohl berühmtesten antiken sumerischen Stadt gemacht, obwohl sie relativ klein ist. Woolley grub von 1922 bis 1934 in Ur – und gewann dabei ein umfassendes Bild seiner Geschichte von den prähistorischen Anfängen vor fast 7000 Jahren bis zu seiner endgültigen Aufgabe um 400 v. Chr.

Ur, dessen heutiger Name Tell Mukajir lautet, liegt an den Ufern eines ehemaligen Nebenlaufs des Euphrat tief im Süden Sumers (Südmesopotamiens), in der Nähe der früheren Spitze des Persischen Golfs. Diese für Transport und Fernhandel günstig gelegene Stätte wurde schon in grauer Vorzeit allmählich besiedelt. Durch Tiefenlotung stieß Woolley auf die Überreste leichter Hütten, bemalter Töpferware und Gräber, die etwa auf 5000 v. Chr. zurückgehen. Eine dicke Schlickschicht bedeckte diese Spuren einer prähistorischen Besiedlung – das paßte zur Geschichte von einer großen Flut, die sowohl in der Bibel als auch in mesopotamischen Mythen erwähnt wird. Die mesopotamische Zivilisation erbaute hier im 4. Jt. v. Chr. eine Stadt, als Uruk (siehe S. 76) die Hauptstadt Sumers war. Aus dieser Zeit fand Woolley nur die Spuren einer monumentalen Architektur (die Überreste einer Plattform, auf der ein mit bemalten Kegeln verziertes öffentliches Gebäude gestanden haben mag).

Die folgenden 1000 Jahre brachten massive Veränderungen. Fast das ganze 3. Jt. v. Chr. bestand Südmesopotamien aus vielen rivalisierenden Stadtstaaten in wechselnden Allianzen. In dieser frühdynastischen Periode (ca. 2900–2330 v. Chr.) war Ur zeitweise der Sitz mächtiger Dynastien (ein Keilschriftdokument, heute als die „Sumerische Königsliste" bekannt, nennt zwei Dynastien). Prächtige Paläste, Tempel und andere Bauwerke müssen die frühdynastische Stadt geschmückt haben, jedoch in folgenden Bauabschnitten meist unkenntlich gemacht worden sein. Aus dieser Zeit stammt der „Königsfriedhof". Diese Grabstätte, die über 5000 Jahre als solche genutzt worden war, enthielt mehr als 2000 Gräber, von denen nur 16 als Königsgräber identifiziert werden konnten. Statt um einfache Gräben handelte es sich hierbei um unterirdische Kammern, oft mit Gewölbe. Aus beschrifteten Gegenständen scheint hervorzugehen, daß es sich um die Gräber der Könige Meskalamdug und Akalamdug, der Königin Pu'abi und anderer Mitglieder des Herrscherhauses der Zeit um 2500 v. Chr. handelt – interessanterweise fehlen diese Namen auf der „Sumerischen Königsliste". In den Königsgräbern fand man viele prachtvolle sumerische Kunstwerke, z.B. die „Standarte von Ur", eine mit Perlmutt und Lapislazuli eingelegte Tafel mit kriegerischen und friedlichen Szenen, Leiern mit aufwendigen Intarsien, Spielbretter, Darstellungen eines im Dickicht gefangenen Widders und Meskalamdugs Elektronhelm. In einigen Gräbern fand man auch die Überreste von vor Wagen gespannten Ochsen und die Skelette vieler Diener und Dienerinnen – vermutlich waren alle geopfert worden, um dem königlichen Verstorbenen nach dem Tod zu dienen.

Die Zeit der frühdynastischen Stadtstaaten endete mit ihrer Unterwerfung durch den akkadischen Emporkömmling Sargon (ca. 2330–2280 v. Chr.), der seinen Machtbereich noch weit über den der sumerischen Herrscher ausdehnte. Woolley fand in Ur nur wenig, was er der neuen, akkadischen Herrschaft über Sumer zurechnen konnte. Diese währte ein Jahrhundert, bis Eroberer und damit politisches Chaos über die Stadt hereinbrachen (die „Sumerische Königsliste" bemerkt zu dieser Phase sardonisch: „Wer war König? Wer war es nicht?"). Dann erstand in Ur eine neue Dynastie, die dritte, die die Königsliste für die Stadt nennt. Obwohl sie nur ein Jahrhundert (ca. 2100–2000 v. Chr.) regierte, markiert sie den Höhepunkt der Macht und des Wohlstands der Stadt. Ihre Könige brachten ganz Mesopotamien bis Ashur unter ihre Gewalt und führten eine methodische, strenge Reichsverwaltung ein. Die Stadt profitierte von ihrer neuen Rolle als Sitz der Macht. Bauprojekte der III. Dynastie veränderten die Stadt grundlegend und verliehen ihr sogar eine neue Silhouette.

Lange Zeit hatte man in Mesopotamien Tempel auf Terrassen erbaut. Daraus entwickelten sich Zikkurate, Stufentempel, die aus aufeinander errichteten, immer kleiner werdenden Plattformen bestanden. Zwar mag es noch frühere Beispiele geben, die später anderen Strukturen einverleibt wurden, doch Ur-Nammu (2112–2095 v. Chr.), der erste Herrscher der III. Dynastie von Ur, ließ die älteste erhaltene Zikkurat errichten. Ur-Nammus Zikkurat war ein Dreistufenbau, der mit den abgeschrägten Kanten seiner Terrassen an eine Stufenpyramide erinnerte. Die Basisplattform maß 60 x 45 m und war 15 m hoch. Ihre Ecken wiesen nach mesopotamischer Tradition in die vier Himmelsrichtungen. Die obe-

Sir Leonard Woolley in einer Kapelle in einem Wohnviertel von Ur bei der Bergung einer „Beterfigur" aus dem frühen 2. Jt. v. Chr.

ren beiden Ebenen sind weniger gut erhalten. Ein großer Treppenaufgang führte direkt vom Vorplatz hinauf zur Kultkammer, die auf der Spitze der Zikkurat lag. Zwei Nebentreppen verliefen von den vorderen Ecken zur obersten Plattform, wo sie in die Haupttreppe mündeten. Das gesamte Bauwerk bestand aus massiven Lehmziegeln, die mit einer 2,4 m dicken Schicht aus in Asphalt gesetzten Backsteinen überzogen waren.

Die große Zikkurat von Ur während der Ausgrabungsarbeiten; Woolleys Helfer posieren auf den Rampen für ein Foto.

Die Zikkurat stand in einem dem Mondgott Nanna geweihten Bezirk, dem Stadtgott von Ur. Der Haupttempel Nannas lag an der Nordwestseite der Zikkurat; weitere große Gebäude und Plätze nahmen den Rest des von einer Mauer umschlossenen heiligen Bezirks (*Temenos*) ein. Ein bedeutendes Bauwerk war die Giparu, die Residenz der Oberpriesterin des Nannakults – ein Amt, das meist Königstöchter bekleideten. Dieses Gebäude lag auf einer nahezu quadratischen (80 x 76 m) Fläche, die von einer 5 m starken Mauer umgeben war. Den Innenbereich teilte ein langer Korridor in zwei Hälften. Eine Hälfte wurde für Rituale des Nannakults genutzt, die andere von der Priesterin und ihrem Gefolge bewohnt. Ein anderes Gebäude, der Ehursag in der Nähe der Königsgräber, weist typische Elemente der mesopotamischen Palastarchitektur auf. Außerhalb des *Temenos*, gegenüber dem Ehursag, steht ein Komplex von drei miteinander verbundenen Gebäuden, unter denen unterirdische Kammern liegen. Obwohl sie leer waren, identifizierte Woolley sie als die Mausoleen der Könige der III. Dynastie. Der *Temenos* lag inmitten einer 50 ha großen Stadt, die von einer Mauer und einem Schutzwall umgeben war, die an einen heute versiegten Nebenlauf des Euphrat grenzten.

Die Bürokratie des III. Königreichs konnten Ur nicht vor den Barbaren schützen: Elamitische Truppen plünderten und zerstörten die Stadt und richteten ein Blutbad an. In der Literatur wurde dieses Gemetzel verewigt, z. B. im „Klagelied um Ur" (nach der englischen Übersetzung von Thorkild Jacobsen):

Menschen(-körper), nicht Scherben,
waren auf den Zufahrtswegen verstreut.
In den Mauern klafften Löcher;
an den Toren, auf den Landstraßen
türmten sich die Leichen.
In den breiten Straßen,
in denen Menschenmengen (einst) feierten,
lagen sie nun kreuz und quer.

Doch so sehr die Stadt auch zerstört worden war, war sie doch nicht vernichtet, und bald prosperierte Ur wieder.

In den nächsten beiden Jahrhunderten (ca. 2000–1800 v. Chr.) zerfiel das Reich erneut in Stadtstaaten. Wieder erhob sich ein einzelner Mann und wischte alle Konkurrenten beiseite; diesmal war es Hammurabi (1792–1750 v. Chr.), König von Babylon. Während dieser Zeit verlor Ur seine Unabhängigkeit zunächst an mächtigere Nachbarn wie Isin und Larsa und unterlag dann Hammurabis Armee.

Die „Fremdherrscher" waren sich des königlichen Erbes der Stadt bewußt und investierten in den Wiederaufbau und die Erhaltung der Monumente, darunter die Zikkurat, Gipar und die anderen Bauwerke des heiligen Bezirks. Die Stadtmauern wurden wiederaufgebaut und umschlossen nun gut 60 ha, doch außerhalb entstanden bislang noch nicht systematisch untersuchte Vororte und erweiterten die Stadt auf bis zu 300 ha. Neben der restaurierten religiösen Architektur legte Woolley auch zwei Wohngegenden frei. Eines dieser Viertel lag nahe des *Temenos* und war anscheinend überwiegend von Tempelbediensteten bewohnt. Das andere Wohnviertel an der Südwestseite der Stadtmauer glich mit seinen engen, gewundenen Straßen und unregelmäßigen, unterschiedlich großen Häusern einem Kaninchenbau. Viele Häuser bestanden aus einem Innenhof mit Räumen darum herum; einige mögen zweistöckig gewesen sein. Viele größere Häuser verfügten über Einrichtungen, die Woolley für Hauskapellen hielt – ein Zeichen für den wachsenden Glauben an personalisierte Götter, eine Vorstufe biblischen Empfindens (so fleht ein späteres Keilschriftgebet: „zahlreich sind meine Sünden, streife sie ab [von mir] wie ein Kleidungsstück"). In diesem gemischten Viertel wohnten z. B. ein Kupferhändler, den seine Kunden der Gaunerei beschuldigten, ein Schulleiter und der Wirt einer Spelunke.

Hammurabis Herrscherzeit war der Wendepunkt in der Geographie Mesopotamiens: Die Machtzentren verlagerten sich endgültig nach Norden. Ur war noch fast 2000 Jahre bewohnt, stets unter Fremdherrschaft. Diese Herrscher führten die Pflege der traditionsreichen religiösen Bauwerke der Stadt fort und bauten einige davon sogar in größerem Maßstab wieder auf. Doch ohne seine einstige politische und wirtschaftliche Vormachtstellung hatte Ur nun nur noch Bedeutung als Kult- und historische Stätte. ■

TROJA

Nur wenige archäologische Funde regen die Phantasie so an wie Heinrich Schliemanns Entdeckung der legendären Stadt Troja. Sein Entschluß, die Stätte des Trojanischen Kriegs zu finden, führte ihn an einen unbekannten Hügel (Hissarlik) an der Westküste der Türkei, in dem er in vier großen Arbeitsphasen zwischen 1870 und 1890 Ausgrabungen vornahm. Spätere Grabungen durch Dörpfeld, Blegen und derzeit durch Korfmann bestätigen die Identität der Stätte als Troja. Neun unabhängige Städte wurden freigelegt, die älteste aus dem 3. Jt. v. Chr., die jüngste aus der Römerzeit. Die bedeutendsten darunter sind Troja II, VI und VIIa, die alle einmal für das Troja der Epen Homers gehalten wurden.

Schliemann identifizierte die zweite Stadt als Homers Troja, doch tatsächlich handelte es sich um eine frühe bronzezeitliche Stadt aus dem ausgehenden 3. Jt. v. Chr. Troja II war eine kleine befestigte Zitadelle von etwa 100 m Durchmesser. Sieben Schichten wurden freigelegt, die vom stetigen Wachstum des architektonischen Könnens, der Siedlung und des Reichtums zeugen. Die erste Befestigungsmauer aus massiven Lehmziegeln auf einem 3 m hohen Fundament aus unbehauenen Steinen war in 10-m-Abständen durch quadratische Türme verstärkt. Die Mauern von Troja IIc und IId sind besonders beeindruckend: Sie umfriedeten eine große Fläche und hatten zwei imposante, dreigeteilte Tore (das Südost- und das Südwesttor). Zum Südwesttor führte eine gepflasterte Rampe, die mit Fuhrwerken befahren werden konnte.

In der Zitadelle gab es zwei gepflasterte Höfe, einer von Kolonnaden gesäumt. Vermutlich war dies ein öffentlicher Gemeindeplatz, auf dem Versammlungen oder Märkte abgehalten wurden. Auf diesem Hof lag gegenüber dem Eingang ein ausladendes, rechteckiges Gebäude, das große Megaron. Sein Grundriß mit einer geräumigen offenen Pfeilerhalle, die in eine große Halle mit einem riesigen Herd in der Mitte führte, erinnert an die Paläste des griechischen Festlands aus dem 14. und 13. Jh. v. Chr. Auch das Megaron war aus Lehmziegeln auf einem Steinfundament erbaut; die Wände bestanden zur Hälfte aus Fachwerk. Seine Größe und dominierende, zentrale Lage legen nahe, daß dies das Haus des Stadtoberhaupts war.

Der Wohlstand von Troja II zeigt sich in seiner beeindruckenden Architektur wie auch in den berühmten Schätzen aus der Endphase der zweiten Stadt, die Schliemann fand. Dazu zählt erlesener Goldschmuck wie das berühmte Diadem, das Sophia Schliemann trug, Metallgefäße und ein Viersatz steinerner Streitäxte. Zur Freude der Archäologen hatten die Einwohner von Troja II diese Schätze zurückgelassen, als sie die Stadt fluchtartig verließen, bevor sie durch ein Feuer zerstört wurde. So erzählen die Funde viel über das Leben der Wohlhabenden. Die Männer scheinen gefürchtete Krieger gewesen zu sein; die Frauen trugen kunstvollen Goldschmuck. Die meisten Trojaner aßen aus einfachen Tontöpfen, doch das Stadtoberhaupt, seine Familie und Gefährten benutzten feines Metallgeschirr.

Seinen Reichtum verdankte Troja II seiner Bedeutung als landwirtschaftliches Zentrum und Handelsmetropole. Die Form der Töpferwaren jener Zeit weist auf ein maritimes Handelsnetz in der nördlichen Ägäis hin, und alle Metalle, die in der Stadt verwendet wurden (Kupfer, Zinn, Silber und Gold), waren Importe. Große Mengen Schafsknochen und Spindelwirteln, die auf der Stätte geborgen wurden, deuten darauf hin, daß die Schafzucht und die Herstellung wollener Textilien ein wichtiger Erwerbszweig waren.

Troja VI, die berühmteste und prächtigste der Städte, war von etwa 1800 bis 1300 v. Chr. bewohnt. Blegen schlug vor, daß ihre Einwohner Neuankömmlinge waren und daß die in Töpferei und Architektur erkennbaren neuen Elemente und verbesserten Techniken darauf zurückzuführen seien. Die berühmten Mauern von Troja VI wurden dreimal wiederaufgebaut; die jüngsten sind die besterhaltenen und beeindruckendsten. Sie waren 4 m stark und bestanden aus behauenen Kalksteinblöcken als Fundament und einem robusten Überbau aus Lehmziegeln. Die Zitadelle konnte man durch mindestens fünf Haupttore betreten, die jeweils ein Turm schützte, von denen einer eine riesige gemauerte Zisterne enthielt, die während einer Belagerung die Wasserversorgung der Stadt sicherstellen konnte. Die Mauern sind ein glänzendes Beispiel militärischer Baukunst und legen nahe, daß Troja ein bedeutendes Handelszentrum war, doch im Vergleich zu vielen zeitgenössischen Städten Griechenlands und des Nahen Osten haben sie nur einen relativ geringen Umfang. Doch nun wurde bei geomagnetischen Studien südlich von Troja eine zweite, äußere

Aquarell von Schliemanns Troja-Ausgrabungen 1870–1882.

Oben: **Das südliche Haupttor zu Troja VI.**

Rechts: **Plan des antiken Troja.**

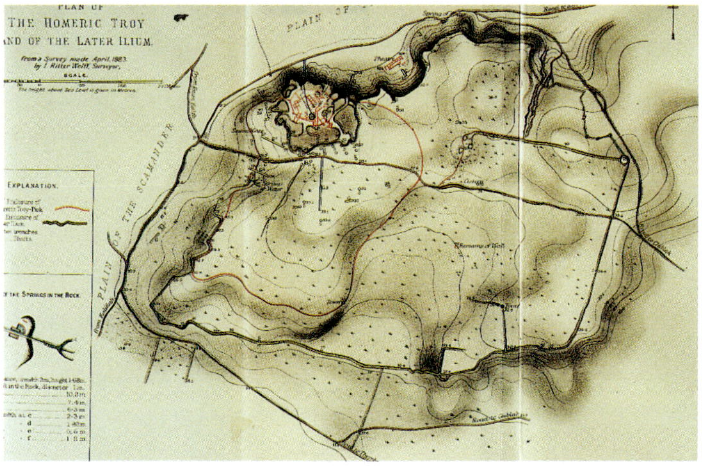

Verteidigungsmauer lokalisiert, die Troja VI viel größer und somit wirklich zu einer blühenden Stadt des 2. Jts. v. Chr. macht. Die Zitadelle, in der das Oberhaupt lebte, war der Mittelpunkt öffentlichen Lebens und bedurfte zusätzlichen Schutzes.

Die Aufteilung im Innern der Zitadelle trägt Spuren einer Stadtplanung, obwohl die Gebäude eher in konzentrischen Ringen um die Terrassen der Zitadelle als nach einem Gittermuster angelegt waren. Die Residenz des Herrschers von Troja VI wurde noch nicht gefunden, doch in der Zitadelle gibt es eine Reihe großer, freistehender Gebäude. Die Mauern dieser Bauwerke, von denen einige ein Obergeschoß hatten, bestanden aus Lehmziegeln und

Unten: Die Ruinen von Troja.
Rechts: Die Befestigungsmauern mit Turmfundament, die Troja VI schützten.

Bauholz auf Steinfundament und waren vermutlich die Häuser bedeutender Trojaner.

Die Grabstätten des Herrschers von Troja und seiner Gefährten wurden bislang nicht gefunden, doch am südlichen Rand des Plateaus von Troja lag eine schlichte Feuerbestattungsstätte, die wohl von einfachen Bürgern genutzt wurde. Die verbrannten Überreste wurden in Tonkrügen mit nur wenigen Vorräten für das Leben nach dem Tod in flachen Gruben vergraben.

Im Alltag benutzten die meisten Einwohner Tongefäße, doch ihre offensichtliche Vorliebe für Metallvasen deutet darauf hin, daß sie mit solchen Gefäßen das luxuriöse Tafelgeschirr der Herrscher von Troja imitierten. Doch trotz des Reichtums Trojas VI wurden nur wenige Luxusartikel geborgen; man fand nur einige Elfenbeinobjekte, Fayence-Perlen und fünf Schwertknaufe aus Alabaster. Anscheinend waren die Einwohner vor der drohenden Katastrophe gewarnt worden und konnten auf der Flucht ihre Wertsachen mitnehmen, bevor die massiven Mauern Trojas VI einstürzten.

Nach dem Erdbeben kehrte man nach Troja zurück, doch Troja VIIa entwickelte sich ganz anders als ihre Vorgängerin und wurde innerhalb einer Generation zerstört. Die Befestigung wurde u. a. aus alten Mauerblöcken und kleinen, unbehauenen Steinen erneuert. Innerhalb dieser Mauern hausten die Menschen in einem Labyrinth überfüllter, kleiner Räume, das sich sehr von den freistehenden Prachtbauten Trojas VI unterschied. Große, in den Boden eingelassene Vorratskrüge enthielten Getreide und Öl – vielleicht für den Belagerungsfall. Generell scheint Troja VIIa hastig wiederaufgebaut worden zu sein, um schnell Schutz vor einer bevorstehenden Gefahr zu schaffen. Die plötzliche Zerstörung der Stadt durch einen Brand wirft ein Licht auf die Art der Gefahr. Mehrere Skelette wurden in dieser Schicht gefunden: die Opfer eines Angriffs, vor dem es kein Entkommen gab. War das die Stadt, die Homer in seiner *Ilias* beschrieb? ■

Mohenjo-Daro

Bei Indien denken wir oft an Riesenstädte wie Bombay und Kalkutta, in denen es vor Menschen nur so wimmelt. Diese modernen Städte sind die Erben einer urbanen Tradition, die vor beinahe 3000 Jahren im Einzugsgebiet des Ganges aufkam, lange bevor der Buddha geboren war. Doch die aufstrebenden eisenzeitlichen Städte waren nicht die ersten Städte auf dem indischen Subkontinent. Um 2500 v. Chr. entstand im Industal (heute überwiegend Pakistan) eine städtische Gesellschaft, die sich nach Gujarat und Haryana in Indien ausdehnte.

Archäologen entdeckten die Induskultur erstmals 1920 und haben seitdem an zahlreichen Stätten gegraben, darunter die Stadt Mohenjo-Daro im Sind. Wie in anderen Städten der Induskultur lebte in Mohenjo-Daro eine seltsam reglementierte und standardisierte Gesellschaft, die sich dem modernen Verständnis noch heute entzieht. Die Städte der Induskultur verschwanden plötzlich um 2000 v. Chr. und ließen nur das vage Echo eines mißglückten städtischen Experiments zurück.

Die Induskultur (nach ihrer Zwillings-Stadt oft Harappa genannt) entstand als rasche Synthese verschiedener älterer (früh-harappazeitlicher) Kulturen. Innerhalb eines Jahrhunderts wurde aus unzähligen regionalen Dorf- und Kleinstadtgesellschaften eine einzige Stadtkultur, die sich von Gujarat und dem Indischen Ozean bis zum Pandschab und den Ausläufern des Himalaya ausbreitete und sogar um Delhi im Einzugsgebiet des Ganges Außenposten hatte. Diese Gesellschaft drang in benachbarte Gebiete ein und besiedelte selbst Nordafghanistan. Zwischen 2500 und 2000 v. Chr. lebte ein Großteil der Bevölkerung in mindestens vier Städten, obwohl viele ein familiäreres Dorfleben weiterführten. Statt organisch zu wachsen wie die typischen Städte des Nahen Osten mit ihren unregelmäßigen gewundenen Straßen, scheinen die Indus-Städte als offene Systeme entworfen und nach einem schachbrettartigen Plan erbaut worden zu sein – Merkmale der Stadtplanung wie Modulhäuser und eine allgemeine Kanalisation zeugen davon.

Das auf dem rechten Ufer des Flusses Indus, etwa 400 km stromaufwärts vom Ozean gelegene Mohenjo-Daro ist die bekannteste unter den Indus-Städten. Zum Bauen verwendete man überwiegend gebrannte oder gebackene Ziegel, wodurch die Stadt erstaunlich gut erhalten blieb – heute flaniert der Besucher über 4000 Jahre alte Straßen mit vollständigem Pflaster und Abflüssen, zwischen Häusern hindurch, die ihn weit überragen. Auch hatte Mohenjo-Daro das Glück, den Bauern und Ingenieuren zu entgehen, die andere Städte wie Harappa wegen eben dieser Ziegel plünderten. Wie viele Indus-Städte bestand Mohenjo-Daro aus zwei Teilen: aus einer Zitadelle und einer Unterstadt, die ein freier Streifen (in anderen Städten eine Mauer) trennte.

Die Zitadelle stand auf einem massiven Granitplateau von gut 5 m Höhe und 8 ha Grundfläche. Eventuell umschloß auch hier eine Mauer die Zitadelle; spätere Überschwemmungen haben jedoch die Spuren verwischt. Hier oben standen öffentliche Gebäude, die vermutlich Verwaltungs- und kultischen Zwecken dienten. Unter diesen Backsteingebäuden befand sich auch ein großer, belüfteter Kornspeicher, ein gemauertes „Bad", das vielleicht zur rituellen Reinigung benutzt wurde, die sogenannten Priesterquartiere und eine große Säulenhalle.

Die Unterstadt, in der die Menschen lebten und arbeiteten, erstreckte sich über mindestens 80 ha und zählte etwa 20 000 Einwohner (oft ist auch von 40 000 die Rede). Die Hauptstraßen waren bis zu 10 m breit und bildeten auf einer Fläche von 270 x 250 m ein regelmäßiges, offensichtlich geplantes Gitter von Wohnblocks, die an den Himmelsrichtungen ausgerichtet waren und die man nur über Nebenstraßen und Gassen erreichte. Die Einzelhäuser, die um Innenhöfe herumgebaut waren, bestanden aus ein bis zwölf Räumen mit Treppen, die zum Dach oder in höhere Stockwerke führten. Die Toiletten der Häuser waren an ein erstaunlich durchdachtes Abwassersystem unter den Straßen angeschlossen. Etwa 700 gemauerte Brunnen, jeweils für eine Gruppe von Haushalten einer, versorgten die Städter mit Wasser.

Außer Wohnhäusern gab es unzählige Werkstätten, in denen Alltagswaren hergestellt wurden. Töpfer, die ihre Produkte oft mit Pflanzen-, Fisch- und Tiermustern bemalten, waren hauptsächlich im Norden der Stadt angesiedelt; vereinzelte Brennöfen fanden sich jedoch auch an anderen Stellen.

Einige Werkstätten fertigten für Indus typische Waren wie Armreifen aus Steingut; andere waren auf Armbänder und Intarsien in Muscheln aus dem Indischen Ozean spezialisiert. Flintschläger stellten die langen, gleichmäßigen Klingen her, die als Messer oder Werkzeug für die Landwirtschaft genutzt wurden, und geeichte Würfel und Kugeln, die im Handel gebraucht wurden. Schmiede fertigten Kupfer- und Bronzeartefakte, die gleichsam Werkzeug und Kunstobjekt waren. Andere stellten aus verschiedenen Chalzedonen, Lapislazuli und Serpentin Perlen her. Die Induskultur ent-

In Mohenjo-Daro legte man tief vergrabene Ziegelhäuser und in Stein erbaute, von höheren Ebenen abgesunkene Brunnenschächte frei.

wickelte die noch heute verwendete dekorative Technik, mit einer Alkalipaste Muster in Karneolperlen zu ätzen; die für Indus charakteristischen Karneolperlen wurden bis nach Mesopotamien und ins iranische Hochland verkauft. Auch Gegenstände aus Speckstein wurden hergestellt, vor allem Siegel. Die Induskultur entwickelte eine rechteckige Siegelform, die mit Tiermotiven und Inschriften in einer bis heute nicht entzifferten Schrift verziert waren. Dieses Schriftsystem ist aber ausschließlich in kurzen Inschriften auf Siegeln, Amuletten und Tonkrügen erhalten, was die Entzifferung bislang unmöglich machte. Viele Experten sind heute der Ansicht, daß die Sprache der Induskultur zur drawidischen Familie gehörte, zu der auch das heute in Südindien und Sri Lanka gesprochene Tamil zählt.

Die regelmäßige Stadtanlage, das Abwassersystem und andere kommunale Leistungen deuten auf Stadtplanung und eine reglementierte Gesellschaft hin. Sämtliche Artefakte wirken einheitlich. Bemalte Töpferwaren, Stein- und Metallwerkzeuge, Specksteinsiegel und andere beschriftete Objekte scheinen auf den ganzen 1200 km zwischen dem Indischen Ozean und den Ausläufern des Himalaya nach identischem Muster gefertigt worden zu sein. Heute ist die Reaktion auf eine solche Uniformität oft negativ – wie das geringschätzige Urteil, daß Indus-Städte wie Mohenjo-Daro „nur zu gut die ausgefeilte Organisation einer urbanen Händlerklasse vorführen, deren Produkten nicht nur die barbarische Spontaneität älterer, primitiverer Kulturen abgeht, sondern sogar die fröhliche Neureichenvulgarität des frühdynastischen Sumer ... statt dessen herrscht in fast jedem Zweig der bildenden Künste und des Kunsthandwerks eintöniges, bürgerliches Mittelmaß."

Ein Grund für dieses Unverständnis ist, daß es bisher nicht möglich war, die sozialen Voraussetzungen für eine Autorität ausfindig zu machen: Man entdeckte kein Bauwerk, das man als „königlich"

LINKS: Da man Häuser auf alten Fundamenten immer wieder neu errichtete, wuchsen die Häuserwände in Mohenjo-Daro in die Höhe.
OBEN: Obwohl die politische Form der Induskultur ein Rätsel bleibt, halten viele Experten diese bärtige Specksteinfigur für die Darstellung eines Priesterkönigs.

bezeichnen könnte, und nur wenige Spuren öffentlicher Prachtentfaltung; selbst Tempel wurden nicht identifiziert. Viele Gelehrte halten eine Religion für die einigende Kraft der Harappa-Kultur, glauben, daß Priesterkönige sie regierten, die durch Rituale und Götter legitimiert waren. Doch dies bleiben Spekulationen. Einige Elemente der Induskunst wie die Figur im Lotussitz erinnern sehr an das spätere Indien. Solche Parallelitäten könnten bedeuten, daß dieser experimentelle Urbanismus trotz seines plötzlichen und totalen Zusammenbruchs, trotz des Untergangs kultureller Errungenschaften wie des Schriftsystems um 2000 v. Chr., Wegbereiter für die ein Jahrtausend später im Gangesgebiet erblühenden Städte der Eisenzeit war. Obwohl dieser Bezug zum historischen Indien dürftig ist, liefern Mohenjo-Daro und die Induskultur doch ein Beispiel für alte Städte, die sich deutlich vom vertrauten Nah-Ost-Muster abheben. ■

Megiddo: die Stadt Harmageddon

Vor den Städten Mesopotamiens wirkten die alten Städte der südlichen Levante – heute Israel und Jordanien – eher bescheiden: Selbst während der Eisenzeit erstreckten sie sich über höchstens 25 ha. Das Stadtleben in dieser Region scheint keine stabile Lebensform gewesen und zeitweise nahezu aufgegeben worden zu sein; selbst in intensiven urbanen Phasen lebte ein Großteil der Bevölkerung in Dörfern. Und doch hatten die Städte eine wichtige Funktion für die Gesellschaften der südlichen Levante.

Die lange Serie von Besatzungen der Stadt Megiddo veranschaulicht die Unannehmlichkeiten des Stadtlebens in der südlichen Levante wie auch den Wandel einer Kleinstadt zum militärischen und/oder Verwaltungszentrum eines Stadtstaats. Bei jedem Funktionswechsel veränderte sich die Struktur Megiddos grundlegend, womit deutlich wird, wie stark sich ein größerer sozialer und politischer Zusammenhang auf das Erscheinungsbild einer Stadt auswirkt.

Der Ruinenhügel bedeckt heute nur 6 ha; Megiddo war nie größer als 12 ha – für dortige Verhältnisse eine mittelgroße Stadt. Ihre Bedeutung wurzelt in ihrem langen, abwechslungsreichen Werdegang: In zahlreichen Besiedlungsphasen erlebte die Stätte tiefgreifende politische, ethnische und religiöse Veränderungen in der Region sowie Ebbe und Flut internationaler Strömungen, die ihren eigenen Charakter jeweils grundlegend beeinflußten. Megiddo, das Harmageddon der Apokalypse, wo am Jüngsten Tag die letzte Schlacht ausgefochten werden soll, liegt im Westteil der Ebene Jesreel, die das Jordantal mit der Mittelmeerküste verbindet.

Ein Paß durch das Karmel-Gebirge, das die Stätte im Süden begrenzt, mündet direkt bei Megiddo in die Ebene, so daß die Stadt an einer wichtigen Kreuzung liegt.

Noch vor dem Ersten Weltkrieg fanden in Palästina erste Ausgrabungen statt, darunter die in Megiddo. Ein ehrgeiziges amerikanisches Team des Oriental Institute, Chicago, nahm die wichtigsten Grabungen vor, in dem Bestreben, „den ganzen *Tell* und seine Umgebung, ... jede einzelne Schicht der Ruinen als Ganzes zu sondieren“. Diese Ausgrabungen, die von 1925 bis 1939 dauerten, waren das meistgeförderte Projekt in der Geschichte der Archäologie des Nahen Ostens – die Unterkünfte waren sogar mit Tennisplätzen ausgestattet. Doch trotz der gefüllten Taschen des Sponsors, John D. Rockefeller Jr., setzte die Wirtschaftskrise auch diesem Projekt ein Ende, bevor das Team mehr als die obersten Schichten komplett freigelegt hatte. Doch bereits zu jenem Zeitpunkt waren mehrere großflächige bronzezeitliche Städte zum Vorschein gekommen. Mit jüngeren, kleineren Ausgrabungen beschäftigte man sich mit stratigraphischen Problemen, die das Team aus Chicago ungelöst gelassen hatte.

Die frühesten Spuren menschlichen Lebens an dieser Stätte stammen aus dem frühen Neolithikum, noch vor Erfindung der Keramik (Präkeramisches Neolithikum B, 7400–6200 v. Chr.). Die ersten bedeutenderen Relikte datieren vom Chalkolithikum (4500–3500 v. Chr.) und der frühen Bronzezeit I, als die Siedlung aus verstreuten Einraumhäusern bestand. Schon damals gab es das große Bauwerk, das auf einen großen eingefriedeten Hof hinausgeht und als Tempel identifiziert wurde. In den folgenden Epochen, der frühen Bronzezeit II und III (3100–2300 v. Chr.), nahm die Siedlung allmählich die Form einer Stadt an. Man errichtete eine Mauer, zunächst nur um den Tempel, später verdoppelte man ihre Stärke auf 8 m und erweiterte sie zur Stadtmauer. Der heilige Bezirk verlagerte sich leicht nach Westen und wuchs. In seinem frühen Stadium gab es im Bezirk nur ein Steinpodest von 8 m Durchmesser und 1 m Höhe; die meist verkohlten Knochen von Opfertieren waren darum herum verstreut. Im geräumigen Kultraum stand ein Altar gegenüber dem Eingang, der aus einem Portiko mit zwei Säulen bestand. In einer späteren Bauphase wurden weitere Kulträume angebaut, die ähnlich wie das ursprüngliche Sanktuarium geschnitten waren. Privathäuser an schmalen Straßen säumten den Tempelbezirk.

In der frühen Bronzezeit IV (2300–2000 v. Chr.) erlitt die Stadt einen Rückschlag; nur einige instabile Häuser standen hier und da

Der Herrscher des spät-bronzezeitlichen Megiddo hinterließ viele geschnitzte Elfenbeinobjékte, die wie dieser Kopf oft Möbel zierten.

verstreut. Bis auf einige Kulträume war das Heiligtum weiterhin in Gebrauch; der Haupttempel wurde jedoch verkleinert. In jener Periode ist eine allgemeine Abwendung von der seßhaften Lebensweise in weiten Teilen der südlichen Levante und eine Hinwendung zur Tierhaltung zu beobachten.

Durch wachsende Kontakte nach Syrien lebte die Stadt um 2000 v. Chr. allmählich wieder auf. Eine neue Stadtmauer wurde erbaut, nun allerdings im syrischen Stil mit massiven Schutzwällen und schrägen Böschungen, die für Städte der mittleren Bronzezeit (2000–1550 v. Chr.) typisch waren. Die Mauer umschloß neben der Altstadt nun auch eine Unterstadt. Damit erreichte Megiddo früh in der mittleren Bronzezeit seine größte Ausdehnung (10–12 ha). Das Tor an der Nordseite hatte die Form einer gekrümmten Achse: Eine gemauerte Rampe verlief außen entlang der Mauer und bog dann scharf zu den Portalen ab. Später in derselben Periode wurde das Tor zu einem geraden Eingang mit zwei Kammern (oder drei Torpfeilern) zwischen zwei massiven Türmen umgebaut. Direkt am Stadttor wurden bald palastartige Gebäude errichtet. Auch der traditionelle Kultbezirk wurde weiter gepflegt; er war nun durch eine Mauer von den Wohnvierteln abgegrenzt, die rings um ihn herum aus dem Boden schossen. An der Westseite des heiligen Bezirks wurde ein großer Palast mit Seitenflügeln aus Höfen, Hallen und Lagerräumen erbaut. Zu jener Zeit bestand die südliche Levante aus einer Vielzahl von Stadtstaaten; Megiddo mit seinen Palästen war der politische Mittelpunkt und Verwaltungszentrum eines solchen.

In der späten Bronzezeit (1550–1200 v. Chr.) verlor die südliche Levante ihre Unabhängigkeit, als die Pharaonen des Neuen Ägyptischen Reichs levantinische Könige zu ihren Vasallen machten. Auch unter der fremden Oberhoheit prosperierten die Eliten von Megiddo. Ein neuer Palast entstand am Nordtor, weswegen sich die Stadtverwaltung dorthin verlagerte. In diesem prächtigen Komplex, der viele Innenhöfe umschloß und kunstvolle Fresken aufwies, machte man die wichtigsten Funde der späten Bronzezeit unter dem Boden eines Zimmers: eine große Sammlung von Elfenbeinagraffen, Gefäße aus Gold und Lapislazuli und andere Kostbarkeiten. In drei Kellerräumen fand man einen Schatz von aus Elfenbein geschnitzten Möbelintarsien in vielen Variationen. Auch ein einfaches Wohnviertel wurde freigelegt.

Diese Siedlung aus der späten Bronzezeit wurde um 1150 v. Chr. zerstört. Das dann folgende Dorf bestand aus schlicht gebauten Häusern und erstreckte sich nur über einen kleinen Teil der Stätte (etwa 1 ha). Viele Forscher halten dieses Dorf für eine frühe israelitische Siedlung. Bald wurde daraus eine wohlhabende, unbefestigte Philisterstadt, in der in bronzezeitlicher Tradition Metall verarbeitet wurde. Obwohl sich grundlegende Dinge wie das Handwerk und wohl auch die Volkszugehörigkeit der Bewohner so rasch änderten, blieb der bronzezeitliche Tempelbezirk noch weit in die Eisenzeit hinein in Gebrauch.

Mit den nächsten beiden Städten, befestigten Verwaltungs- und Militäreinrichtungen, veränderte sich Megiddo von Grund auf. Die erste Stadt gehörte zum neuen Vereinten Königreich von David und Salomo. Sie bestand aus drei Palästen an verschiedenen Stellen der Stadtmauer, einem großen Gebäude, vermutlich dem Verwaltungsitz, und vielen Wohnhäusern. Durch ein kleines zweitüriges Tor mit Rampe gelangte man durch die Kasematten in die Stadt. Die prächtigsten Gebäude der Stadt waren aus Quadersteinen erbaut und mit proto-ionischen Kapitellen (so genannt, weil sie an die spätere ionische Säulenordnung der klassischen Welt erinnern) versehen, vergleichbar mit der prächtigen salomonischen Architektur in Jerusalem. Diese Relikte vermitteln ein Bild von Salomos Militär- und Verwaltungszentren, die in verschiedenen Bibelpassagen erwähnt werden.

Obwohl sie an die biblische Wagenstadt Salomos erinnern, wurden Megiddos Ställe erst ein Jahrhundert später erbaut.

Salomos Megiddo wurde Ende des 10. Jhs. durch eine Feuersbrunst zerstört. Die wiederaufgebaute Stadt hatte einen stark militärischen Charakter; große Flächen wurden zu Truppeneinrichtungen umfunktioniert. Erwähnenswert ist hier ein viertüriges Torhaus, die beiden Ställe und die Wasserversorgungsanlage. Das Team vom Oriental Institute, Chicago, sah in dieser Stadt das Werk Salomos, von dem es in der Bibel heißt: „Salomo brachte zusammen Kriegswagen und -pferde; er hatte 1400 Wagen und 12 000 Pferde und brachte sie unter in den Wagenstädten sowie in der Nähe des Königs in Jerusalem." (1 Könige 10,26). Doch später da-

Links: Mächtige Eingangstore mit drei Pfeilergruppen und zwei Innenkammern kamen um 2000 v. Chr. in der Levante in Mode. Dieses Tor wurde über ein Jahrtausend später in der frühen Eisenzeit erbaut.
Oben: Diese einseitig mit Tiermotiven oder geometrischen Mustern verzierten Elfenbeinlinsen gehörten vielleicht zu einem Spiel.

tierte man diese Schichten anhand der dazugehörigen Töpferwaren auf das 9. Jh. v. Chr. und schrieb die Ställe Ahab, dem König von Samaria zu. Dennoch sind die Ställe beeindruckend. Der nördliche Stallkomplex umschließt auf drei Seiten einen Platz, an dessen Südseite ein Palast liegt. Der südliche Komplex liegt an einem 50 x 50 m großen Paradeplatz, in dessen Mitte eine Tränke für die Tiere lag. In diesen Ställen konnten bis zu 330 Pferde untergebracht werden.

Weitere bedeutende Einrichtungen waren ein umfriedetes Grundstück, auf dem ein palastähnliches Gebäude stand, ein Nebentor zwischen diesem Grundstück und den südlichen Stallungen und ein kunstvolles viertüriges Tor in der Nordmauer. Eine ins Grundgestein gehauene Wasserversorgungsanlage leitete frisches Wasser von einer Quelle durch einen waagerecht verlaufenden Tunnel zu einem senkrechten Schacht in der Stadtmitte. Diese Garnisonsstadt wurde Ende des 9. Jhs. v. Chr. zerstört, vielleicht bei einem Angriff der Aramäer.

Die folgende, im 8. Jh. erbaute Stadt diente ganz anderen Zwecken und wurde daher anders angelegt. Zum ersten Mal wurden die Straßen nach einem schachbrettartigen Plan gebaut. Die so entstehenden Häuserblocks waren 55–60 m lang und 22 m breit. Einen Wechsel in der architektonischen Regel bedeutete die Anordnung der Privathäuser um Innenhöfe herum; im Gegensatz zu ihrer stark militärisch geprägten Vorgängerin bestand die neue Stadt zu 80 % aus Wohnhäusern. Wie schon früher einmal lag das Verwaltungsgebäude innerhalb des nördlichen Stadttors; an beiden Seiten schlossen sich Räume an. Von dieser Stadt aus verwalteten die assyrischen Besatzer Samaria, das Tiglatpilesar III. (744–727 v. Chr.) erobert hatte. Obwohl es an dieser Stelle noch in den folgenden drei Jahrhunderten Siedlungen gab, schwand die Bedeutung dieser Städte. Um 400 v. Chr. wurde Megiddo endgültig aufgegeben. ■

Babylon

An einem Euphratlauf 90 km südwestlich von Bagdad gelegen wurde Babylon als eine der ersten unter den alten mesopotamischen Stätten eingehend beschrieben. Diese Berichte stützten sich stark auf biblische Erzählungen (z. B. vom allegorischen Turm zu Babel) und griechische Schriftsteller wie Herodot. Dank solcher Schriften geriet Babylon nie in Vergessenheit und war lange Symbol für Unterdrückung und Gefangenschaft.

Der deutsche Archäologe Robert Koldewey machte über fast zwei Jahrzehnte (1899–1917) Ausgrabungen in Babylon, die viele Bauwerke Nebukadnezars freilegten. Dank Koldeweys Arbeit kann Babylon heute ohne Einschränkung als die erste „nationale" Hauptstadt Südmesopotamiens betrachtet werden, als der Sitz Marduks, des Stadtgottes von Babylon, und das Heim nicht nur von Nebukadnezar (604–562 v. Chr.), sondern auch des Gesetzgebers Hammurabi (1792–1750 v. Chr.).

Anfang des 1. Jts. hatte Babylon einen Tiefpunkt; es litt unter politischer Zersplitterung, Seuchen, Hungersnöten, sinkenden Bevölkerungszahlen, Beduinenangriffen und anderen Miseren. Die aufstrebenden Assyrer nutzten diese Schwäche und besetzten die Stadt. 100 Jahre lang war Babylon sowohl Zentrum der assyrischen Okkupation als auch Brutstätte des Widerstands – es profitierte einerseits von den assyrischen Bauprogrammen, wurde aber 689 v. Chr. nach einer mißglückten Revolte schwer geplündert.

Das Schicksal wendete sich bald. Die vereinten Mächte der Babylonier, Meder und Skythen fegten die kläglichen Überreste des assyrischen Reichs hinweg und zerstörten 612 Ninive. Der babylonische König Nabopolassar (625–605 v. Chr.) hatte die Assyrer seit seiner Thronbesteigung auf seinem eigenen Land bekämpft; nun war er in der Lage, Babylons Einfluß in das von den Besatzern

Ein Löwe in glasiertem Ziegelrelief an der Prozessionsstraße.

Pieter Breughels phantasievolles Gemälde des Turms von Babel hat nur wenig Ähnlichkeit mit der Zikkurat von Babylon.

zurückgelassene Machtvakuum hinein auszudehnen. Sein Nachfolger, Nebukadnezar (604–562 v. Chr.) vollendete dieses Werk, besiegte das Königreich Juda und brachte viele Juden in babylonische Gefangenschaft. Doch das scheinbar so mächtige Babylonische Reich erwies sich als brüchig und unterlag 539 v. Chr. schnell der aufstrebenden Macht aus den östlichen Bergen, den persischen Achämeniden. Auch die achämenidischen Könige betrachteten Babylon als Reichssitz und verbrachten oft die Winter dort. Dann kamen die Griechen; Alexander der Große starb 323 v. Chr. in Babylon, nach seiner Rückkehr aus Indien.

Der hohe Grundwasserspiegel hinderte die Archäologen daran, die älteren Schichten freizulegen, außer in einem Viertel namens Merkes, wo man in einem tiefen Loch auf Schichten stieß, die vom Anfang des 2. Jts. v. Chr. datieren (der altbabylonischen Periode, ca. 2000–1600 v. Chr.). Daher ist die Frühgeschichte der Stadt weitgehend unbekannt. Keilschrifttexte geben jedoch Aufschluß über die Beschaffenheit der Stadt zu verschiedenen Zeiten. Der damals noch unbedeutende Ort existierte schon zu Beginn der Akkad-Periode (2330–2150 v. Chr.), als bereits zwei Tempel standen. Schon ein halbes Jahrtausend später war Babylon Sitz der mächtigsten Dynastie jener Zeit, der des Hammurabi, der Babylonien und Assyrien zu einem einzigen, wenn auch kurzlebigen Königreich vereinte. Dessen Reichtum floß nach Babylon und finanzierte prächtige Bauwerke. Zeitgenössische Texte berichteten von Esagila, dem Tempel des Hauptgottes Marduk, und vielen anderen Tempeln, einem Klosterbezirk und den Stadtmauern. In einer Beschreibung aus dem späten 13. Jh. v. Chr. sind die Hauptbauwerke der Stadt aufgezählt, darunter acht Stadttore, zehn Bezirke innerhalb der Mauern und mindestens 53 Tempel und weitere Schreine und Gebäude.

Schon damals war Babylon groß, doch als Sitz erst der assyrischen, dann der babylonischen Herrscher wurde es vergrößert und verschönert. Auf ihrem Höhepunkt, zu Nebukadnezars Zeiten, erstreckte sich die Stadt über 8,5 km^2 und war damit die größte antike Stadt Mesopotamiens, größer noch als Hauptstädte der Assyrer wie Ninive (S. 106) und Nimrud (S. 102). Die Stadtmauer der äußeren Stadt, die sich über 18 km spannte, bildete eine dreifache, 30 m breite Kreislinie aus haltbarem Ziegel und Bruchstein mit Türmen in regelmäßigen Abständen. Der griechische Schriftsteller Herodot hatte sie als so breit beschrieben, daß ein vierspänniger Wagen darauf wenden konnte. Ein großer, umfriedeter Komplex, heute Tell Babil genannt, stand in der nordöstlichen Ecke der äußeren Stadtmauer – hier befand sich der Sommerpalast Nebukadnezars. Doch die meisten Gebäude lagen in der Innenstadt.

Die Innenstadt hatte einen rechteckigen Grundriß, war gut 4 km^2 groß und vom Euphrat durchflossen. Zwei mächtige, parallele Lehmziegelmauern, zwischen denen eine Straße verlief, sowie

Fabeltiere in glasiertem Ziegelrelief auf dem Ischtar-Tor von Babylon.

ein äußerer Damm und ein Euphratkanal grenzten sie ab. Die Hauptstraßen bildeten ein unregelmäßiges Gitternetz, das nach babylonischer Manier eher nach Nordost und Südwest als nach den Haupthimmelsrichtungen ausgerichtet war. Das deutsche Team unter Koldewey konzentrierte sich auf den Teil der Innenstadt auf dem rechten Ufer des Euphrat: Hier befand sich das politische und rituelle Zentrum des Reichs Nebukadnezars.

Die Prozessionsstraße bildete die Hauptachse dieses zeremoniellen Komplexes. Diese gut 20 m breite Prachtstraße erstreckte sich vom berühmten Ischtar-Tor fast 1,5 km gen Süden. Die Fassaden, die auf diese Straße zeigten, schmückten glasierte Ziegel, die Löwen und Rosetten in Halbrelief darstellten. Das Ischtar-Tor, das nach der Göttin der Liebe und des Krieges benannt war, war ein hochgewölbter Durchgang zwischen massiven Türmen in der inneren Stadtmauer. Die deutschen Ausgräber entdeckten, daß das Tor drei Bauphasen erlebt hatte, in denen die Verzierungen immer weiter verfeinert wurden. In der Endphase waren auf dem Tor weiße und

RECHTS: Nebukadnezars Thronsaal, auf die gleiche Weise mit Löwen und Bäumen verziert.
UNTEN: Darstellung der Hängenden Gärten von Babylon.

Babylonische Künstler fertigten auch Steinblöcke, auf denen Landrechte festgehalten wurden *(Kudurru)*. Diese „Grenzsteine" tragen sowohl Keilschrifttexte als auch gemeißelte Symbole und Figuren.

gelbe Drachen und Stiere in Flachrelief auf blauem Grund zu sehen. Das 25 m hohe Tor stand auf einer 15 m hohen Plattform und vermittelte jedem, der den Kern der Stadt betrat, einen Eindruck von Pracht und Macht.

Nebukadnezars Hauptpalast lag unmittelbar innerhalb des Ischtar-Tors und erstreckte sich von der Prozessionsstraße bis zum Fluß. Auch er lag 15 m erhöht auf einer Plattform und bestand aus fünf Innenhöfen, von denen mehrere Flügel mit Zimmern und Hallen für den königlichen Haushalt abgingen. Der Thronsaal war über 50 m lang und ging auf den zentralen Innenhof im Herzen des Palasts. Die Wände des Saals waren mit buntglasierten Ziegeln verziert, die eine Prozession von Löwen und stilisierte Lebensbäume darstellten. Eine Gruppe unterirdischer Räume mit Gewölbedecken, Brunnen und wasserdichten Wänden aus Asphalt bilden die Nordwestspitze des Palasts zum Ischtar-Tor hin. Koldewey war der Ansicht, daß es sich hierbei um das Fundament der Hängenden Gärten von Babylon handelte, eines der sieben Weltwunder der Antike. Doch ob dies der Fall war, blieb unklar; jüngere Erkenntnisse deuten darauf hin, daß die Hängenden Gärten in Ninive (S. 106) lagen.

Einen Kilometer weiter im Süden führte die Prozessionsstraße an einigen Plätzen vorbei, an denen Etemenaki und Esagila lagen, das rituelle Zentrum Babyloniens. Eine Straße verlief zwischen diesen beiden Bauwerken hindurch von der Prozessionsstraße hinunter zum Fluß, wo man über eine Brücke (120 m lang und von sieben oder mehr Pfeilern getragen) in den Westteil der Innenstadt gelangte.

Der Etemenaki, wörtlich „Das Haus des Fundaments von Himmel und Erde", war eine Zikkurat, ein Stufenpalast, und vielleicht das Urbild des biblischen Turms zu Babel. Nur die Grundmauer wurde ausgegraben (das Gebäude war abgerissen worden), so daß das Gesamterscheinungsbild der Zikkurat im dunkeln bleibt. Ein Quadrat von 91 m Seitenlänge bildete die Basis; ein 9 m breiter Treppenaufgang führte an der Südseite hinauf. Esagila, südlich des Stufentempels gelegen, war der Tempel Marduks, des Reichsgotts Babyloniens. Dieser Komplex umfaßte nicht nur einen Kultraum mit einer Mardukstatue, sondern beherbergte auch andere Gottheiten. Griechische Autoren berichteten, man habe für die Statue und andere Objekte des Mardukkults über 20 Tonnen Gold verwendet und jährlich mehr als 2 Tonnen Weihrauch für die religiösen Riten importiert.

Auch nachdem die Perser 539 v. Chr. Nebukadnezars Reich ein Ende machten, blieb Babylon ein bedeutendes Zentrum. Die Perser unterhielten die Tempel der Babylonier und dienten deren Göttern. Auch die Griechen, die Mesopotamien zwei Jahrhunderte später besetzten, tolerierten die heimischen Kulte und fügten dem Stadtbild sogar noch ein Theater und andere Gebäude hinzu. Doch die Hauptstadt des altbabylonischen Reichs hatte ihre Stellung als politisches und kulturelles Machtzentrum eingebüßt. Während der Herrschaft der Parther über Mesopotamien wurde Babylon weiterhin bewohnt, wenn auch in geringerem Maß. Die Verbindung zur ruhmreichen Vergangenheit der Stadt wurde immer dünner, bis sie ganz abriß und Babylon zu einem verwaisten Haufen von Lehmziegeln verfiel. ■

UGARIT

40 km südlich der Mündung des Orontes an der syrischen Küste liegt ein bedeutender *Tell* (Hügel), Ras Schamra, mit dazugehörigem Hafen in Minet el-Beida. Diese beiden Stätten wurden als das aus den Amarnabriefen (S. 17, diplomatische Korrespondenz von der Mitte des 14. Jhs. zwischen dem ägyptischen Pharao und den Herrschern im Nahen Osten) bekannte alte Reich von Ugarit identifiziert. Das seit dem Neolithikum (6. Jt. v. Chr.) bis ins 12. Jh. v. Chr. durchgehend besiedelte Ugarit wurde erst 1928 von einem Bauern bei der Feldarbeit wiederentdeckt.

Die wichtigste Besiedlungsphase in Ugarit war die mittlere und späte Bronzezeit, zwischen 1800 und 1200 v. Chr. Zwei Quellen ermöglichen die Rekonstruktion des Alltags in Ugarit: die archäologischen Funde und die zahlreichen Urkunden, die dort geborgen wurden. Die Texte waren auf Ugaritisch (einer semitischen Sprache) in einer frühen Alphabetschrift auf Tontafeln geschrieben. Der einstige Wohlstand der Stadt läßt sich an der Pracht vieler in der Siedlung und ihren Gräbern gefundenen Artefakte ablesen: herrlichen Elfenbeinschnitzereien, kunstvollen Bronzeobjekten (Tripoden, Statuetten) und vielen Importen aus Ägypten, Zypern und der Ägäis. Ugarit war ein wichtiger Handelshafen, günstig gelegen an einer Schnittstelle von Land- und Seerouten zwischen Anatolien, Mesopotamien, Syrisch-Palästina und dem Mittelmeerraum.

Ugarit war die Hauptstadt eines kleinen Küstenreiches. Die Dynastie von Ugarit wurde im 19. oder 18. Jh. v. Chr. gegründet, und die Namen einiger ihrer Herrscher sind auf einer schlecht erhaltenen Tontafel verzeichnet, der Königsliste von Ugarit. Der König war verantwortlich für die inneren Angelegenheiten der Stadt, ihre rechtliche, wirtschaftliche und militärische Organisation, wie auch für Auslandskontakte – diplomatische und Handelsbeziehungen mit anderen Königen des Nahen Osten, wie dem ägyptischen Pharao und dem König von Alashiya (wahrscheinlich Zypern). Er hatte auch eine religiöse Funktion als Mittler zwischen dem Volk von Ugarit und seinen Göttern, zu denen auch er selbst zählte. Die königliche Familie lebte in einem großen Palast, der den Nordwestteil des *Tell* beherrschte. Er wurde in mehreren Phasen zwischen dem 15. und 13. Jh. v. Chr. erbaut und wuchs mit der Komplexität der Verwaltungsaufgaben und der Größe des Hofs. Flache Stufen führten zum Haupteingang hinauf, der von einem Paar Holzsäulen flankiert wurde. Innen gab es sechs große Höfe und einen Innengarten, die jeweils von Räumen gesäumt waren.

Der Palast war ein imposantes Gebäude aus feinen, behauenen Steinblöcken. An einigen Innenwänden fanden sich Spuren eines Verputzes, doch es gibt keine Anzeichen dafür, daß es Wandgemälde gab, wie es in zeitgenössischen Palästen in Alalach am Orontes oder Knossos auf Kreta üblich war. Die Räumlichkeiten waren funktional aufgeteilt. Die Privatgemächer der königlichen Familie befanden sich im Obergeschoß, während die öffentlichen Bereiche, Arbeits- und Lagerräume im Erdgeschoß lagen. Der Palast war der Dreh- und Angelpunkt der Reichsverwaltung und der Wirtschaft, wie aus den fünf Archiven hervorgeht, die an verschiedenen Stellen der Palastruinen gefunden wurden; darunter befinden sich Dokumente zu Handels-, Verwaltungs-, juristischen und militärischen Angelegenheiten. Der Palast war auch das zeremonielle, diplomatische Zentrum des Reichs, wo der König Würdenträger und Botschaftspersonal aus benachbarten Reichen empfing. Texte auf Akkadisch (die damalige Diplomatensprache im Nahen Osten) und Kyprominoisch,

Blick auf die Stätte Ugarit; im Vordergrund die Gräber.

Der Reichtum Ugarits zeigt sich in prachtvollem Schmuck, auf den man bei Ausgrabungen stieß, wie diese Halskette aus Gold und Perlen.

Hethitisch und Ägyptisch vermitteln einen Eindruck von der Bandbreite diplomatischer und wirtschaftlicher Beziehungen über die Reichsgrenzen hinaus.

Die Urkundensammlungen geben ein klares Bild vom religiösen Leben der Einwohner Ugarits. Der Kopf des ugaritischen Pantheons war der Gott El, doch man verehrte auch eine Vielzahl anderer Gottheiten, von denen Baal der bekannteste ist (der Regengott, der das trockene Land von Ugarit fruchtbar gemacht hatte). Die Stadt wurde von zwei Steintempeln auf der Akropolis im nordöstlichen Teil des *Tell* dominiert. Der größere war Baal geweiht, der kleinere Dagan, ebenfalls ein Gott der Fruchtbarkeit. Die Tempel waren nach dem damals in der ganzen Levante vorherrschenden Plan gebaut: Es gab eine äußere Umfriedung mit einem Opferaltar und ein ausladendes, gemauertes Tempelgebäude. Der Haupttempel hatte einen Innenraum, in dem die Kultstatue des Gotts stand, und einen Außenraum für Kulthandlungen. Doch im Mittelpunkt des öffentlichen Kultgeschehens stand die freie, umfriedete Fläche vor dem Tempelgebäude, auf der Opfer dargebracht wurden. Die Opfer rangierten von Tieren (Schafen und Lämmern, Ochsen, Zickeln) und landwirtschaftlichen Erzeugnissen, wie Öl und Honig.

Zwischen den Tempeln stand ein großes Gebäude aus behauenem Stein, das aus einer Reihe von Räumen mit Steinfußboden um einen Innenhof bestand. Ein unter der Schwelle gefundener Bronzeschatz beinhaltete einen mit winzigen Granatäpfeln verzierten Dreifuß und fünf Bronzewerkzeuge mit der Aufschrift „Oberhaupt der Priester". Das war also das Haus des Hohepriesters von Ugarit. Drei Archive fand man hier, die mythologische Texte und Übungen für angehende Schreiber enthielten. Dies zeigt, daß die Schrift nicht nur administrativen, sondern auch religiösen und bürokratischen Zwecken diente und daß die Fähigkeit zu lesen und zu schreiben in den höheren Rängen der Gesellschaft von Ugarit weit verbreitet war.

Die Wohnviertel Ugarits lagen teils östlich des Palasts (die „bessere" Wohngegend), teils an den Südhängen der Akropolis unterhalb der Tempel (Handwerkergegend). Die Häuser säumten gerade Straßen und waren einheitlich angelegt: Sie hatten einen Innenhof und Grabgewölbe im Keller. Die meisten verfügten über Badezimmer und sanitäre Einrichtungen.

Maßstab und Pracht der Architektur der Häuser in Palastnähe, die den reicheren Bürgern gehörten, sind bemerkenswert. Sie hatten eine Steinfassade und ein Obergeschoß, in dem die Familie lebte, während sich im Erdgeschoß Empfangs- und Arbeitsräume befanden (ähnlich der Aufteilung des Palasts). Einige dieser Häuser waren sehr groß; das des Rap'anu z.B. hatte im Erdgeschoß 30 Räume. Privatbibliotheken für private und Geschäftskorrespondenz weisen darauf hin, daß ein Großteil der Bürger von Ugarit lesen und schreiben konnte, was die Handelsaktivitäten reicher Kaufleute zweifelsohne erleichterte.

Die Handels- und Handwerksmetropole blühte; im 15. Jh. wurde ein weiterer Stadtteil in Hafennähe errichtet, der Wohngegend, Handwerks- und Handelsbezirk zugleich war. Gießereien fand man hier und auf dem *Tell*. Handelshäuser am Hafen betrieben Import und Export. In einem lagerten Transportamphoren für Öl oder Wein, wahrscheinlich einheimische Erzeugnisse. Texte berichten von Öl- und Weinherstellung in Ugarit, und eine Olivenpresse nebst anderen Pressen und Fässern wurde *in situ* gefunden. Auch mit Getreide, Tuch und Luxusartikeln (Kosmetika, Elfenbeinschnitzereien und Metallwaren) wurde gehandelt. ■

Goldschmuck wie dieser wurde in Steinformen gegossen.

Boğazköy

Die Zustände im Nahen Osten in der späten Bronzezeit glichen in vielerlei Hinsicht denen in jüngerer Zeit, als mächtige Königreiche „das große Spiel" spielten, um die östliche Mittelmeerküste unter ihre Kontrolle zu bringen. Unter den Parteien waren einige, deren Namen uns noch heute vertraut sind, wie Ägypten und Assyrien, und einige unbekanntere wie Mitanni und die Hethiter. Über zwei Jahrhunderte lang konnten sich die Hethiter gegen alle Eindringlinge behaupten und ihr Reich über weite Strecken Anatoliens und Westsyriens ausdehnen. Die Hethiterkönige bauten ihre Hauptstadt Hattusa, das moderne Boğazköy, in Zentralanatolien – eine Prachtstadt, wie sie sich für eine bronzezeitliche Großmacht geziemt.

Hattusa liegt 150 km östlich von Ankara, in die Hügel geschmiegt, durch die kleine Nebenflüsse in den Halys (heute Kisil Irmak) fließen. Die Ruinenstadt zieht sich einen Abhang hinauf, der auf 2 km gut 300 m an Höhe gewinnt. Im Süden und Norden der Stadt fällt das Land sanft ab. An der Ost- und Westseite bilden steile Klippen einen natürlichen Schutz, der durch dicke Mauern noch verstärkt wird, deren äußerster Ring 200 ha umschließt. Die Stadt erstreckte sich über mehrere felsige Hügel, die den Abhang unterbrechen – darunter Büyükkale im Osten, auf dem die Hethiter eine Königszitadelle errichteten.

Die Hethiter, die eine indogermanische Sprache sprachen, waren erst Mitte des 3. Jts. nach Anatolien gekommen. Nach hethitischer Überlieferung war es Labarna, der die hethitische Siedlung in Boğazköy und damit das Alte Reich (ca. 1650–1500 v. Chr.) gründete. Labarnas Dynastie betrat bald darauf die Weltbühne, als Hattuschili I. den hethitischen Machtbereich nach Nordsyrien ausdehnte und Mursili I. 1595 auf einem Raubzug nach Babylon Hammurabis Dynastie stürzte (siehe S. 93). Doch dieses Experiment der regionalen Dominanz endete mit Königsmord und Aufständen der Bevölkerung; die Hethiter zogen sich in ihren Schlupfwinkel im zentralanatolischen Hochland zurück.

Mit der Krönung Suppiluliumas I., eines energischen Herrschers, wendete sich das Blatt. In den folgenden zwei Jahrhunderten expandierte das hethitische Reich wiederum nach Nordsyrien und hielt die anderen Nahostmächte der Zeit in Schach. Dieses Neue Königreich (ca. 1420–1200 v. Chr.) ist für die umfangreichen Schriftquellen berühmt, die die Hethiter zurückließen. Die Archive in Hattusa umfaßten Dokumente in vielen Sprachen. Schreiber bedienten sich der Keilschrift, um indogermanische Sprachen, darunter auch das Hethitische, festzuhalten. Doch auch Akkadisch wurde für internationale Kontakte und die Übertragung mesopotamischer Literatur verwendet. Diese Archive geben ein facettenreiches Bild von den hethitischen Eliten. Formelle Staatsakten – königliche Erlasse, Verträge, Gesetzestexte, Annalen und Briefe – und Verwaltungsakten (Inventare, Volkszählungen und Landzuteilungen) sind ebenso häufig wie literarische Werke, Epen, Mythen, religiöse Schriften (Feste und Rituale des Kultkalenders, Gebete) und Schultexte. Es finden sich sogar Anleitungen zur Vertreibung von Geistern und für den Liebeszauber sowie praktischere Handbücher zur Pferdedressur.

Obwohl die heute sichtbare massive Steinarchitektur das Werk der Bauleute des Neuen Reichs ist, ergaben deutsche Ausgrabungen seit 1906, daß Boğazköy schon am Ende der frühen Bronzezeit besiedelt war, kurz vor 2000 v. Chr. Diese erste Siedlung war klein und konzentrierte sich auf Büyükkale und die angrenzenden Teile der Unterstadt. Im 18. Jh. v. Chr. war die Stadt ein Stützpunkt der assyrischen Handelsorganisation *Karum*. Handeltreibende Familien aus dem nordmesopotamischen Stadtstaat Assur eröffneten in mehreren Städten Ost- und Zentralanatoliens Niederlassungen, um dort mit Silber, Kupfer, Zinn, Tuchwaren und anderen Gütern zu handeln. Diese ausländischen Kaufleute, deren Namen aus ihren Geschäftsurkunden in Keilschrift bekannt sind, lebten in der Unterstadt und trafen vermutlich

Viele Vorratskammern stellten die Versorgung des Großen Tempels von Hattusa sicher.

formale Abkommen mit dem Herrscher, der in Büyükkale residierte. Die Stadt wuchs, und bald umschloß eine Kasemattenmauer, 8 m stark und auf einem breiten Damm errichtet, die Unterstadt.

Der Reichtum und das Prestige des Neuen Reichs ermutigten die Hethiterkönige zu großen Bauvorhaben. Die Größe Hattusas verdoppelte sich, als hangaufwärts die Oberstadt gebaut wurde. Nun erstreckte sich eine neue Palastanlage innerhalb der neuen Kasemattenmauer mit drei mächtigen Toren über die gesamte Zitadelle von Büyükkale. Die Anlage umfaßte mehrere große Innenhöfe auf unterschiedlichen Ebenen. In mehreren Palastflügeln gab es im Erdgeschoß bloß parallele Reihen langer, schmaler Kammern, vermutlich die königlichen Vorratsräume. Treppen führten zu einem Obergeschoß hinauf, dessen Säulen eine offenere Bauweise ermöglichten, wie z. B. im königlichen Audienzsaal. Archive gab es in verschiedenen Räumen: eins in einer Bibliothek mit Kolonnaden, ein weiteres in einem Abstellraum im Obergeschoß. Beide fielen bei einem Brand ins Erdgeschoß.

Die Könige erbauten mehrere Paläste, vor allem in der neuen Oberstadt. Auf Nisantepe, einem Hügel südwestlich von Büyükkale, stand ein Gebäude, dessen vier Flügel von einem Hof abgingen. Dies scheint ein Halentuwa-Haus gewesen zu sein, ein Mitteldiing zwischen Palast und Tempel, in dem der König rituell das Recht erwarb, Kulthandlungen auszuführen. Ein Viadukt führte direkt von einem Tor in der Mauer um Büyükkale über das Tal nach Ninsantepe. Dieser mindestens 85 m lange und 10 m hohe Viadukt ist das älteste bekannte Beispiel für eine solche Konstruktion im Nahen Osten. Die Oberstadt scheint als Ganzes größtenteils aus Tempelanlagen bestanden und Kulthandlungen und religiösen Festen gedient zu haben.

Deutsche Archäologen haben in der Oberstadt mehr als zwei Dutzend Tempel freigelegt. Die meisten sind relativ klein (ca. 500–1500 m²), andere hingegen erstrecken sich über eine viel größere Fläche und sind aufwendiger gestaltet. Tempel 5 z. B. bedeckt über 3000 m² und ähnelt im Grundriß den anderswo in der Stadt gelegenen Palästen. Auf dem umfriedeten Tempelgebiet befanden sich ein Freiluftaltar und drei freistehende Kammern mit Königporträts in Relief. Dieser Tempel war anscheinend einem Totenkult gewidmet, der sich auf drei Herrscher aus dem 13. Jh. konzentrierte, die in den Kammern residierten.

Tempel 5 lag neben dem Königstor, so benannt nach einem Relief auf dem inneren Torpfosten, das eine männliche schwertschwingende Figur darstellt. Das Königstor war eins der drei Zeremonientore in der Südseite der Oberstadtmauer. Das Sphinxtor stand am höchsten, südlichsten Punkt der Oberstadt, wo der Abhang künstlich befestigt war. Zwei riesige aufrechte Felsen, jeder auf einem Relief mit einem Sphinxkopf und -vorderteil verziert, bildeten das Außenportal des Tors. Ein langer Tunnel führte unter dem Torkomplex hindurch nach außen; durch einen versteckten Eingang konnte man die Wehrmauer so unbeobachtet passieren. Ein drittes, das Löwentor, ebenfalls nach seinen Reliefs auf dem Außenportal benannt, befand sich auf der Südwestseite der Mauer. Aus Kulttexten geht hervor, daß diese Tore, die Stadtmauer und die Tempel einen riesigen zeremoniellen Komplex bildeten. Bei rituellen Festlichkeiten verließen die Gläubigen die Anlage durch das Königstor, schritten außerhalb der Stadtmauern auf einer Prozessionsstraße zum Sphinxtor, dann weiter zum Löwentor, durch das sie die Stadt wieder betraten.

Durch das Löwentor betritt man die Oberstadt von Hattusa.

Der Große Tempel (Tempel 1) in der Unterstadt verstärkt den Eindruck allgegenwärtiger Religiösität noch. Er besteht aus zwei nebeneinanderliegenden Kulträumen, die den beiden Hauptgöttern gewidmet waren: dem Sturmgott Hatti und der Sonnengöttin Arinna. Diese Kulträume tief im Innern des Tempels sind nur durch das Hauptportal, den langen Innenhof, ein Kolonnadenvestibül und die Vorzimmer zu erreichen. Weitere Räume und Gänge säumen den Innenhof. Das Gebäude steht inmitten einer größeren Tempelanlage mit einem Platz, der von allen vier Seiten von länglichen Lagerhausblöcken umgeben ist. An einer Straße südwestlich davon befand sich ein Gebäude mit Geschäfts- und Lagerräumen.

Auf der Tempelanlage wohnte eine Vielzahl Tempelbediensteter; außer den Kultpriestern gab es Musiker, Weber, Töpfer, Schmiede, Tischler, Steinmetze und andere Handwerker, die hier lebten und arbeiteten. Die Lagerräume waren mit großen Vorratskrügen mit Öl, Wein und anderen Erzeugnissen gefüllt, aus denen sich diese Gemeinschaft versorgte.

Hattusa war mehr als eine königlich-rituelle Stadt. Die deutschen Archäologen haben ringsum mehrere Wohnviertel freigelegt. Selbst in der überwiegend kultischen Oberstadt gab es Wohngegenden; auch Handwerk war dort angesiedelt, wie Schmelz- und Brennöfen zeigen.

Der am wenigsten geschützte Wohnbezirk liegt zwischen dem Großen Tempel und der unteren Stadtmauer, wo sich gewundene Straßen durch unregelmäßige Blocks von weniger aufwendigen Häusern zogen. Doch über das Leben der einfacheren Bewohner von Hattusa wissen wir weniger als über den königlichen Hof und die Tempelgemeinschaften.

Das 12. Jh. brachte umwälzende Änderungen für die politische und soziale Landschaft Westasiens; die bronzezeitliche Welt verschwand. Das Reich der Hethiter brach zusammen, und Hattusa wurde nach Plünderungen durch marodierende Barbaren der Schwarzmeerküste verlassen. ■

NIMRUD

In der Bibel wird vor allem das assyrische Reich des späten 8. und 7. Jhs. v. Chr. erwähnt, als Tiglatpilesar III. und seine Nachfolger ein weites Gebiet kontrollierten, das von den iranischen Gebirgen im Osten und dem Mittelmeer und Ägypten im Westen reichte. Doch schon ein Jahrhundert früher hatte es ein – wenn auch kurzlebiges – assyrisches Reich gegeben, als ehrgeizige Herrscher wie Assurnasipal II. (883–859 v. Chr.) und sein Sohn Salmanassar III. (858–824) fast jährlich Feldzüge in benachbarte Gebiete unternahmen. Diese Könige des 9. Jhs., besonders Assurnasirpal, liebten es, bezwungene Feinde grausam zu quälen. Über die reiche Kriegsbeute der assyrischen Könige wurde viel berichtet.

Nimrud, das antike Kalchu und biblische Kalach, nimmt einen wichtigen Platz in der Geschichte der Archäologie ein, da Austen Henry Layard erstmals anhand dieser Stätte die aufregenden Bibelgeschichten über das alte Assyrien bestätigte, womit er dem viktorianischen Publikum Erbauung und Nervenkitzel verschaffte. Layard legte Assurnasirpals Palast weitgehend frei und öffnete weitere Paläste und Tempel. Unter den nachkommenden Archäologen war Sir Max Mallowan, der nach dem Zweiten Weltkrieg bedeutende Keilschrifttafel-Archive und wunderschöne Elfenbeinschnitzereien im königlichen Bezirk fand. In jüngster Zeit legten irakische Archäologen unter Assurnasirpals Palast Königsgräber von schier unglaublicher Pracht frei.

Trotz 150jähriger Ausgrabungen wissen wir nur wenig über die Stadt. Prähistorische Keramikfunde in den oberen Schichten besagen, daß es hier schon lange vor der assyrischen Stadt eine Siedlung gab. Doch die meisten Bauwerke stammen von den assyrischen Königen des 9. Jhs., die hier die neue Hauptstadt ihres expandierenden Reichs gründeten. Die Stadtmauern umschließen eine Fläche von 3,6 km², von der die Wohnhäuser, Werkstätten, Straßen, Plätze und Gärten der Unterstadt den größten Raum einnehmen. Viele der Einwohner müssen Ausländer gewesen sein, denn Assurnasirpal bevölkerte seine neue Stadt mit Gefangenen, die er aus ihrer Heimat hierher verpflanzte. Doch die Ausgrabungen konzentrierten sich unverhältnismäßig stark auf die großen Gebäude und die reichen Kunstschätze der Tempel und Paläste – über die einfacheren Häuser und Straßen der Stadt ist fast nichts bekannt.

Auf zwei von je einer Mauer umgebenen Hügeln lagen die königlichen Gebäude, heute die Zitadelle und das Arsenal genannt. Andere assyrische Städte kopierten diese Anlage: zwei separate Umfriedungen, von denen eine der königlichen und kultischen Verwaltung, die andere militärischen Angelegenheiten vorbehalten war, und die beide innerhalb der Mauern einer größeren Unterstadt lagen. Das Arsenal (die Festung Salmanassars) lag im Südosten der Stadt. Seine Mauer umschloß 30 ha; das palastähnliche, 6 ha große Gebäude stand auf einem Paradeplatz. Hier gefundene Tontafeln verzeichnen Truppen, Pferde und Waffenvorräte und geben Aufschluß über die assyrische Kavallerie. Andere Texte handeln von Steuereintreibung und öffentlichen Finanzen (z. B. Tempeldarlehen in Silber), worin sich zeigt, daß das Personal des Arsenals nicht nur militärische Aufgaben erfüllte. So befand sich auf dem Gelände auch der Haushalt der Königin mit eigenem Personal.

Die Zitadelle im Südwesten war der Sitz des Königs und umfaßte Paläste, Tempel, eine Zikkurat (den typischen Stufentempel mesopotamischer Städte) und andere Monumentalbauten. Der Bezirk hatte mit seinen 20 ha die Größe einer ansehnlichen Stadt. Hier erbaute Assurnasirpal einen Palast, in seinen Worten „als [seine] königliche Residenz (und) für [seine] edle Muße". Auch einen Tempel für Nabu baute er, den Beschützer der Schreiber. Hier lagerten Vasallenverträge, mit denen sich besiegte Könige Assyrien unterordneten. Selbst als Sargon die Hauptstadt Assyriens nach Khorsabad verlegt hatte, füllten nachfolgende Herrscher die Zitadelle weiterhin mit ihren sekulären und rituellen Bauwerken.

Assurnasirpals Palast, den Archäologen den Nordwestpalast nennen, war das architektonische Herzstück der Stadt. Er lag am Westrand der Zitadelle dicht an den massiven, 15 m hohen Lehmziegelmauern. Das noch nicht vollständig freigelegte Gebäude ist 200 m lang und mindestens 120 m breit. Der Grundriß entspricht dem der Paläste anderer assyrischer Städte wie Ninive (S. 106), in denen die Verwaltungs- und Lagerräume im Nordflügel klar von den Privatgemächern, vielleicht mit Harem, im Südflügel getrennt waren. Die zentral zwischen den beiden Flügeln gelegenen Räume, darunter der Thronsaal, dienten der öffentlichen Zurschaustellung von Macht und königlicher Autorität. Massive Türhüter in Gestalt von Stieren mit menschlichen Köpfen sollten die wichtigsten Eingänge vor dem Bösen schützen.

Diese feine Elfenbeinschnitzerei wurde auf dem Grund eines Brunnens in Assurnasirpals Palast in Nimrud gefunden.

Der „Schwarze Obelisk" Salmanassars III. in Nimrud zeigt, wie Jehu, König von Israel, unterworfen wird und Tribut erbringt.

An auffälligen Stellen seines Palastes ließ Assurnasirpal Inschriften anbringen, die seine militärischen Erfolge priesen und sein Bauwerk in Nimrud beschrieben. Sie sprechen von Dufthölzern wie Zeder, Zypresse und Wacholder, die die Wände des Palasts verkleideten, von den gigantischen Wächterfiguren an den Eingängen und den Wandreliefs mit Darstellungen der siegreichen Schlachten Assurnasirpals. Der König rühmte sich seiner Lustgärten, in denen seltsame Bäume aus allen Teilen seines Reichs wuchsen und wo „Düfte über die Wege streichen [und] Wasserläufe (so zahlreich) wie die Sterne am Himmel fließen". Eine Inschrift erzählt von der 10tägigen Einweihungsfeier des neuen Palasts mit fast 70 000 Gästen.

Unter dem Südflügel in Gewölbekammern unter den gefliesten Böden bestimmter Zimmer fand man üppigst ausgestattete Gräber von Frauen der Königsfamilie und Höflingen. In einer dieser Kammern war Mulissu-mukannischat Ninua bestattet, eine der Königinnen Assurnasirpals. Hunderte goldener Schmuckstücke, darunter eine Krone, waren ihr in drei Bronzesärgen mit auf den Weg gegeben worden. Der Sarg im zweiten Grab enthielt die

LINKS: **In Nimruds Elfenbeinschätzen zeigen sich verschiedene Stilrichtungen aus dem Hoheitsgebiet der Assyrer. Diese schreitende Sphinx kommt aus der phönizischen Schule; sie ist nur 7 cm hoch.**
UNTEN: **Auf diesem kleinen Möbelbeschlag wurden ägyptischer Kopfschmuck und Lotus mit der assyrischen Tracht kombiniert.**

Überreste zweier (oder dreier) königlicher Frauen, die über ein Jahrhundert später gelebt hatten. Die Frauen waren mit Tausenden von Objekten bedeckt, mit feinstem, gehämmertem Goldschmuck und Verzierungen, oft mit Intarsien – eine Blumenborte, ein Netzstirnband mit hängenden Medallions, Fußspangen, Armreifen und Ringen; winzige Goldblüten waren auf die Bestattungskleider genäht. Auch Flaschen, Pokale, Krüge und Toilettenartikel aus Gold fand man. Doch auch Dinge aus anderen Materialien waren dabei, wie ein Elfenbeinkästchen, ein Bronzespiegel und Glasgefäße. Im dritten Sarg lag ein Mann mittleren Alters mit kostbarem Goldschmuck, einer Silberschale und anderen Objekten aus Elfenbein und Halbedelsteinen als Grabbeigaben.

Diese üppigen Gräber vermitteln ein klares Bild vom Reichtum der Assyrer, der aus Eroberungen, vielen Plünderungen und Abgaben stammte. An den Grabbeigaben erkennt man auch fremde Einflüsse auf das assyrische Kunsthandwerk. Auf einer Goldschale sind z.B. Boote in einem Papyrussumpf zu sehen, ein ägyptisches Motiv, in phönizischem Stil umgesetzt. Zahlreiche Elfenbeinschnitzereien wie Kästchen, Schalen, kleine Figuren und Möbelverzierungen barg man aus vielen Gebäuden der Zitadelle und des Arsenals. Sie sind in der Tradition und den Motiven verschiedener Regionen gearbeitet, wie der phönizischen (mit starkem ägyptischem Einschlag), der nordsyrischen und der assyrischen. Auf den Beutelisten der Assyrer standen viele elfenbeinverzierte Möbelstücke, und in den Werkstätten von Nimrud arbeiteten ausländische Kunsthandwerker Seite an Seite mit einheimischen. Diese gewaltsam erbeuteten Elfenbein- und Goldobjekte verraten eine Vorliebe für filigrane Kunst, die unser Bild von den brutalen Assyrern ein wenig korrigieren mag.

Nimrud war Hauptstadt Assyriens, bis König Sargon (721–705 v. Chr.) weiter nördlich in Khorsabad eine neue gründete. Doch auch dann blieb Nimrud ein bedeutender Verwaltungsstützpunkt. Nach seiner Zerstörung im Zuge des katastrophalen Untergangs des Reichs (612 v. Chr.) wurde Nimrud noch mehrfach besiedelt, vor allem unter dem unvergleichlichen griechischen Bauherrn Alexander dem Großen. Doch es sollte nie wieder die Weltstadt werden, die es im 9. Jh. einmal war, als Assurnasirpal und Salmanassar so viele unglückliche Nachbarn unter assyrische Herrschaft gebracht hatten. ■

Ninive

Auf dem Höhepunkt seiner Macht wurde das Assyrerreich von Ninive aus regiert. Zuvor hatten die Könige ihren Hof mehrfach verlegt – unter anderem, um sich von verkrusteten Strukturen zu lösen, die sich in den alten Hauptstädten ausgebildet hatten. Bevor Sargon II. (721–705 v. Chr.) in die von ihm neu gegründete Stadt Dur-Scharrukin (Khorsabad) umzog, war Kalach (Nimrud, Seite 102) Mittelpunkt des Reiches gewesen. Sargons Nachfolger, Sanherib, (704–681 v. Chr.), wählte Ninive als Residenzstadt. Es sollte die letzte Hauptstadt vor dem Ende des Assyrerreichs bleiben.

Während der acht Jahrzehnte, in denen Ninive das Zentrum des Assyrerreichs bildete, entwickelte sich die Stadt zu einer der größten Metropolen des Nahen Ostens, denn sie profitierte von Tributzahlungen und von dem, was die Assyrer andernorts plünderten. Dies brachte ihr bei späteren Generationen einen ausgesprochen schlechten Ruf ein. Seit den 40er Jahren des 19. Jhs. werden die Überreste von Ninive erforscht. Damals begründeten Paul Emile Botta und Austen Henry Layard die mesopotamische Archäologie. Von ihnen und ihren Nachfolgern wurden die prächtigen Paläste und Tempel der Assyrerkönige freigelegt. Dabei offenbarten sich nicht nur der Reichtum, sondern auch die Kunstfertigkeit und Kultur dieses Volkes.

Ninive liegt am Ostufer des Tigris, gegenüber der modernen, nordirakischen Stadt Mosul. Ein schmaler Fluß, der Khosr, meandert durch die alte Ruinenstadt, die sich größtenteils in der Ebene ausbreitet. Ihr Umriß wird deutlich markiert durch eine mächtige, 5 km lange, doppelte Festungsmauer, die etwa 7,5 km² umfaßt. Der aus Lehmziegeln errichtete Innenwall ragte vermutlich bis zu 25 m hoch, während der aus Kalksteinblöcken konstruierte Außenwall zwar niedriger aber stabiler war. Jenseits der mit 15 Toren ausgestatteten Mauern umgab ein System aus Festungsgräben die Stadt. Im Westen verlief die Stadtmauer zwischen zwei, rund 1 km voneinander entfernten Anhöhen hindurch, auf denen einst noch ältere Siedlungen lagen. Die Hügel tragen heute die Namen Kujundschik und Nabi Junus.

Während die assyrischen Hauptstädte Dur-Scharrukin (Khorsabad) und Kalach (Nimrud) keine nennenswerte Vergangenheit besaßen, reicht Ninives Geschichte bis in prähistorische Zeiten zurück. Bei Grabungen in der Umgebung des Ischtartempels stieß man auf bis zu 8000 Jahre alte Siedlungsschichten und stellte fest, daß um 3500 v. Chr. schon nahezu die gesamte Fläche des Kujundschik bewohnt war. Mitte des 3. Jts. v. Chr. hatten sich in Assyrien und im Norden Syriens bereits richtige Städte entwickelt, zu denen zweifellos auch Ninive gehörte. Obwohl damals noch die weiter südlich gelegene Stadt Assur als Hauptstadt diente, war Ninive wegen seines Ischtartempels berühmt. Dieses regional bedeutende Heiligtum war von Manischtusu (ca. 2270–2255 v. Chr.) erbaut worden, der dem ersten Herrschergeschlecht Mesopotamiens, der Dynastie von Akkad, angehört hatte. In Ninive wurde auch ein kunstvoll gearbeiteter, lebensgroßer Bronzekopf eines akkadischen Königs gefunden, der möglicherweise den Gründer der Dynastie, Sargon (ca. 2330–2280 v. Chr.), darstellt. Während des 13. Jhs. v. Chr ließen die Könige des ersten assyrischen Reichs bereits Paläste auf dem Kujundschik errichten, obwohl Assur noch immer Hauptstadt der Region war. In der Nähe des Hügels siedelte sich Anfang des 1. Jts. v. Chr. eine wachsende Zahl von Menschen an. Als Ninive schließlich unter Sanherib Residenzstadt wurde, ließ der Herrscher die Stadt

Links: Der Kujundschik in Ninive. Rechts: Assurbanipal bei der Löwenjagd. Assyrische Paläste waren geschmückt mit Wandreliefs, auf denen die Taten des Königs verherrlicht wurden.

von einer doppelten Festungsmauer umgeben. Sanherib und seine Nachfolger Asarhaddon und Assurbanipal bauten Paläste, Tempel und andere prächtige Monumentalgebäude auf dem Kujundschik sowie das „Arsenal" auf dem Nabi Junus. Die Unterteilung in einen königlichen Palastbezirk, das Arsenal und eine ausgedehnte, tiefer gelegene Stadt war typisch für assyrische Königsstädte und ist auch in Kalach und Dur-Scharrukin zu finden.

Das „Arsenal" von Ninive wurde noch nicht freigelegt. Es gleicht vermutlich dem besser erforschten Arsenal von Kalach (Nimrud, siehe S. 102). Bislang geben lediglich Sanheribs Inschriften über seine Bauweise Aufschluß: ... „um das Lager in Ordnung zu bringen und dort Streitrösser und -wagen, Maultiere, Rüstungen, Kriegsgerät und erbeutetes Gut zu lagern sowie alles, was Assur, der König der Götter, mir zugedacht hat,... und um Pferde zu trainieren und Streitwagen zu lenken..."

Den Königspalästen vom Kujundschik verdankt die assyrische Archäologie einige ihrer wichtigsten Entdeckungen. Als während des 19. Jhs. der von Assurbanipal erbaute Nordpalast ausgegraben wurde, fand man einen wahren Schatz an Wissen. Assurbanipal (668–627 v. Chr.), der letzte wirklich bedeutende Assyrerkönig, war nämlich nicht nur ein kultivierter Mann gewesen – einer von nur drei Herrschern in der Geschichte Mesopotamiens, die lesen und schreiben konnten –, er hatte auch eine riesige Bibliothek zusammengetragen, die vornehmlich antike „Bücher" (Keilschrifttafeln) aus Babylonien umfaßte. Überdies war das Gebäude mit außergewöhnlich schönen Kunstwerken geschmückt, darunter ein berühmtes Wandrelief, das den König bei der Löwenjagd zeigt.

Das Gemälde zeigt, wie Ninive im 7. Jh. v. Chr. ausgesehen haben könnte. Es basiert auf archäologischen Befunden.

Irakische Archäologen rekonstruierten den mit Zinnen und Türmen versehenen äußeren Schutzwall der Stadt.

Sanheribs Palast, den dieser als eine „Gründung für die Ewigkeit" bezeichnete, wurde nach dem gleichen Schema erbaut wie andere assyrische Paläste und große Privathäuser. Er scheint die erstaunliche Länge von 500 m besessen zu haben und war in zwei Bereiche eingeteilt, die jeweils einen großen, zentralen Innenhof umfaßten. Der äußere Bezirk der Palastanlage, der unmittelbar hinter dem Zeremonientor begann, war für die Öffentlichkeit zugänglich. Dort befanden sich die Wirtschafts- und Verwaltungsgebäude, Vorratslager und Ställe. Im inneren Palastbezirk waren die privaten Wohnquartiere, die Gemächer der königlichen Familie sowie die Quartiere der Dienerschaft untergebracht. Zwischen dem äußeren und dem inneren Palastbezirk lagen der Thronsaal und andere Repräsentationsräume, deren Pracht Macht und Ansehen des Herrschers betonten. Riesenhafte Steinskulpturen – geflügelte Stiere mit Menschenköpfen – flankierten die Hauptportale des Palastes. Die Wände waren geschmückt mit Alabasterreliefs, die den König bei Kriegszügen, bei der Jagd, bei rituellen Handungen und bei festlichen Anlässen zeigten und oft mit Keilschrifttexten versehen waren. Sie sollten dem Betrachter die königlichen Taten anschaulich vor Augen führen und dienten dazu, den Herrscher als Quelle von Macht und Ansehen sowie als Lebensspender und Garant der kosmischen Ordnung zu verherrlichen. Schätzungen zufolge wurden allein im Palast des Sanherib Wandreliefs in einer Gesamtlänge von nahezu 3 km ausgegraben.

Sanherib rühmte sich auch wegen der Gärten, die er innerhalb der Stadt hatte anlegen lassen. Grünanlagen, in denen seltene Bäume aus allen Teilen des Reiches wuchsen, waren typisch für

Sterbender Löwe. Ausschnitt aus einer eindrucksvollen Jagdszene, die assyrische Bildhauer für Assurbanipals Palast schufen.

assyrische Königsstädte. Meist bedurfte es spezieller Bewässerungsanlagen, um die Pflanzen am Leben zu erhalten. Sanherib ließ das kostbare Wasser über Kanäle, Aquädukte und Tunnel über eine Entfernung von 55 km in die Stadt leiten. Um es in den auf dem Kujundschik gelegenen Garten hinaufzubefördern, bediente man sich einer Vorrichtung, die der damals noch nicht erfundenen Archimedischen Schraube entsprach. Die eindrucksvolle Wirkung des in Terrassen angelegten Gartens mit seinem raffinierten Bewässerungssystem sowie die dauernden Verwechslungen zwischen Ninive und Babylon könnten für eine neuerdings geäußerte Hypothese sprechen, nach der die berühmten Hängenden Gärten von Babylon in Ninive angesiedelt waren.

Dank neuerer Grabungen und Forschungsarbeiten ist inzwischen auch einiges über das Leben außerhalb des Palastbezirks bekannt. Die Stadtentwicklung begann offenbar in einem Gebiet nördlich des Kujundschik. Hier entstand durch die Bautätigkeit über mehrere Jahrhunderte eine flache Anhöhe, auf der später die wohlhabenden Bürger von Sanheribs Stadt ihre Häuser errichten ließen. Die Villen überragten die zahllosen schlichteren Wohnhäuser der übrigen Stadt und besaßen große Innenhöfe, die von oft zwei- oder mehrgeschossigen Gebäudetrakten umgeben waren. Breit angelegte Straßen sorgten für eine gute Durchlüftung, während die Häuser weiter nördlich eng zusammengedrängt standen. Große Mengen an Produktionsabfällen zeugen noch heute von der emsigen Tätigkeit von Töpfern und Metallarbeitern.

Im Jahr 612 v. Chr. fiel Ninive in die Hände der Meder und Babylonier, die sich verbündet hatten, um gegen die Herrschaft der Assyrer aufzubegehren. Ein Dutzend Skelette hinter einem Stadttor zeugt noch von diesem Aufstand. Der Prophet Nahum kommentierte den Untergang Ninives: als passendes Ende für diese „blutbefleckte, von Falschheit und Raubgier durchdrungene Stadt ..." ■

PERSEPOLIS

Die achämenidischen Perser, die während des 5. Jhs. v. Chr. versucht hatten, Griechenland zu erobern, schufen ein Riesenreich, das von Zentralasien und Nordindien bis in die Ägäis und nach Ägypten reichte. Durch sie erhielt auch die Kunst neue Impulse, denn die für das alte Mesopotamien typische Formensprache war gepaart mit klassisch griechischer Anmut. Ein besonders gelungenes Beispiel für diese Synthese ist die im Südwesten des Iran gelegene Ruinenstadt Persepolis. Ihre eindrucksvolle Größe sowie die Schönheit ihrer Paläste und kunstvollen Wandreliefs mit ihren lebendigen Darstellungen höfischer Zeremonien machen sie zu einer archäologischen Kostbarkeit von Weltrang.

Mitte des 6. Jhs. v. Chr. besiegte Kyros der Große (559–530 v. Chr.) die anderen Großmächte der damaligen Zeit und schuf ein gewaltiges Reich, das sich von Baktra in Zentralasien bis ans Mittelmeer erstreckte. Sein Nachfolger Kambyses (529–522 v. Chr.) konnte dem Riesenreich noch Ägypten einverleiben, bevor er kurze Zeit später bei einem Umsturzversuch den Tod fand. Darius I. (521–486 v. Chr.) bestieg den Thron, obwohl sein Anspruch darauf zweifelhaft war. In seiner Autobiographie scheint er sich hierfür rechtfertigen zu wollen, indem er schreibt „rechtschaffen bin ich meinen Weg gegangen; ich habe weder besonders viel noch besonders wenig Unrecht getan“. Um seine neuerworbene Königswürde zu legitimieren, gründete er eine neue Residenzstadt, die das traditionelle achämenidische Machtzentrum Pasargadae, wo sein berühmter Vorgänger beigesetzt worden war, ablösen sollte. Die neue Hauptstadt, Persepolis (griechisch für „Stadt der Perser“), die von den Persern Parsa genannt wurde, entstand zu Füßen einer Bergkette, am Ostrand der weiten Ebene Marv Dasht, im heutigen Verwaltungsgebiet Fars. Der Bau wurde von Darius um 513 v. Chr. begonnen und von seinem Sohn Xerxes I. (485–465 v. Chr.) sowie seinem Enkel Artaxerxes II. (464–424 v. Chr.) fortgesetzt. Auch unter Artaxerxes III. (358–338 v. Chr.), also kurz vor der Zerstörung des Perserreichs durch Alexander den Großen, wurden noch weitere Arbeiten durchgeführt.

Den Mittelpunkt der neuen Stadt bildete eine riesige, künstliche Terrasse, die sich 14 m über die Ebene erhob und eine Fläche von 450 x 300 m bzw. 13 ha einnahm. An der Nordwestseite der gigantischen Plattform führten zwei breite Freitreppen zu einem eindrucksvollen Torhaus, mit dem Namen „Tor aller Länder“. Das quadratische Bauwerk mit vier 12 m hohen Säulen und drei Toren (Tripylon), diente dazu, die Besucher der Anlage von der im Westen gelegenen Treppe nach Osten oder Süden zu den zwei Hälften des Platzes zu leiten. Das äußere Portal wurde flankiert von zwei riesigen, über 6 m hohen Stieren, während geflügelte Stiermenschen das innere Portal bewachten. Dieser bewußte Rückgriff auf Stilelemente assyrischer Palastarchitektur unterstrich den damit verbundenen Anspruch auf die Herrschaft im Nahen Osten.

Das Südportal war ausgerichtet auf das wichtigste öffentliche Gebäude von Persepolis, die Audienzhalle (*Apadana*). Sie stand auf einem eigenen, 2,6 m hohen und 110 m langen Podiumsockel aus Stein. Die Halle maß 60 x 60 m und verfügte über 5 m dicke Wände aus Lehmziegeln. Innerhalb des Gebäudes stützen sechs Reihen von jeweils sechs Säulen die 19 m hohe Decke, deren Balken aus Zedernholz bestanden. Außen war die Audienzhalle an drei Seiten von breiten Säulenvorbauten umgeben.

In westlicher Richtung blickte man auf den Rand der Hauptterrasse und die weite Ebene. Im Norden und Osten führten große Freitreppen zu den Säulenvorbauten der Audienzhalle empor (in der Mitte je eine zweiläufige Treppe, an den Enden jeweils einfache Treppen). Die Hauptfassaden und Stirnwände der Treppenaufgänge sind noch immer mit Wandreliefs geschmückt, die zu den schönsten Werken achämenidischer Kunst überhaupt zählen. Sie zeigen die Neujahrsaudienz, bei der der König und der Kronprinz Gesandte aller Völker des riesigen Achämenidenreichs empfängt. Hinter den jeweils landestypisch gekleideten Tributträgern mit ihren Gaben marschieren die königlichen Garden und die Hofbeamten.

Darius ließ sich an der Südwestseite des *Apadana*, nahe dem Westrand der Hauptterrasse, einen Palast erbauen, der wie die Au-

Alexander der Große ließ Persepolis zwar bis auf die Grundmauern niederbrennen, konnte aber nicht die Erhabenheit dieses Ortes zerstören.

Die Felsengräber der Perserkönige in Naqsch-i-Rustam wurden schon vor langer Zeit ihrer Schätze beraubt.

dienzhalle über einen eigenen Podiumsockel verfügte. Er war an der Westseite mit zusammenlaufenden Treppenaufgängen ausgestattet und bestand aus einer geräumigen, von Säulen getragenen Mittelhalle, an die sich beiderseits kleinere Räume anschlossen. Bemerkenswert sind die Steinreliefs, die Türen, Fenster und Wandnischen des sonst aus Ziegeln bestehenden Gebäudes einfassen. Besondere Beachtung verdienen die steinernen, mit figürlichen Darstellungen verzierten Türwangen. Sie zeigen den König in heldenhaftem Kampf mit Tieren und Fabelwesen. Am Südende der Hauptterrasse ließ sich Xerxes einen eigenen Palast errichten. Das Gebäude gleicht dem Dariuspalast, ist jedoch um einiges größer. An zwei Seiten schließen sich Trakte mit Gemächern an, die entlang eines Mittelgangs aufgereiht und mit Säulen versehen sind. Dieser Komplex wird traditionsgemäß als Xerxes Harem bezeichnet, obwohl diese Deutung umstritten ist.

Links: Mit den Köpfen und Vorderkörpern von Stieren, Löwen und Fabelwesen verzierte achämenidische Kapitelle trugen die Deckenbalken der großen Säulenhallen.

Unten: Die Bildhauer von Persepolis übernahmen altorientalische Tierkampfmotive – hier den Überfall eines Löwen auf einen Stier – um die Stirnseiten der großen Freitreppen zum „Tor aller Völker" zu schmücken.

Rechts: Der Perserkönig wurde oft größer abgebildet als seine Diener, die mit Sonnenschirm und Fliegenwedel für sein Wohlbefinden sorgten.

Würdevoll einherschreitende, adlige Höflinge aus dem Gefolge des Königs.

Auf der Osthälfte der Hauptterrasse, die ebenfalls durch das Torgebäude zu erreichen, aber durch eine Wand vom Apadanabezirk abgetrennt war, standen weitere, allerdings weniger prächtige Gebäude. Das bedeutendste unter ihnen ist der Hundertsäulensaal, eine Audienzhalle, die Artaxerxes I. fertigstellte. Das sogenannte Schatzhaus, ein Komplex aus mehreren großen Säulenhallen, befindet sich in der Südostecke des Platzes. Bei neueren Grabungen entdeckte man dort ein aus Tontafeln bestehendes Archiv.

Persepolis war keine Stadt im üblichen Sinn, denn die Gebäude waren nicht ausreichend ausgestattet mit den für das tägliche Leben notwendigen Einrichtungen wie Küchen, Toiletten und Abflußkanälen. Offensichtlich nutzte man die Gebäude weniger zum Wohnen als für zeremonielle Zwecke. Den Status des zeremoniellen Zentrums mußte Persepolis jedoch mit der älteren Stadt Pasargadae teilen. Dort wurden nämlich seit der Gründung des Reichs die Achämenidenkönige gekrönt. Auch in Friedenszeiten zogen die Perserkönige viel umher und wechselten ihre Residenzen nach Jahreszeit.

In der Ebene, zu Füßen der Palastbauten von Persepolis, gab es mit Sicherheit schlichte Wohnviertel in denen zahlreiche Menschen lebten. Gelegentlich ist über Gebäudereste in diesem Gebiet berichtet worden – über den Umfang der Besiedlung weiß man aber wenig. In alten Verwaltungsdokumenten wird über den Nahrungsmitteltransport zwischen Orten der Umgebung sowie die Verteilung von Lebensmitteln an Handwerker berichtet. Ihre Zahl betrug gegen Ende der Regierungszeit von Xerxes rund 1300, und sie wohnten mit ihren Familien mit Sicherheit nicht in den monumentalen Staatsbauten. Die Inschrift eines Säulensockels deutet zudem darauf hin, daß auch Xerxes in der Ebene einen Palast besaß. Dies würde bedeuten, daß sogar der König mit seinem Hofstaat die Monumentalbauten nur für bestimmte Zeremonien benutzte.

Eine solche war unter anderem das Begräbnis eines frisch verstorbenen Achämenidenkönigs. In Naqsch-i-Rustam, sechs Kilometer nördlich von Persepolis, wurden vier Gräber, beginnend mit dem des Darius, in den Felsen getrieben. Die Fassade von König Darius Grabmal ist mit dem Relief einer säulenverzierten Palastfront geschmückt. Darüber ist der vor einem Feueraltar betende König abgebildet, der von zwei übereinandergestellten Reihen von Abgesandten aus verschiedenen Teilen seines Reiches gestützt wird. Die Grabkammern wurden schon vor langer Zeit geplündert. Einst enthielten sie zweifellos Schätze, die eines toten Königs würdig waren.

Um 480 v. Chr. versuchte Xerxes Griechenland dem persischen Riesenreich einzuverleiben. Obwohl er damit scheiterte, gelang es ihm doch, Athen zu verwüsten und den Parthenon in Brand zu setzen. Über ein Jahrhundert später drehte Alexander der Große, der junge König der Makedonier, den Spieß um, als er nach Asien vordrang, den Perserkönig unterwarf und seinen Siegeszug nach Zentralasien und Nordwestindien fortsetzte. Persepolis wurde 330 v. Chr. besetzt und ausgeplündert. Nach einem wüsten Zechgelage ließen Alexander und seine Soldaten die Stadt in Flammen aufgehen – eine späte Rache dafür, daß die Perser 150 Jahre zuvor Athen angezündet hatten. Mit Persepolis ging auch das einst mächtige Perserreich unter. ■

Pergamon

Während des Hellenismus erlebte die bis dahin unbedeutende Stadt Pergamon einen außergewöhnlichen Wandel. Ihre Erfolgsgeschichte begann, als Lysimachos, ein Nachfolger Alexanders des Großen, seine Schatzkammer dort einrichtete. Nach seinem Tod baute Philetairos die Stadt zu seiner Machtbasis aus. Die von ihm gegründete Dynastie beherrschte den Süden und Westen Kleinasiens über einen Zeitraum von 130 Jahren und sorgte dafür, daß Pergamon sich zu einem der prächtigsten Zentren für Kultur und Architektur im Osten des hellenistischen Reichs entwickelte.

Pergamon war ein Zentrum der Literatur, Kunst und Wissenschaft. Die dort tätigen Bildhauer beeinflußten die Entwicklung der hellenistischen Plastik in Kleinasien. Attalus III., ein Verbündeter Roms, vermachte nach seinem Tod (133 v. Chr.) das Pergamenische Königreich den Römern. Nur wenige Jahre später entstand daraus die neue römische Provinz Asia.

Bevor Lysimachos, einer der Truppenführer Alexanders des Großen, in Pergamon seine Schatzkammer einrichtete, war die Stadt völlig unbedeutend gewesen. Nachdem er 281 v. Chr. in einer Schlacht fiel, übernahm Philetairos, der Burgkommandant von Pergamon, die Kontrolle über Stadt und Schatzkammer und gründete ein unabhängiges Reich. Dieses erlebte seinen größten Triumph, als sein Herrscher Attalus I. – der erste der Dynastie, der den Königstitel trug – die hellenistische Zivilisation in Kleinasien vor dem Untergang bewahrte, indem er 230 v. Chr. die gallischen Stämme besiegte, die eine Generation zuvor plündernd in Asien eingefallen waren.

Die landschaftliche Lage der heute in Westanatolien gelegenen Ruinenstadt Pergamon ist ausgesprochen eindrucksvoll. Die Zitadelle liegt auf der Kuppe eines über 355 m hohen, nach allen Seiten (außer nach Süden) steil abfallenden Berges. Lysimachos Reichtum, die natürlichen Ressourcen des Königreichs sowie Kriegsbeute, die auf Grund der expansionistischen Politik der Attaliden zusammenkam, wurden genutzt, um an diesem Ort Spektakuläres zu schaffen. Insbesondere während der Herrschaft von König Eumenes II. (197–159 v. Chr.) breitete sich die Stadt von der Zitadelle weg, über den Berghang aus. Indem der König Pergamon in eine monumentale und seines Königreichs würdige Hauptstadt verwandelte, schuf er eine der schönsten Metropolen der griechischen Welt.

Die bedeutendsten öffentlichen Bauwerke der Akropolis, darunter der Königspalast, ein Arsenal, ein dem Herrscherkult geweihter *Temenos* (Tempelbezirk), die berühmte Bibliothek und der Athenatempel, sind auf großen, künstlichen Terrassen angelegt und sind fächerförmig um das griechische Theater angeordnet, von dem man einen herrlichen Blick über die Umgebung genießt.

Die als Kunstmäzene und Kulturförderer tätigen pergamenischen Könige unterstützten auch Bildungseinrichtungen wie die philosophischen Schulen von Athen in großzügiger Weise. Ihr Hof zog viele hervorragende Gelehrte und Intellektuelle jener Zeit an. In Pergamon lebten daher führende Wissenschaftler, Dichter, Lehrer und Philosophen. Die Könige selbst trugen eine eindrucksvolle Bücher- und Handschriftensammlung zusammen. Die Bibliothek von Pergamon soll insgesamt 200 000 Schriftrollen besessen haben (das heute noch vorhandene Gebäude bot allerdings maximal 17 000 von ihnen Platz) und damit der großen Bibliothek in Alexandria (siehe S. 40) ernsthaft Konkurrenz gemacht haben, bevor Markus Antonius ihre Bestände an Kleopatra übergab.

Die Rivalität zwischen Alexandria und Pergamon soll angeblich auch dazu geführt haben, daß man in Pergamon dazu überging, auf speziell präparierte Tierhäute, das sogenannte Pergament, zu schreiben. Es wird nämlich (fälschlicherweise) behauptet, daß Ptolemäus von Ägypten Pergamons wachsende Bedeutung als kulturelles Zentrum dadurch einzudämmen versuchte, daß er den Export von Papyrus drosselte. Das Pergament gewann jedoch deshalb an Bedeutung, weil es gegenüber Papyrus den Vorteil besaß, daß man es beidseitig beschreiben und dann zu ganzen Büchern binden konnte.

Links: Die Kuretenstraße (Ephesus). In den Städten des Römischen Reichs ging man allgemein dazu über, die Straßen zu pflastern.
Rechts: Die Akropolis von Pergamon mit dem Theater im Vordergrund.

ΟΠΕΡϹΕΜΝΟϹΑΝΔΡΕΑϹ
ΟΠΟΙΑΜΙΝΩϹΗΛΥΚΟΥΡΓΟϹ
ΗϹΟΛΩΝ:ϹΤΗϹΑϹΤΕϹ
ΟΡΘΟΝΤΗϹΑϹΙΑϹΤΑ
ΠΡΑΓΜΑΤΑ:ΒΡΑΧΕΙΑΝ
ΑΜΟΙΒΗΝΤΩΝΠΟΝΩΝ
ΕΔΕΞΑΤΟ:

Links: Die Celsusbibliothek in Ephesus. In den Städten der Ostprovinzen des Römischen Reichs waren Bibliotheken allgemein verbreitet.
Oben: Öffentliche Latrinen (Ephesus) zur Hygiene, aber kaum privat.

Das Gymnasium, das unterhalb der Zitadelle erbaut wurde, läßt erkennen, welchen Stellenwert die Attaliden der Erziehung und Ausbildung der Jugend einräumten. Mit seiner Grundfläche von 200 x 150 m, war das imponierende Gebäude seinerzeit das größte Gymnasium der griechischen Welt. Es bestand aus drei Ebenen, die jeweils einer bestimmten Altersgruppe zugeordnet waren – „Jungen", „Jugendlichen" und „jungen Männern". Der Gebäudekomplex verfügte über Sportplätze, einen kleinen, theaterähnlichen Vorlesungssaal, eine Bibliothek, Bäder und einen Tempel, der vermutlich Herakles und Hermes geweiht war, weil diese für gewöhnlich mit den körperlichen und geistigen Aktivitäten innerhalb des Gymnasium in Verbindung gebracht wurden. Häufig übertrug man Angehörigen des Adels ehrenamtliche Tätigkeiten. Die „Gymnasiarchos" organisierten besondere Aktivitäten und traten als Spender auf. So stiftete z. B. ein Diodorus Pasparos im Jahr 127 v. Chr. einen *Exedra* – einen nach vorn offenen Raum – auf der Ostseite des Gebäudes.

Pergamons Leistungen im Bildungswesen wurden möglicherweise noch übertroffen durch die Unterstützung, die die Stadt den Bildenden Künsten, insbesondere der Bildhauerei zukommen ließ. Dank ihrer entstand sogar eine eigene Stilrichtung. Eines der überzeugendsten Beispiele für die hohe Qualität der pergamenischen Bildhauerkunst ist der Relieffries des sogenannten Pergamonaltars auf dem der Kampf der Götter gegen die Giganten dargestellt ist. Der monumentale, Zeus und Athene geweihte Altar entstand zwischen 180 und 169 v. Chr. im Andenken an den Sieg Pergamons über die marodierenden gallischen Stämme.

Nach dem Tod von König Attalus III. (133 v. Chr.) wurde Pergamon gemäß dem letzten Willen des Herrschers römischer Aufsicht unterstellt und einige Jahre später in die neugeschaffene Provinz Asia eingegliedert. Während des 2. Jhs. n. Chr. erlebte die Stadt eine Renaissance. Sie war der Geburtsort von Galen, dem

OBEN: Eine Skulptur der Nike, der geflügelten Siegesgöttin (Ephesus). LINKS: Das Trajaneum in Pergamon – ein Tempel, der Kaiser Trajan geweiht war.

neben Hippokrates bedeutendsten Arzt der Antike, und verfügte über ein dem Asklepios (Gott der Heilkunde) geweihtes Heiligtum. Das etwas außerhalb gelegene, hellenistische Asklepieion wurde größtenteils unter Kaiser Hadrian ausgebaut und verschönert und entwickelte sich zu einem bedeutenden Zentrum der Heilkunde.

Sein Charakter macht deutlich, daß neben praktischer Medizin auch Kultisches und Magisches dazu dienten, Krankheiten zu heilen bzw. die Genesung der Patienten zu fördern. Das Asklepieion umfaßte Behandlungsräume, einen Inkubationsbereich, einen Zeus-Asklepios-Rundtempel, eine Bibliothek, ein kleines römisches Theater und eine heilige Quelle. Der berühmte Redner und Schriftsteller Aelius Aristides (2. Jh. n. Chr.) verbrachte viel Zeit im Asklepieion, um verschiedene Krankheiten, die ihn angeblich plagten, zu heilen. Einmal erhielt er den göttlichen Rat, sich selbst mit Schlamm einzureiben, dann dreimal das Heiligtum zu umrunden und den Schlamm an der heiligen Quelle abzuwaschen.

Pergamon war bis ins 8. Jh. n. Chr. bewohnt. Als die einst mächtige und berühmte Stadt schließlich von den Arabern überrannt wurde, waren ihre Glanzzeiten längst vorüber. ■

Der Hadrianstempel von Ephesus.

Dura-Europos

Im Frühjahr 1920 entdeckte eine englische Armeepatrouille, die nahe dem Euphrat, in den Ruinen einer alten Festung biwakierte, Mauern, die mit lebensgroßen, leuchtend farbigen Gestalten bemalt waren. Wie sich später herausstellte, zeigen die ausgezeichnet erhaltenen Wandmalereien den römischen Befehlshaber Julius Terentius, der im sogenannten Tempel der palmyrenischen Götter von Dura-Europos den Göttern Opfergaben darbringt.

Zwischen 1922 und 1937 legten französische und amerikanische Archäologen eine von den Griechen gegründete Grenzstadt frei, die im Laufe der Geschichte wiederholt den Besitzer gewechselt hatte, als Seleukiden und Römer im Westen und Parther und Sassaniden im Osten um die Herrschaft über das Grenzgebiet rangen. Dura-Europos ist aufgrund seiner geopolitischen Lage wichtig für das Verständnis der internationalen Beziehungen jener Zeit (etwa 300 v. Chr. bis 250 n. Chr.). Die Ausgrabungen belegen eindeutig, daß das hellenistische Syrien in kultureller und religiöser Hinsicht ein Schmelztiegel war. Am spektakulärsten war die Entdeckung des bislang ältesten christlichen Gotteshauses sowie einer der frühesten Synagogen außerhalb Palästinas.

Die alte Ruinenstätte liegt am Ufer des Euphrat, nahe der syrischen Grenze zum Irak, am Rand eines durch Erosion zerklüfteten Steilabbruchs und wird umrahmt von zwei tiefen Schluchten. Dura-Europos war folglich auf drei Seiten durch natürliche Barrieren geschützt. An der vierten Seite, im Westen, hatte man die Mauer, die die gesamte Stadt umgab, besonders hoch gebaut. Die Fläche innerhalb der Stadtmauern betrug rund 180 ha.

Gegründet wurde Dura um 300 v. Chr. von Seleukos I., dem Nachfolger Alexanders des Großen in Syrien und Gründer der Seleukiden-Dynastie. Während der ersten hundert Jahre war es eine kleine Siedlung, die offenbar von keiner Schutzmauer umgeben war. Doch Aufzeichnungen aus dem 2. Jh.v. Chr. lassen vermuten, daß viele, wenn nicht alle Siedler des noch jungen Ortes *Kleruchoi*, also Veteranen waren, denen man ein Stück Land zugeteilt hatte, auf dem sie nach ihrer Entlassung aus der Armee leben konnten. Diese in der klassischen Welt durchaus übliche Praxis diente nicht nur dazu, verdiente Soldaten für ihren jahrzehntelangen, treuen Dienst zu entlohnen, sondern auch dazu, entlang der Grenzen Reservegarnisonen zu stationieren. Der frühesten Phase der Stadtentwicklung können nur das Strategion (Sitz des militärischen Befehlshabers) sowie der zentral gelegene, offene Marktplatz (*Agora*) eindeutig zugeordnet werden. Der Verlauf der ersten Stadtmauer ist unbekannt und kann wegen späterer Überbauung auch kaum mehr festgestellt werden.

Die oberhalb des Euphrattals gelegene Stadt Dura-Europos wurde geschützt durch eine Mauer und Steilhänge, die sie an drei Seiten umgaben.

Um 150 v. Chr. veränderte sich die Struktur des Ortes. Entsprechend dem Plansystem des Hippodamos (griechischer Baumeister und Städteplaner des 5. Jhs. v. Chr.) wurde ein rechtwinkliges Straßennetz angelegt, welches das Stadtgebiet in lauter 70 x 50 m große Flächen (ähnliche Maße kann man auch in modernen Städten finden) unterteilte. Etwa zur gleichen Zeit begann man mit dem Bau der mächtigen Westmauer, deren Tor nach der berühmten Karawanenstadt Palmyra (siehe S. 130) benannt wurde, weil der Wüstenweg dorthin von diesem Tor aus zu erreichen war. Die neue Hauptstraße des Städtchens führte vom Palmyrator über den offenen Marktplatz (*Agora*) zum Strategion und zum Fluß.

Um die Mitte des 2. Jhs. v. Chr. eroberten die Parther, ein Volk aus dem Nordosten des Iran, Mesopotamien und drangen dann weiter nach Westen vor. Diese Bedrohung scheint die Vollendung der Westmauer beschleunigt zu haben, denn an ihrem Nordende wurde deutlich weniger sorgfältig gearbeitet. Trotz dieser Bemühungen gelang es den Parthern aber, Dura 114 v. Chr. einzunehmen. Die Besetzung scheint das Alltagsleben der Stadt allerdings wenig beeinträchtigt zu haben. Die neuen Machthaber prägten die Stadt auf subtilere Art. Sie erweiterten das Straßennetz, um den Platz innerhalb der Mauern besser auszunutzen, und sorgten dafür, daß sich auf dem freien Marktplatz wie in einem Bazar zahlreiche kleine Läden ansiedelten. Man errichtete öffentliche Gebäude, insbesondere Tempel, und bildete sogar den einen oder anderen griechischen Gott mit parthischen Gewändern ab.

In späteren Zeiten fiel Dura-Europos in die Hände der Römer. Im frühen 2. Jh. n. Chr. zunächst nur kurz (116–118, als Trajan zum Persischen Golf marschierte), dann, ab 168 n. Chr., für längere Zeit. Dies brachte spürbare Veränderungen mit sich. Im Norden der Stadt entstanden ein Jupitertempel, eine palastähnliche Residenz für den Kommandeur der römischen Garnison und ein Bad. Außerdem wurden zahlreiche Wohnquartiere in Kasernen umgewandelt und von römischen Soldaten bezogen. Die Herrschaft der Römer währte allerdings nicht einmal 100 Jahre. Im Jahr 256 n. Chr. gelang es den persischen Sassaniden, die die Parther im Osten verdrängt hatten, die Stadt nach langer Belagerung einzunehmen.

Die zuerst entdeckten Fresken zeigen die Familie Konos, zu der auch Priester des Tempels der palmyrenischen Götter gehörten.

Aufgrund ihrer grenznahen Lage war die Stadt Dura-Europos vielerlei Einflüssen ausgesetzt. Ihre Einwohner kamen aus verschiedenen Kulturen und pflegten unterschiedlichste Sitten und Gebräuche. Auf Papyrus und Pergament gefundene Aufzeichnungen sowie zufällig hingekritzelte Graffiti geben Aufschluß über die Sprachenvielfalt, die hier herrschte. Amtliche Aufzeichnungen wurden in Griechisch oder Lateinisch verfaßt und geben in der Regel nur über militärische Angelegenheiten Auskunft. Die Zivilbevölkerung schrieb dagegen auch in Sprachen wie Aramäisch, Palmyrisch (ein aramäischer Dialekt) und Safaitisch (ein altarabischer Dialekt). In der Stadt trafen auch verschiedene Religionen aufeinander – Tempel griechischer und römischer Götter wie Zeus (Jupiter) und Artemis standen Seite an Seite mit Tempeln syrischer oder phönizischer Gottheiten wie Atargatis und Hadad oder Andachtsstätten, in denen Götter aus Palmyra und Parthien verehrt wurden. Manchmal wurden kulturelle Unterschiede auch dadurch überbrückt, daß Götter verschiedener Herkunft miteinander verschmolzen – wie dies z. B. mit dem griechischen Gott Zeus Kyrios und dem syrischen Baal Shamin geschah.

Die meisten Sakralbauten waren bereits zu Beginn der Stadtgeschichte entstanden und blieben während der folgenden zwei oder drei Jahrhunderte erhalten. Für drei der vielen Kultstätten gilt dies allerdings nicht. Als die sassanidische Armee Dura belagerte, häuften die Verteidiger Sand und Kies über die Westmauer, um den Schutzwall zu verstärken. Dieser Damm konnte die Belagerer zwar nicht aufhalten, erwies sich aber in anderer Hinsicht als äußerst nützlich. Unter ihm wurde nämlich nicht nur die Stadtmauer, sondern auch eine gegenüberliegende Häuserzeile verschüttet und somit konserviert. Außer der Stadtmauer und dem Palmyrator blieben auch vergänglichere Gegenstände wie Holztüren und kunstvoll verzierte römische Schilde erhalten. Weitaus spektakulärer waren jedoch die Funde an der Westmauer. Anfangs waren es ganz gewöhnliche Wohnhäuser gewesen, deren Räume einen zentralen Innenhof umgaben. Im letzten Jahrhundert vor dem Untergang der Stadt waren daraus jedoch Andachtsstätten dreier verschiedener Religionen – Mithraskult, Judentum und Christentum – geworden.

Das Mithräum, das Heiligtum von Mithras (arischer Lichtgott), war schon bald, nachdem die Römer die Kontrolle über die Stadt übernommen hatten, im nördlichen, vom Militär beherrschten Viertel der Stadt eingerichtet worden. Im Lauf der Zeit vergrößerte und verschönerte man den Tempel, bis er schließlich mit kunstvoll gemalten Fresken und Gipsreliefs kultischer Szenen geschmückt war.

Eine jüdische Gemeinde hatte es in Dura schon seit der Zeit der Seleukiden gegeben. Die jüdische Kultstätte, die heute zu den ältesten Synagogen außerhalb Palästinas zählt, wurde jedoch erst im letzten Viertel des 2. Jhs. n. Chr. eingerichtet. Sie bestand zunächst aus einem Wohnraum, den man in eine Versammlungshalle mit Thoranische und Bänken umgewandelt hatte, wurde dann aber bei einem späteren Umbau (245 n. Chr.) auf das Nachbarhaus ausgedehnt. Dort entstand ein Vestibül und eine Wohnung, während das ursprüngliche Privathaus einen säulengeschmückten Vorhof erhielt, von dem man in die größere Versammlungshalle gelangte, deren Wände ringsum mit biblischen Szenen bemalt waren.

Die christliche Kapelle entstand ebenfalls aus einem Privathaus, allerdings erst ein oder zwei Jahrzehnte vor der Belagerung durch die Sassaniden, und gilt heute als älteste archäologisch identifizierbare Kirche überhaupt. Um den Andachtsraum zu schaffen, hatte man die Trennwand zwischen zwei Wohnräumen entfernt und den langgestreckten Saal dann an einem Ende mit einem niedrigen Podium versehen. Schräg gegenüber, jenseits des Innenhofs, lag ein kleiner Taufraum mit einem quadratischen, etwa 1 m tiefen Taufbecken, über dem sich ein Baldachin wölbte. Die Wände dieses Baptisteriums waren geschmückt mit Wandmalereien, die Szenen aus dem Alten Testament und den Evangelien zeigten. ■

KREMNA

Pisidien ist eine wild zerklüftete, unwirtliche Berglandschaft im Südwesten der Türkei. Im Altertum hielt man die dortige Bevölkerung für kriegerisch und unzivilisiert. Archäologen haben jedoch Städte mit typisch hellenistisch/römischem Charakter freigelegt, die den schlechten Ruf dieser Region widerlegen. Die Stadt Kremna war einst prächtig und wohlhabend. Ihr Untergang war jedoch besiegelt, als die Römer die Stadt belagerten.

Die Ruinenstadt Kremna trägt ihren Namen (griechisch „Klippen") zu Recht, denn sie liegt auf einem nahezu uneinnehmbaren Felsplateau, dessen Seiten steil in die umgebenden Täler abfallen. Es gibt praktisch keine historischen Aufzeichnungen über diese natürliche Festung. Der römische Geograph Strabo erwähnt allerdings, daß Kremna von dem Galaterkönig Amyntas erobert wurde und nach dessen Tod in römischen Besitz überging. Um diesen Teil der neugegründeten Provinz Galatien zu kontrollieren und zu befrieden stationierte Augustus, der erste römische Kaiser, sowohl in Kremna als auch in über einem Dutzend anderer Orte Veteranenkolonien.

Bevor die Stadt in das Römische Reich eingegliedert wurde, war sie vom Hellenismus geprägt. Ein typischer Marktplatz (*Agora*), dessen Überreste noch zu sehen sind, zeugt von frühem Wohlstand und dem griechischem Einfluß innerhalb dieser entlegenen und unzugänglichen Region. Als Teil der Provinz Galatien entwickelte sich Kremna zu einem urbanen Zentrum römischer Prägung und erlebte im 2. und 3. Jh. n. Chr. den Höhepunkt seiner Entwicklung. Damals wurden auch die meisten öffentlichen Gebäude errichtet. Sie spiegeln das wohlhabende, städtische Leben wider, das für die Glanzzeit des

Das Südtor von Kremna.

Römischen Reiches so typisch war. Es gibt Tempel, eine von Kolonnaden gesäumte Straße und einen Platz mit einer Basilika. Öffentliche Annehmlichkeiten besaßen einen hohen Stellenwert. Die Stadt verfügte über zwei Theater, von denen eines allerdings unvollendet blieb.

Für das Alltagsleben noch wichtiger war die öffentliche Badeanstalt, deren Gebäude noch heute zu den eindrucksvollsten der Stadt zählt. Da es auf der Höhe keine geeignete Quelle gab, um das Bad mit Wasser zu versorgen, war man gezwungen, ein Aquädukt zu bauen, mit dessen Hilfe Wasser aus einer tiefer gelegenen Quelle in die Stadt geleitet wurde. Diese Leitung machte deutlich, über welch beträchtliches wasserbauliches Können die Römer verfügten. Sie überwand nicht nur ein tiefes Tal mittels einer aus dicken Tonrohren zusammengesetzten Unterführung, sondern beförderte das Wasser auch auf mechanische Weise nach oben, damit es in den großen Vorratsbehälter des Bades fließen konnte.

Im Jahr 278 n. Chr. wurde die blühende Kleinstadt Kremna jäh von einem schlimmen Schicksalsschlag getroffen. Der römische Historiker Zosimus schildert die dramatischen Ereignisse. Bergbewohner aus dem Taurusgebirge hatten unter der Führung eines gewissen Lydios die Küstenregionen im Süden der Türkei überfallen und waren dann, als die Römer sie verjagten, nach Kremna geflüchtet, wo sie sich verschanzten und von den Römer belagert wurden. Gelehrte haben die Richtigkeit von Zosimus Bericht in Zweifel gezogen. Neuere britische Untersuchungen der Ruinenstätte förderten jedoch umfangreiches Beweismaterial für eine Belagerung zutage. Hierzu gehören zwei Belagerungsmauern, ein großer Belagerungshügel, ein Schanzhügel der Stadtverteidiger sowie zahlreiche Wurfgeschosse und zwei sorgfältig zurechtgeschnittene Steinkugeln, die die Verteidiger wohl die Hänge hinabrollen ließen, um die weniger stabilen Anlagen der Belagerer zu zerstören. Auch eine dem Kaiser Probus (unter dem die Belagerung stattgefunden hatte) gewidmete Inschrift wurde gefunden.

Kremna konnte sich von den Folgen der Belagerung nicht mehr erholen – selbst als die Römer die Stadt wieder eingenommen hatten. Es gehört zur Ironie der Geschichte, daß ausgerechnet die römischen Streitkräfte, die angetreten waren, die Stadt zurückzuerobern, zu ihrem Untergang beitrugen. ■

Das Badehaus nutzte man in späteren Zeiten als Bibliothek und Galerie.

Sagalossos

Sagalassos liegt in einer Höhe von 1600 m und ist nicht nur die höchstgelegene, sondern auch die größte Ruinenstätte von Pisidien (Türkei). In der Antike war dieser entlegene Ort ein städtisches Zentrum von regionaler Bedeutung. Die stattlichen Bauten und weitläufigen Handelsbeziehungen der Stadt konnten sich mit denen anderer, berühmterer Städte im Westen Kleinasiens durchaus messen. Sagalassos galt als „wichtigste Stadt Pisidiens“.

In der Geschichtsschreibung tauchte Sagalassos erstmals auf, als Alexander der Große die Stadt 334 v. Chr. belagerte. Als er sie einnahm, wurden rund 500 Verteidiger, darunter auch einige Einwohner der benachbarten Stadt Termessos, getötet. Gleichzeitig verlor auch Alexander der Große seinen Freund Leandros. Ungeachtet der Eroberung, ging es der Stadt aber so gut, daß sie 189 v. Chr. von dem römische General Manlius Vulso gezwungen wurde, 50 Talente Silber und 20 000 Medimnoi (rund 735 t) Weizen und Gerste abzugeben.

Das hellenistische Sagalassos nahm die oberen Hänge des Berges ein. Es gab dort ein eindrucksvolles Heiligtum, das einem lokalen Helden geweiht war (*Heroon*), den oberen Marktplatz (*Agora*), eine etwa 70 x 36 m große, trapezförmige Fläche, einen bedeutenden, auf einem hochstufigen Podium stehenden Tempel und ein schönes hellenistisches Brunnenhaus. Diese und andere Bauten lassen noch heute erahnen, welch talentierte Künstler und Architekten damals in der Stadt lebten. Die Stilrichtungen, die aus dem Westen Kleinasiens und sogar aus dem fernen Syrien übernommen wurden, zeugen von der einstigen Bedeutung der Stadt und ihren weitreichenden kulturellen Beziehungen.

Wachsender Wohlstand führte dazu, daß Sagalassos expandierte. Wie in anderen Städten des Römischen Reichs, kam es unter der Herrschaft von Kaiser Hadrian zu einem wahren Bauboom. Zahlreiche prächtige öffentliche Gebäude wurden errichtet und bereits bestehende renoviert. Die Verleihung des Titels *Neokoros* (der soviel bedeutet wie „Tempelwächter“) war für den Status der Stadt von besonderer Bedeutung. Die Auszeichnung war in der Regel ein Hinweis darauf, daß es einen dem Kaiserkult geweihten Tempel gab, und wurde womöglich für die Renovierung des Augustustempels von Apollo Klarios verliehen. Dieser konnte nämlich dank der Spenden einer ortsansässigen Familie (Ti. Flavius Collega und Ehefrau Fl. Donille) dem Apollo Klarios und den Kaisern neu geweiht werden. Derartige Spenden reicher Familien waren weit verbreitet.

Nur wenig später entstand ein zweiter kaiserlicher Tempel. Man errichtete ihn auf einem Felsen, der den mittleren und tiefergelegenen Teil der Stadt beherrschte, und widmete ihn dem Kaiser Antoninus Pius. Von der Kultstätte schweifte der Blick über die umgebende Landschaft und hinüber zum Alexanderberg, wo die Verteidiger der Stadt einst gegen Alexanders Truppen Widerstand geleistet hatten.

Die Stadt Sagalassos verdankte ihren Wohlstand nicht nur der Fruchtbarkeit ihres Umlands, sondern auch – in nicht geringem Ausmaß – ihrer florierenden Keramikindustrie, die sich nachweislich schon zu hellenistischer Zeit im Osten

Links: Das Theater von Sagalassos.

Oben: Das große Bad von Sagalassos. Bäder entwickelten sich zu den wichtigsten öffentlichen Einrichtungen des Römischen Reichs.

Rechts: Der gepflasterte obere Marktplatz mit dem Brunnengebäude (Nymphaeum).

der Stadt angesiedelt hatte und bis ins frühe 6. Jh. n. Chr. produzierte. Töpferwaren aus Sagalassos waren berühmt und wurden im gesamten östlichen Mittelmeerraum und vielleicht sogar bis nach Ägypten verkauft.

Obgleich die Gegend über reichlich Wasser verfügte, genügten die natürlichen Vorräte nicht, um den Bedarf der Haushalte, Gewerbebetriebe und Freizeiteinrichtungen von Sagalassos zu decken. Man brauchte zusätzliches Wasser und leitete dieses über Aquädukte in die Stadt. Von den mindestens sechs Wasserleitungen dieser Art waren zwei, die im Osten lagen und eine Länge von über 5 km besaßen, besonders beeindruckend, da sie in den Felsen gehauen waren und sich an den Berghängen entlangschlängelten.

Sagalassos gedieh auch während des 4. Jhs. n. Chr. Während des 5. Jhs., verschlechterte sich allerdings die militärische Lage Kleinasiens so dramatisch, daß man sich entschloß, den höher gelegenen Teil der Stadt mit einer Schutzmauer zu umgeben. Da die Zeit drängte, wurden bei den Bauarbeiten auch große Mengen von bereits gebrauchtem Material verwendet. Als feindliche Soldaten auf die Stadt vorrückten, zogen sich die Bewohner hinter die schützenden Festungsmauern zurück. Der Rest der Stadt, den man nicht mehr hatte schützen können, wurde aufgegeben.

Endgültig verlassen wurde Sagalassos vermutlich erst nach den verheerenden Erdbeben von 518 und 528 n. Chr., da durch sie auch die in die Stadt führenden Wasserleitungen zerstört wurden. Wasser hatte in der Erfolgsgeschichte von Sagalassos schon immer eine entscheidende Rolle gespielt – sein Ausbleiben führte unweigerlich zum Untergang des einst blühenden Gemeinwesens. ■

Oben: Ein in den Felsen getriebener Wasserkanal, über den Wasser in die Stadt geleitet wurde.

Rechts: Die Sitzreihen des Theaters sind weitgehend erhalten.

PALMYRA

Das alte Palmyra, eine Oasenstadt zwischen Orient und Okzident, erlebte seine Blüte während des 2. und 3. Jhs. n. Chr. Den damaligen Reichtum verdankte es der Tatsache, daß es an einem für den Ostwesthandel wichtigen Karawanenweg lag. Eine Verlagerung der Handelsströme sowie der mißlungene Versuch, sich während der Kriegswirren des ausgehenden 3. Jhs. vom Römischen Reich zu lösen, führten zum Niedergang dieser prächtigen Stadt.

Palmyra (Tadmor), „Braut der Wüste", liegt am Nordrand der syrischen Wüste und wurde der Legende nach von König Salomon gegründet. Ihren einstigen Reichtum verdankte die Oasenstadt der Tatsache, daß sie einen der kürzesten Karawanenwege durch die Wüste – vom antiken Emesa (Homs) in Syrien nach Dura-Europos (siehe S. 122) am Ufer des Euphrat – kontrollierte und folglich am Fernhandel zwischen Ost und West ausgezeichnet verdiente. Mitte des 1. Jhs. v. Chr. (41 v. Chr.) veranlaßte Palmyras wachsender Wohlstand sogar Markus Antonius, mit seiner Kavallerie die Wüste zu durchqueren, um die Stadt zu überfallen und auszuplündern. Bei seiner Ankunft fand er diese jedoch verlassen vor. Die Einwohner hatten sie geräumt und waren mit all ihrer beweglichen Habe ostwärts über den Euphrat nach Parthien geflohen – eine Begebenheit, die verdeutlicht, welch enge Beziehungen Palmyra auch zum Osten unterhielt.

Während die Stadt zunehmend von der griechisch-römischen Kultur geprägt wurde, pflegte nämlich der aus Amoritern, Aramäern und einer wachsenden Zahl von Arabern bestehende Bevölkerungsteil weiterhin orientalische Traditionen. Westliche und östliche Einflüsse hielten sich die Waage und wirkten sich fördernd auf das Gemeinwesen aus. Inschriften wurden oft zweisprachig verfaßt – in Griechisch und Aramäisch (der Umgangssprache). Die reichen Kaufleute, die Palmyra zum wirtschaftlichen Erfolg verhalfen, besaßen neben ihrem einheimischen, auch einen römischen Namen, und beim Bau öffentlicher Gebäude verband man römische Architektur mit künstlerischen Akzenten aus der Region.

Ihre beste Zeit erlebte die Stadt während des 2. und 3. Jhs. n. Chr., als der Ostwesthandel reichlich Geld einbrachte. Über den Persischen Golf und den Euphrat kamen die von der wohlhabenden Oberschicht des Römischen Reichs so geschätzten orientalischen Luxusgüter nach Dura-Europos. Dort lud man sie auf Kamelkarawanen um und transportierte sie durch die Wüste (über palmyrenisches Gebiet) zu Syriens blühenden

LINKS: Ein Grabrelief aus Palmyra.

RECHTS: Ein monumentaler, reich verzierter Torbogen an Palmyras Säulenstraße.

Handelsstädten, von wo aus sie ihre Reise in den Westen antraten. Der Handel verlief aber auch in umgekehrter Richtung – Palmyra war ein Umschlagplatz für griechisch-römische Handelsartikel, die in den Osten, an die Parther, verkauft wurden.

Zahlreiche Inschriften berichten über die Karawanen, die Überwachung der Handelsrouten und die Wegezölle, die die Stadt erhob – ein klarer Hinweis darauf, daß sich in der Stadt alles um den Handel drehte. Eine der aufschlußreichsten palmyrenischen Inschriften ist der sogenannte Tarif von Palmyra. Er stammt aus dem Jahr 137 n. Chr. und ist eine Sammlung alter und neuer Finanz- und Steuergesetze. Das sowohl in Griechisch als auch Palmyrisch verfaßte Gebührenverzeichnis gibt detailliert darüber Auskunft, womit gehandelt wurde, wie wichtig die einzelnen Handelsgüter

UNTEN: Das Grabrelief einer Frau.

RECHTS: Eine noch erhaltene Reihe klassischer Säulen.

Das Theater von Palmyra.

waren und mit welchen Zöllen sie jeweils belegt wurden. Aus dem Text geht aber auch hervor, daß es nicht allein die Zolleinnahmen waren, die Palmyra reich machten. Für sämtliche Güter und Dienstleistungen innerhalb des Stadtgebiets – vom Wasser bis hin zu den Diensten der Prostituierten – wurden ebenfalls Abgaben verlangt. Die Dirnen hatten z.B. eine monatliche Abgabe in Höhe des Lohns für einen Beischlaf zu entrichten. Kein Wunder, daß der Einfluß der Stadtkämmerer den der Volksversammlung übertraf!

Palmyras Reichtum spiegelte sich wider in den Tempeln und öffentlichen Gebäuden, in der reich verzierten Säulenstraße, den prächtigen Residenzen wohlhabender Händler und Kaufleute sowie den imposanten Grabtürmen, die man für die Toten errichtete. Besonders eindrucksvoll war der große, innerhalb des Verwaltungsviertels liegende Bel-Tempel mit seinem *Temenos* (heiliger Bezirk), dessen Errichtung Rom finanziell und vermutlich auch praktisch unterstützt hatte. Die Bauarbeiten waren während der Herrschaft des Kaiser Tiberius (14–37 n. Chr.) begonnen, aber erst im Zeitalter der Antonine (138–192 n. Chr.) abgeschlossen worden. Die Tempelanlage weist eine Synthese von orientalischer und hellenistisch-römischer Baukunst auf. Obgleich ihr Plan semitisch ist, ist ihre Architektur in der Tradition des Hellenismus verwurzelt. Der griechische Einfluß offenbart sich in der Cella, wo ionische Halbsäulen die Nord- und Südwand schmücken, und im Peristyl mit seinen korinthischen Säulen. Die Westwand mit dem monumentalen Tor weist dagegen ägyptische Einflüsse auf, während der Figurenschmuck eher orientalisch geprägt ist. Ein derartiges Stilgemisch war für einen Großteil der öffentlichen Bauten in Palmyra typisch. Es unterstrich die besondere geopolitische Lage der Stadt und trug auch ihrem internationalen Publikum Rechnung.

Kaiser Hadrians Besuch (129 n. Chr.) hatte Palmyras erfolgreichste, von Macht und Reichtum geprägte Epoche eingeleitet. Die aufwendigen Feierlichkeiten zum Gedenken an dieses historische Ereignis wurden von einem der reichsten Kaufleute der Stadt, Malé Agrippa, finanziert. Ein Jahrzehnt später trug Agrippa auch die Kosten für den Wiederaufbau des Baal-Shamin-Tempels. Die Glanzzeit Palmyras währte jedoch kaum länger als ein Jahrhundert.

Da die Stadt am östlichen Rand der römischen Einflußsphäre lag und seit alters her enge Beziehungen zum Euphrattal und darüber hinaus gepflegt hatte, war sie stets relativ unabhängig gewesen. Während der von Krisen erschütterten zweiten Hälfte des 3. Jhs. n. Chr. versuchten ihr Fürst Odaenathus und später auch seine Witwe Zenobia Palmyra ganz vom Römischen Reich zu lösen. Eine Zeitlang gelang es ihnen sogar, die neugewonnene Freiheit zu verteidigen und die eigene Einflußsphäre durch Eroberungen noch weiter auszudehnen. Dann aber setzte Kaiser Aurelian diesem Expansionsdrang ein Ende, indem er Palmyra zurückeroberte. Nach einem neuerlichen Aufstand gegen die Römer (273 n. Chr.) wurde die Stadt schließlich geplündert und zerstört. Von diesem Schlag sollte sie sich nie wieder erholen. Dies hing auch damit zusammen, daß nördlicher gelegene Handelsstraßen (vom Euphrat über Thapsacus und Aleppo nach Antiochia) an Bedeutung gewannen und ihr somit die wirtschaftliche Basis raubten. In der Folgezeit blieb Palmyra noch in begrenztem Umfang besetzt und wurde unter Kaiser Diokletian Legionslager. ■

Samarra

Al Mansur, ein Kalif der Abbasidendynastie (750–945 n. Chr.), gründete 762 n. Chr. im Innern des Irak das heutige Bagdad als Hauptstadt seines weitläufigen Reiches. In die neue Metropole floß unermeßlicher Reichtum, da steigende Zolleinnahmen aus dem Seehandel mit Indien und China die Staatskasse füllten. Während des 9. Jh. entstand nördlich von Bagdad, in Samarra, eine neue prächtige Hauptstadt.

Obwohl Samarra den Kalifen der Abbasidendynastie nur knapp 60 Jahre lang (836–892 n. Chr.) als Hauptstadt diente, bildete sich hier durch rege Bautätigkeit ein fast 50 km langer Siedlungsstreifen entlang des Tigris. Mit einer Fläche von nahezu 60 km² (der knapp zehnfachen Fläche von Ninive oder Babylon) ist die einstige Königsstadt die größte archäologische Fundstätte des Nahen Ostens, wenn nicht gar der Welt.

Nachdem arabische Truppen den Islam über die Grenzen von Arabien hinaus verbreitet hatten, wurde Syrien zum ersten islamischen Machtzentrum und Damaskus zur Hauptstadt der Omaijadendynastie. Im Lauf der Zeit führten jedoch religiös, ethnisch und ökonomisch bedingte Spannungen zu Unruhen. Die Folge war, daß Abul Abbas die Omaijaden in Damaskus 750 n. Chr. stürzte. Als Nachkomme von Mohammeds Oheim Abbas ernannte er sich zum Oberhaupt aller Moslems und verlegte das Zentrum der islamischen Welt in den Irak. Bald darauf, im Jahr 762 n. Chr. gründete Al Mansur (754–775 n. Chr.) an den Ufern des Tigris die Stadt Madinat As Salam, das heutige Bagdad. Die Stelle, die er dafür auswählte, war äußerst günstig, weil dort wichtige Handelsstraßen aus Fernost und die Flußschiffahrt (das Bindeglied zum Seeweg nach Indien) aufeinandertrafen. Das Leben am Hof des legendären Harun Ar Raschid (786–809 n. Chr.) und die phantastischen Geschichten von Sindbad, dem Seefahrer, lassen erahnen, welch immenser Reichtum von den im Indienhandel tätigen Schiffsmagnaten hier angehäuft wurde. Im frühen 9. Jh. segelten arabische Handelsschiffe bereits direkt nach China. So umgingen sie den Zwischenhandel und konnten noch höhere Gewinne erzielen als zuvor.

Trotz dieser guten Geschäfte gärte es im Reich der Abbasiden. Bürgerkriege und regionale Aufstände waren an der Tagesordnung. Ostafrikanische Sklaven, die im Süden Iraks auf riesigen Plantagen arbeiten mußten, erhoben sich gegen ihre Herren – ein Aufstand, der 14 Jahre (855–868 n. Chr.) währen sollte. Auch sorgten türkische und persische Söldner, die in der Kalifenarmee dienten, für eine wachsende Entfremdung zwischen Bevölkerung und Herrschenden. Zeitgenössischen Berichten zufolge kam es in Bagdad zu ernsthaften Auseinandersetzungen zwischen den arrogant auftretenden Türken und der Zivilbevölkerung. Um diese Tumulte beizulegen, trachtete Kalif Al Mutasim (833–842) danach, seine Residenz in eine neue Hauptstadt zu verlegen.

Als Ort hierfür wählte er das am Ostufer des Tigris, 120 km nördlich von Bagdad gelegene Samarra, das zu jener Zeit keinerlei Bedeutung besaß. Ab 836 n. Chr. widmete sich Al Mutasim dem Bau seiner neuen Hauptstadt mit großem Eifer. Yaqubi, einem Geographen des 9. Jhs. zufolge „... ließ der Kalif Architekten kommen ... (und) sie suchten zusammen eine Anzahl von geeigneten Stellen für Paläste aus. Jeder dieser Begleiter erhielt die Aufgabe, einen Palast zu bauen ... dann ließ er für das Militär, die Beamten, die Zivilbevölkerung und die Große Moschee Grundstücke vermessen. Rings um die Moschee wurde das Basarviertel abgesteckt mit breiten Gassen und Unterteilung nach angebotener Ware ... Der Kalif ordnete zudem schriftlich an, daß Arbeiter und Maurer sowie alle anderen Handwerker wie z. B. Schmiede und Zimmerleute, aber auch besonders erfahrene Steinmetze, geschickt werden sollten, und er bestellte Teak und andere Holzsorten sowie Palmstämme ...“

Die Große Moschee in Samarra mit ihren mächtigen Außenmauern und weitläufigem Innenhof.

Oben: Durch die 24 Fenster der Südwand fiel Licht ins Innere der Großen Moschee.
Rechts: Wohnhäuser und Paläste, mit kunstvollen Ornamenten verziert.

Das Herzstück von Al Mutasims neuer Stadt war Dar Al Khilafa, eine 175 ha große Palastanlage aus dem Kalifenpalast, ausgedehnten Gärten, einem Polofeld mit dazugehöriger Tribüne und Ställen sowie Unterkünften für die Palastwachen und die Dienerschaft. Der Palast selbst war in zwei getrennte Bereiche unterteilt: den öffentlichen (Dar Al Amma), wo der Kalif montags und donnerstags Audienzen abhielt, sowie den privaten (Jausaq Al Khaqani), in dem sich die königlichen Gemächer und der Harem sowie Versorgungseinrichtungen befanden. Von einer freien Fläche am Flußufer führte eine 60 m breite Treppe zu einem großen, 11 m hohen Empfangsraum mit gewölbter Decke, an den mehrere kleinere Wachräume angrenzten. Hinter dem monumentalen Eingangsbereich lagen Vorzimmer, die auf einen quadratischen Innenhof mit Brunnen blickten. Von hier aus konnte sich der Besucher nach Norden, zu den Privatgemächern des Kalifen, nach Süden zu den Haremsgemächern oder geradeaus zum Audienzsaal, dem mit einer Kuppel versehenen Thronsaal oder anderen Staatsgemächern begeben. Der gesamte Palast war reich geschmückt mit Stuckornamenten oder kunstvoll geschnitztem Marmor (im Thronsaal) sowie Wandgemälden (im Harem). Die Teakbalken und -decken, von denen noch Teile erhalten sind, waren kunstvoll geschnitzt und bunt bemalt bzw. vergoldet oder auch nur bemalt. An den Deckenbalken lassen sich noch die griechischen, syrischen und arabischen Namen der Kunstschnitzer entdecken.

Samarra wurde fertiggestellt unter Al Mutawakkil (847–861 n. Chr.). Der Kalif war ein begeisterter Bauherr und zeichnet verantwortlich für die Große Moschee, zwanzig Paläste und eine eigene, weiter nördlich gelegene Stadt namens Al Mutawakkiliyya. Seine im Nordwesten der Stadt errichtete Große Moschee besaß gigantische Ausmaße. Ihre Außenmauern bildeten ein Rechteck von 240 x 156 m, verfügten über 16 Tore und wurden von massiven, halbrunden Stützelementen gehalten. Im Inneren der Moschee trugen 24 Säulenreihen das heute nicht mehr vorhandene Dach mit seiner großen, zentralen Öffnung. Die Wände waren mit Glasmosaiken verziert, von denen noch Einzelteile auf dem Gelände zu finden sind. Das Minarett im Stil altbabylonischer Tempeltürme stand außerhalb des Gebäudes auf einer quadratischen Plattform, war 52 m hoch, rund und von einer spiralförmigen Außentreppe umgeben. Zeitgenössische Beobachter beschreiben die Stadt mit sieben parallel verlaufenden Straßenzügen. Hierzu gehörte eine Uferstraße mit Anlegeplätzen für die auf dem Fluß verkehrenden Schiffe, ferner eine breite, am Südtor des Dar Al Khilafa beginnende Straße, an der die Wohnhäuser prominenter türkischer Stadtbewohner lagen sowie eine Allee, die vom Wohnquartier der Palastbediensteten ausgehend, erst an der Westseite des Dar Al Khilafa entlangführte und dann nach Süden abbog. An ihr lagen das Basarviertel, das Hauptgefängnis, das Polizeihauptquartier, der Sklavenmarkt, die königlichen Ställe sowie das „Finanzamt".

Zu den zahlreichen, bemerkenswerten Bauprojekten von Al Mutawakkil gehörten auch drei Rennbahnen mit Zuschauertribünen (in der Nähe der Großen Moschee), ein von einer Mauer umgebener Jagdpark mit eigenem Jagdschloß sowie seine neue Palastanlage in Balkuwara. Sie lag im Süden der Stadt, inmitten des Militärviertels und war von einer 1,2 km langen Außenmauer umgeben. Allein das Hauptgebäude soll eine Fläche von 12 ha eingenommen haben. Am hingebungsvollsten widmete sich der Kalif aber seiner komplett neuen Stadt Al Mutawakkiliyya, die im Norden von Samarra entstand. Natürlich verfügte auch Al Mutawakkiliyya über eine eigene, 1,3 km^2 große Palastanlage (Al Jafari) und eine Moschee (Abu Dhulaf; eine kleinere Version der Großen Moschee). Die neue Stadt wurde allerdings aufgegeben, als ihr Bauherr, Al Mutawakkil, durch Mörderhand starb.

Königspaläste, Staatsgebäude und Moscheen ziehen naturgemäß besondere Aufmerksamkeit auf sich und lassen dabei leicht die gewöhnlicheren Wohnquartiere vergessen. In diesen war unter anderem das Militär untergebracht – türkische oder persische Söldner sowie Truppen, die von Prinzen befehligt wurden. Die Militärquartiere bildeten eigene Siedlungen, die manchmal sogar von einer eigenen Mauer umgeben waren und über ein eigenes Straßennetz, eine Villa für den Kommandeur oder Prinzen und Mannschaftsunterkünfte verfügten. Wohngebäude wurden, ganz gleich wo sie sich befanden, häufig nach einem Standardplan gebaut. Von der Straße aus betrat man zunächst einen Vorraum, dann einen rechteckigen Innenhof, der von Empfangsräumen umgeben war. Größere Wohngebäude (mit bis zu 50 Zimmern) besaßen jenseits der Empfangsräume noch einen oder mehrere weitere Innenhöfe. Die angrenzenden Räume dienten ganz unterschiedlichen Zwecken – als Schlafzimmer, Vorratsräume u.a.m. Große Häuser standen meist einzeln, während kleinere Wohnhäuser häufig als Doppel- oder Reihenhäuser aneinander gebaut wurden. Wie die Paläste konnten auch Privathäuser mit reichen Stuckdekorationen ausgestattet sein. Beliebte Motive waren geometrisch angeordnete Pflanzenteile wie Blätter, Knospen und Palmetten. Weinreben, ein Motiv aus der Klassik, tauchten ebenfalls auf.

Die umfangreiche Bautätigkeit der Abbasidenkalifen während des 9. Jhs. belastete die Staatskasse schwer. Allein die Bauprojekte von Al Mutawakkil sollen nach zeitgenössischen Berechnungen zwischen 250–300 Mio. Dirham verschlungen haben. Das waren Summen in einer Größenordnung wie sie z.B. von einer der größten Silberminen des Reichs in einem Zeitraum von 300 Jahren erwirtschaftet wurden! Der verschwenderische Lebensstil am Hof des Kalifen tat ein übriges, um das finanzielle Defizit noch zu vergrößern, so daß die Abbasiden trotz der hohen Staatseinnahmen aus dem Seehandel in ernsthafte Schwierigkeiten gerieten. Da sich Samarra letztendlich als zu entlegen und zu teuer erwies, kehrte Al Mutadid (892–908 n. Chr.) zu Beginn seiner Herrschaft in das zentraler gelegene Bagdad zurück. Dies hatte zur Folge, daß die Einwohnerzahl von Samarra rasch schrumpfte und die Stadt ab 1000 n. Chr. nur noch shiitische Pilger anzog.

Nachdem die Abbasiden jahrzehntelang „am Rande des Abgrunds" gewirtschaftet hatten, drangen 945 n. Chr. aufständische Perser nach Bagdad vor und eroberten die Stadt. Die Dynastie der Abbasiden existierte dennoch weitere 300 Jahre. ■

UNTEN: Tausend Jahre nachdem es erbaut wurde, steht das spiralförmige Minarett der Großen Moschee noch immer.
RECHTS: Diese massive, sorgfältig errichtete Ziegelmauer hat überdauert, obwohl sie jahrhundertelang vernachlässigt wurde.

Fatehpur Sikri – Die Stadt des Sieges

Die aus dem späten 16. Jh. stammende Stadt Fatehpur-Sikri ist ein Juwel indo-moslemischer Architektur. Sie wurde von dem Mogulkaiser Akbar (arabisch für „groß") erbaut und diente diesem über ein Jahrzehnt lang als Residenzstadt. Als Akbar sie verließ, verblaßte ihr Glanz.

Das indische Fatehpur Sikri liegt am Westrand der Gangesebene, nur 37 km westlich von Agra, hoch oben auf einer Felsenklippe. Dort führte einst der aus dem tiefergelegenen Sikri stammende Scheich Salim, ein Sufi-Heiliger (Anhänger einer mystisch-theosophischen Richtung des Islam), ein asketisches und sehr frommes Einsiedlerleben.

Zu ihm kam 1568 der Mogulkaiser Akbar (Regierungszeit: 1556–1605), der in der Gegend zu jagen pflegte. Er bat den heiligen Mann um Rat, da sein größter Wunsch, ein Thronfolger, sich trotz der stattlichen Anzahl seiner Frauen noch nicht erfüllt hatte. Der fromme Mann versicherte dem Herrscher, daß er drei Söhne bekommen würde, was diesen so mit Dankbarkeit erfüllte, daß er vor Ort eine große Moschee (Dschami Masdschid) errichten ließ.

Im folgenden Jahr wurde tatsächlich Akbars erster Sohn geboren und Mohammed Salim genannt. 1571 beschloß der Mogulkaiser, sich in der Nähe des alten Einsiedlers niederzulassen, und er betraute die besten Architekten seines Reiches (die zuvor an der Festung von Agra gearbeitet hatten) mit der Planung der neuen Residenzstadt. Es entstanden prächtige Palastgebäude und Wohnhäuser für die adligen Mitglieder des Hofstaats. Akbar beteiligte sich sogar persönlich an den Bauarbeiten, indem er Steine holte und andere einfache Arbeiten verrichtete. Als Baumaterial diente roter Sandstein und der ebenfalls rote, aber dunklere Stein, den es an Ort und Stelle gab. Er ließ sich – nach Aussagen eines Reisenden des 17. Jhs. – „wie ein Holzklotz spalten oder wie eine Planke zersägen".

1572 zog Akbar aus, um Gujarat zu erobern, das damals von einer anderen moslemischen Herrscherfamilie regiert wurde. Als er 1573 siegreich heimkehrte, nannte er seine neue, nach nur einem Jahr Bauzeit fertiggestellte Hauptstadt *Fatehpur* („Stadt des Sieges") und ließ sich mit seinem Gefolge dort nieder. In den folgenden zwölf Jahren bildete Fatehpur Sikri den Mittelpunkt des mächtigen Moghulreiches.

Die Stadt besaß einen Umfang von 9,75 km, 6 km lange Festungsmauern und wurde im Westen von einem künstlichen See begrenzt. Akbar betrat Fatehpur Sikri meist durch das Agra-Tor, wo stets auch eine Kapelle bereitstand, um sein Kommen und Gehen zu verkünden. Die heute noch gut erhaltene Palastanlage ist ein wundervolles und ganz einzigartiges Beispiel indo-moslemischer Architektur. Ihre Bauten orientieren sich an der Moschee und sind zumeist von Osten her zu betreten. Sie wurden nach persischen Prinzipien entworfen, aber ganz in indischer Manier erbaut und verziert. So tragen z.B. einige Säulen Kapitelle in der Form stilisierter Elefantenköpfe. Wie in den meisten Mogulresidenzen gibt es auch in Fatehpur Sikri ein besonderes Podium, einen „Thronpavillon", auf dem der Mogulkaiser Platz nahm, um Recht zu sprechen. Akbar nutzte dieses Podium auch, um sich täglich, jeweils drei Stunden nach Sonnenaufgang, seinem Volk zu zeigen.

Zu den bestbekannten und gut erhaltenen Gebäuden ge-

Blick vom Wasserpavillon auf den Windturm (links) und das „Juwelenhaus" (rechts).

Ein kunstvoll durchbrochenes Marmorfenster im Mausoleum

hört der Haremskomplex, dessen Dach mit glasierten, azurblauen Ziegeln gedeckt war und dessen Haupteingang früher von Eunuchen bewacht wurde. Der zierlich wirkende Windturm (Panch Mahal) ist ein eigenartiger, aber wunderschöner, vierstöckiger Säulenbau, der sich nach oben hin verjüngt und von einem kuppelgeschmückten Pavillon gekrönt wird. Seine luftige Bauweise macht ihn auch bei sengender Sommerhitze zu einem angenehmen Aufenthaltsort. Er diente den edlen Damen des Hofes daher als Sommerpalast und wurde auch für Feiern genutzt.

In dem Ankh Michauli oder „Blindekuhhaus" soll Akbar mit den Damen seines Harems Versteck gespielt haben. Neben ihm steht der 3 x 3 m große „Schatzpavillon" (fälschlicherweise bekannt als „Sitz des Astrologen"). Hier, so nimmt man an, soll der Mogulkaiser auf weichen Kissen ruhend zugesehen haben, wie auf dem Hof aufgehäufte Kupfermünzen unter niederen Beamten und anderen verdienten Personen aufgeteilt wurden.

Das Innere des in der Nähe gelegenen „Juwelenhauses" (Diwan-i-Chas) wird beherrscht von einer dicken, reich verzierten Säule mit eindrucksvollem Kapitell. Auf ihr ruht ein runder Balkon, der über schmale Brücken mit allen vier Ecken des großen Raumes verbunden ist. Über die frühere Funktion dieses Gebäudes herrscht Unklarheit. Häufig heißt es, dies sei Akbars privates Audienzzimmer gewesen oder der Ort, an dem Dispute über theologische, wissenschaftliche oder literarische Themen stattfanden. Es wird behauptet, daß der Herrscher während der Unterhaltungen hoch über den Gelehrten auf dem Balkon saß oder über die schmalen Brücken spazierte. Das Gebäude kann jedoch ebensogut ein Schatzhaus gewesen sein, in dem die kaiserlichen Pretiosen aufbewahrt wurden.

Die Große Moschee (Dschami Masdschid) ist mit ihrer Grundfläche von 133 x 165 m, dem 109 x 133 m großen Innenhof und ihrem „hohen" Tor – Buland Darwasa – zu dem 30 Stufen emporführen, das Hauptgebäude von Fatehpur Sikri. In ihrem Innenhof ruht Scheich Salim, dem die Moschee geweiht ist und der hier 1572 im Alter von 92 Jahren starb. Sein 1580–1581 fertiggestelltes Grabmal ist von betörender Schönheit und gehört zu den erlesensten Marmorbauten Indiens. Die kunstvoll durchbrochenen Fenster aus Marmor weisen noch Fäden und Stoffetzen auf, die Frauen in der Hoffnung auf reichen Kindersegen dort anbrachten. Auf den weit über mannshohen Türen der Moschee findet man dagegen Hufeisen. Sie wurden dort vermutlich von Bauern angenagelt, die an Scheich Salims Grab für die Genesung ihrer kranken Tiere beteten.

1585 mußte Akbar Fatehpur Sikri verlassen, um die Nordwestgrenze seines Reiches zu verteidigen, afghanische Stämme zu befrieden und Sind zu erobern. Als Akbar 1598 schließlich aus dem Norden zurückkehrte, wählte er Agra zur Hauptstadt (vielleicht,

Links: Das aus Marmor erbaute Grabmal des Scheich Salim im Innenhof der Großen Moschee.
Oben: Das Innere des „Juwelenhauses“ auf einer Darstellung aus dem 19. Jh. Man erkennt die große Säule mit ihren Brücken.

weil in Fatehpur Sikri die Wasserversorgung nicht mehr funktionierte). Im folgenden Jahr marschierte der Herrscher nach Süden, um bei Kriegen im Dekkan den Oberbefehl zu führen. Auf seinem Rückweg verbrachte er 1601 noch einmal mehrere Tage in Fatehpur Sikri, um dann endgültig nach Agra zurückzukehren.

1619 hielt sich Akbars Sohn Salim – nun Mogulkaiser Jahangir – drei Monate lang in Fatehpur Sikri auf, da in Agra eine Seuche wütete. Er zeigte seinem Sohn den Palast Akbars und suchte das Grabmal des Scheichs auf. Diesmal waren die Häuser der Adligen renoviert und möbliert. Dank der Nachfahren des Scheichs, die unter Jahangir hohe Regierungsämter innehatten, war die Stadt wieder aufgeblüht.

Ihr endgültiger Niedergang begann im späten 17. Jh. 1719 war Fatehpur Sikri ein letztes Mal Schauplatz eines glanzvollen Ereignisses, als der Mogulkaiser Mohammed Schah hier gekrönt wurde. Dann begann das Großreich der Mogul zu zerfallen. Fortan kamen nur noch fromme Pilger in die Stadt, um das Grabmal von Scheich Salim aufzusuchen. 1803 nahm die Ostindische Kompanie Agra ein und gründete in Fatehpur Sikri eine Zweigniederlassung, die bis 1850 Bestand hatte. Die neue Siedlung wurde größtenteils mit Steinen aus der Ruinenstadt erbaut. 1876 riefen die Briten jedoch ein Projekt zum Erhalt der noch vorhandenen Baudenkmäler ins Leben, 1881 begannen schließlich die Restaurierungsarbeiten. ■

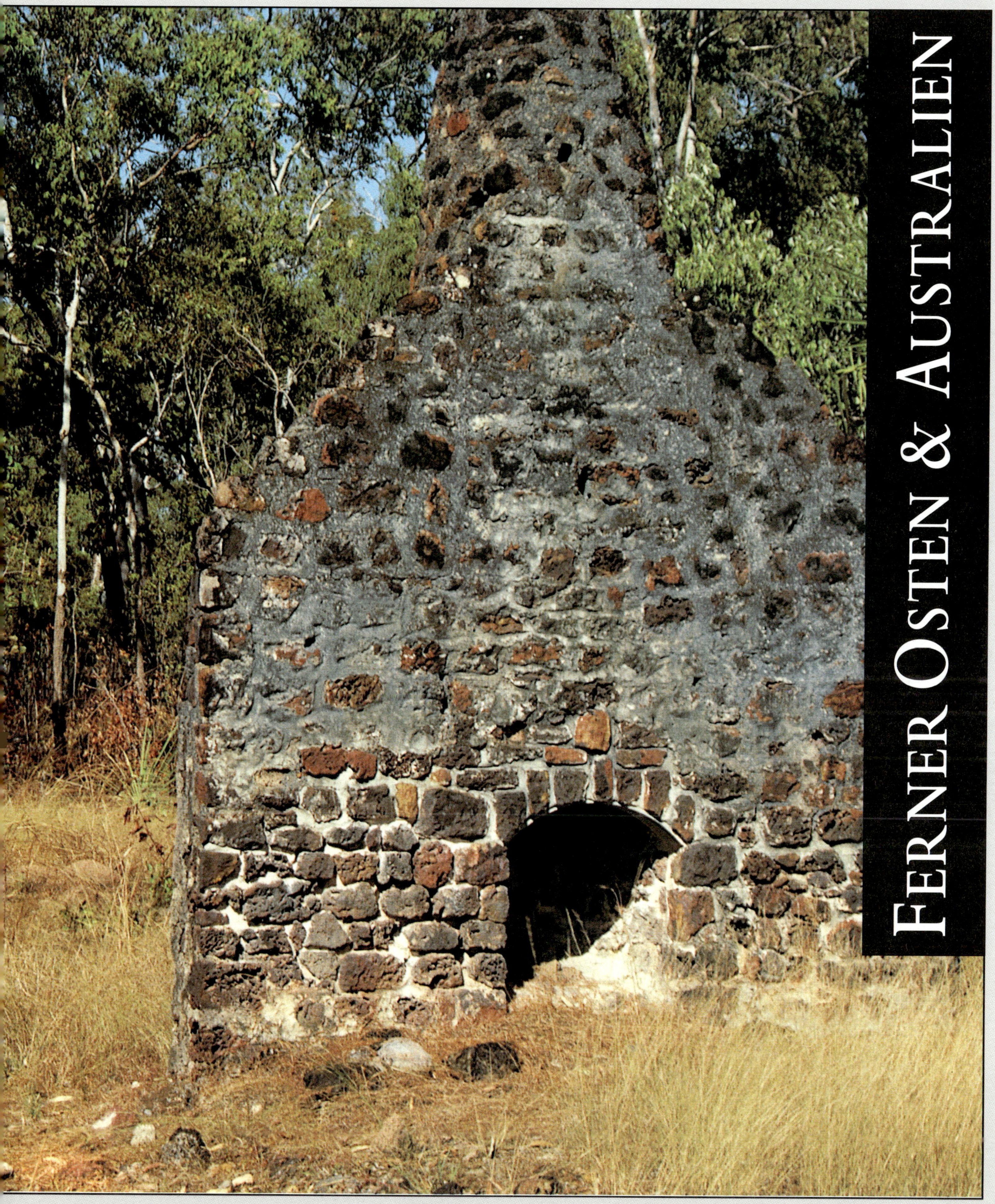

Ferner Osten & Australien

Anyang und die späte Shang-Zeit

Im Frühjahr 1928 hinderten Kämpfe zwischen Banditen und Regierungstruppen die Einwohner des kleinen nordchinesischen Ortes Xiaotun daran, ihre Felder zu bestellen. Aus Not begannen die Menschen die mit Inschriften versehenen Orakelknochen, die schon länger in der Umgebung gefunden wurden, auszugraben und zu verkaufen. Ein Archäologe der Academia Sinica untersuchte deren Herkunftsort genauer, und schon im gleichen Herbst begannen Ausgrabungsarbeiten, die zu einer der großen archäologischen Entdeckungen Asiens führen sollten: der Shang-Stadt Anyang.

Während der Shang-Zeit, zwischen 1700 und 1050 v. Chr., entstand der erste Staat und die früheste Zivilisation Ostasiens. Die Könige der Shang-Dynastie beherrschten einen großen Teil Nordchinas. Das Zentrum ihres Machtgebiets lag nordöstlich von Honan am Mittellauf des Gelben Flusses (Hwang Ho). Für die Shang-Kultur charakteristisch sind vor allem die kunstvoll gearbeiteten Bronzegefäße und die mit Inschriften versehenen Orakelknochen. Die Bronzegegenstände wurden mit Hilfe ausgeklügelter Gußverfahren in unterschiedlichen Formen hergestellt. Die Orakelknochen dienten den Herrschern dazu, bei kultischen Ritualen die Zukunft vorauszusagen. Nahezu alles, was heute über die Shang-Zeit bekannt ist, erfuhr die Archäologie durch Funde aus der Gegend von Anyang, der letzten Hauptstadt der Shang-Dynastie.

Orakelknochen aus der Gegend um Anyang waren chinesischen Gelehrten bereits seit dem Ende des 19. Jhs. bekannt. Es handelte sich dabei vorwiegend um Schildkrötenschalen und Schulterblätter von Weidevieh, die die örtliche Bevölkerung bei verschiedenen Gelegenheiten ausgegraben und verkauft hatte. Sogenannte „Drachenknochen“ wurden nämlich von chinesischen Apothekern pulverisiert und als Arzneimittel verwendet. Dong Zuobin hatte die auf den Orakelknochen eingeritzten alten Schriftzeichen bereits einige Jahre lang studiert, als er 1928 beauftragt wurde, Xiaotun näher zu erforschen. Entgegen seinen Erwar-

Links: Mit Inschriften versehene Orakelknochen wie dieser führten zur Entdeckung von Anyang.
Oben: Eine der in Anyang ausgegrabenen, kunstvoll geschnitzten Tierfiguren aus Halbedelstein.

tungen stieß er auf zahlreiche weitere Spuren der Vergangenheit und veranlaßte damit das Institut für Geschichte und Philologie der Academia Sinica, großangelegte Ausgrabungen einzuleiten.

Die Zwanzigerjahre waren für die chinesische Archäologie von großer Bedeutung, da während dieser Zeit einige äußerst wichtige Entdeckungen gemacht wurden. Hierzu gehört neben der Höhle des Pekingmenschen in Zhoukoudian (Choukoutien) und der neolithischen Fundstätte Yangshao auch die aus der Bronzezeit stammende Stadt Anyang. Zweifellos leiteten diese Funde in China das Zeitalter wissenschaftlicher Grabungen ein. Die Arbeiten in Anyang dauerten von 1928 bis zur japanischen Invasion im Jahr 1937. Nach dem Zweiten Weltkrieg verfrachtete man viele Fundstücke aus Anyang nach Taiwan, wo sie bis heute sind.

Das Anyang der Shang-Zeit liegt im Nordwesten der heutigen Stadt Anyang, in der Provinz Honan, und breitet sich beiderseits des Gelben Flusses über eine Länge von fast 6 km aus. Es besteht aus etlichen separaten Fundstätten, von denen die Königsgräber in Xibeigang und eine Palastanlage in Xiaotun die größte Bedeutung besitzen. Werkstätten und Gräber sowie Wohnviertel für das einfache Volk und die Oberschicht belegen, daß Anyang bereits über eine arbeitsteilige Gesellschaft verfügte, wie sie für ein städtisches Zentrum typisch ist.

Weingefäße aus der Shang-Zeit, in der der Bronzeguß einen hohen Grad künstlerischer Vollendung erreichte.

An der Stelle, wo sich heute die etwa 1 ha große Grabungsstätte von Xiaotun befindet, scheint einst das Zentrum des alten Anyang gelegen zu haben. Hier entdeckte man neben schlichten „Wohngruben" mehrere große Gebäudekomplexe – Wohnhäuser und Kultstätten – mit Fundamenten aus gestampfter Erde. Es wurden auch Orakelknochen und Hinweise auf Bestattungen (einige davon mit Pferdewagen und Menschenopfern) gefunden. In Xibeigang legte man neben verschiedenen Gebäuden und Werkstätten auch eine riesige Grabanlage mit elf großen, unterirdischen Grabmalen und nahezu 1200 kleinen Gräbern frei. Die unterirdischen Mausoleen waren in der Regel kreuzförmig angelegt und besaßen lange Rampen, die in die Grabkammern hinabführten. Die meisten Königsgräber waren allerdings schon ausgeplündert, als die Archäologen sie öffneten. Eines der Grabmale, das 1976 in Xiaotun freigelegt wurde, erwies sich jedoch als noch intakt und war unglaublich

reich mit Grabbeigaben ausgestattet. Man hatte der Toten, bei der es sich laut verschiedener Inschriften um Fu Hao (eine Gemahlin des fünften Shang-Königs Wu Ding) handelte, mehr als 440 Bronzeobjekte sowie rund 1200 Gegenstände aus Jade und Knochen ins Jenseits mitgegeben.

In Anyang wurden unzählige zerbrochene Orakelknochen gefunden, da es kaum einen Lebensbereich gegeben zu haben scheint, in dem der Blick in die Zukunft nicht eine Rolle gespielt hätte – seien es Kriege, Jagdzüge, das Wetter, die Landwirtschaft, Krankheiten oder was auch immer. Das Ritual sah vor, daß ein zuvor präparierter Knochen auf einer Seite so erhitzt wurde, daß sich auf der Rückseite Risse bildeten, die man dann interpretierte. Derartige Interpretationen wurden zuweilen auch auf die Oberfläche des Knochens geschrieben. So entstanden Inschriften, die heute als geschichtliche Informationquellen von unschätzbarem Wert sind.

OBEN: Eine aus Stein geschnitzte Büffelfigur aus dem Grab der Fu Hao.
UNTEN: Stilisierte, mit zarten Gravuren versehene Tiere aus Stein.
RECHTS: Für die Shang-Periode typische Grabbeigabe: ein verziertes Bronzegefäß mit Tierfüßen und Vogelmotiven auf dem Deckel.

Neben Orakelknochen sind auch zahlreiche andere Gegenstände wie Ton- und Bronzegefäße, Steinkulpturen und aus Knochen gefertigte Objekte ausgegraben worden. Die aufgefundenen Knochen stammen zum Teil von recht exotischen Tieren wie Walen, Elefanten, Tapiren und Pfauen. Von den mehreren Tausend menschlichen Skeletten, die Archäologen vor dem Zweiten Weltkrieg freilegten, gelangten später nur einige Hundert zusammen mit anderen Funden nach Taiwan, während der Rest in alle Richtungen zerstreut wurde. Viele Funde stammen aus Opfergruben, in denen man jeweils etwa zehn menschliche Schädel vorfand. Erste Untersuchungen dieses Materials ließen eine große Vielfalt an Rassenmerkmalen erkennen. So identifizierten einige Fachleute Kaukasier, Eskimos und sogar Melanesier, und man vermutete, daß es sich bei ihnen um nichtchinesische Sklaven oder Kriegsgefangene handelte, die den Shang-Herrschern als Menschenopfer gedient hatten. Neuere anthropologische Studien kommen zum Ergebnis, daß Anyangs Bevölkerung ethnisch eher homogen war, was jedoch nicht die Möglichkeit ausschließt, daß viele Sakralopfer ethnischen oder kulturellen Minderheiten entstammten.

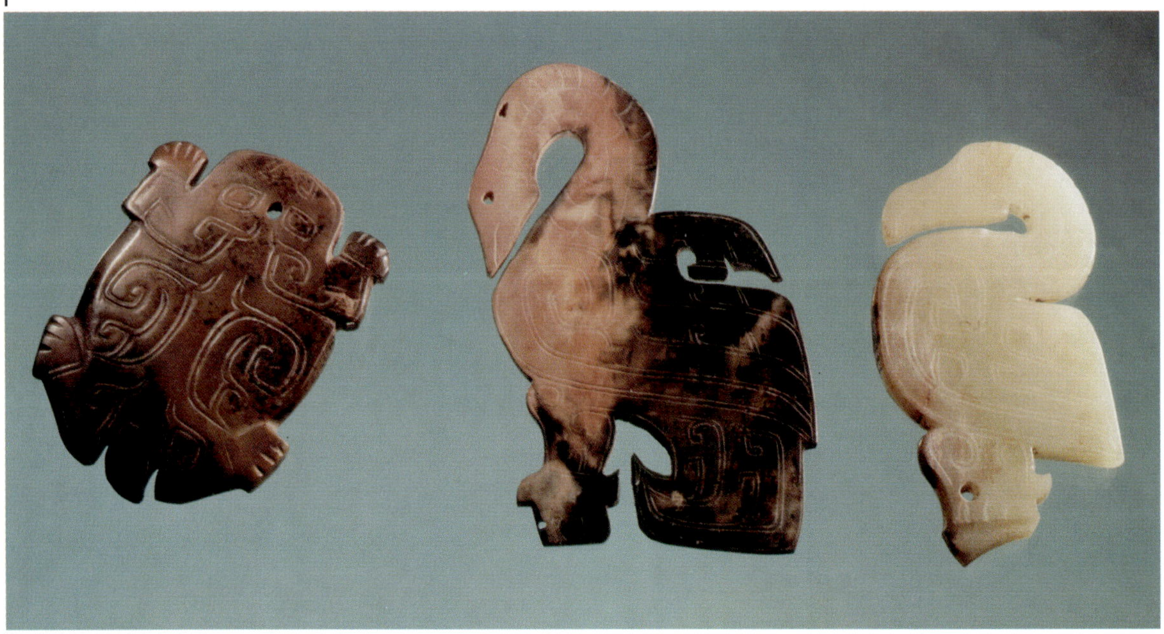

Anyang gehörte während der Bronzezeit zweifellos zu den führenden Städten Asiens. Viele Gelehrte gehen davon aus, daß Anyang die letzte Shang-Hauptstadt war. Aus den Inschriften der Orakelknochen geht nämlich hervor, daß die Shang-Könige einen Großteil ihrer Zeit damit verbrachten, ihr Reich zu bereisen. Dessen Ausdehnung ist umstritten, doch es spricht einiges dafür, daß die Herrschaft der Shang-Dynastie sich im wesentlichen auf die Region am Gelben Fluß beschränkte. ■

FUJIWARA

Im späten 7. Jh. n. Chr. beherrschte der Jamato-Staat weite Teile West- und Zentraljapans, und man begann, im Nara-Becken eine erste Hauptstadt zu errichten. Die neue Hauptstadt sollte ein prächtiges Symbol für Japans führende Rolle unter den fernöstlichen Kulturnationen sein und erhielt den Namen Fujiwara-kio – die „Hauptstadt der Glyzinien-Ebene".

Fujiwara liegt in der Asuka-Region im Süden des Nara-Beckens, wo es spätestens seit dem 6. Jh. eine Anzahl von zunehmend größeren Kaiserpalästen gab, die vor allem als Verwaltungs- und Kultzentren dienten. Nach dem Tod eines Herrschers wurde für den Nachfolger jeweils ein neuer Palast an anderer Stelle erbaut, da der Tod als etwas Unreines galt. In den 670er Jahren vertrug sich dieses traditionelle System kaiserlicher Paläste allerdings nicht mehr mit den Anforderungen des aus verschiedenen Reformen hervorgegangenen, straff organisierten, kaiserlichen Beamtenstaats, und Kaiser Temmu entschloß sich, in Fujiwara eine dauerhafte Hauptstadt zu gründen. Als Temmu 687 starb, wurden die Bauarbeiten zunächst eingestellt, dann aber von seiner Witwe, Kaiserin Jito, fortgesetzt. Fujiwara diente allerdings nur kurze Zeit (von 694 bis 710) als Hauptstadt. Dann wurde die Regierung in die neu erbaute, 15 km weiter nördlich gelegene Stadt Nara verlegt.

Obwohl Fujiwara in einer Reihe früher Texte erwähnt wird, verdanken wir unser heutiges Wissen über diese Stadt vor allem der Archäologie. Der Nativismus des 18. Jhs. (Betonung der nationalen Wurzeln der japanischen Kultur) hatte zwar zu einer verstärkten Diskussion über die Lage der längst versunkenen Stadt geführt, konkrete Anhaltspunkte ergaben sich aber erst aufgrund der archäologischen Grabungen während der Jahre 1934–1943. In den 1960er Jahren wurden die unterbrochenen Ausgrabungsarbeiten wiederaufgenommen und seit 1969 von einer Abteilung des finanziell großzügig ausgestatteten Nara National Cultural Properties Research Institute kontinuierlich fortgeführt. 1996 hatte man erst zehn Prozent (rund 10,5 ha) der Palastanlage freigelegt und eine vergleichbare Fläche (etwa 10 ha) des übrigen Stadtgebiets ausgegraben.

Fujiwara war zwar nur über einen relativ kurzen Zeitraum bewohnt, kann aber dennoch als Japans erstes städtisches Zentrum angesehen werden. Der Jamato-Staat orientierte sich nicht nur an chinesischen Verwaltungssystemen, er strebte auch danach, die großen Städte des Festlands, wie z.B. die Tang-Hauptstadt Changan, in kleinerem Maßstab nachzuahmen. Fujiwara wurde daher wie Changan nach dem *Jobo*-System angelegt. Breite, rechtwinklig zueinander verlaufende Straßen (*Oji*) unterteilten das Stadtgebiet von Norden nach Süden in zwölf *Jo* und von Osten nach Westen in acht *Bo*. Nach einer Rekonstruktion von Toshio Kishi soll sich Fudschiwara in Nordsüdrichtung über 3,2 km und in Ostwestrichtung über 2,1 km erstreckt haben. (Neueren Erkenntnissen zufolge könnte die Stadt aber auch wesentlich größer gewesen sein.) Wie die Archäologen feststellten, waren für den Bau von Fujiwara spezielle Kanäle als Transportwege für Bauholz und andere Materialien ausgehoben und nach Abschluß der Bauarbeiten wieder zugeschüttet worden. Die Einwohnerzahl der Stadt soll 20 000 bis 30 000 betragen haben. Diese Schätzung stützt sich zum einen auf ein historisches Dokument (*Shoku Nihongi*), dem zufolge etwa 1505 Haushalte von Fujiwara im Jahr 704 Tuchrollen bekamen, zum anderen auf eine aus dem Jahr 733 stammende Steuerliste aus Nara, nach der in einem Haushalt durchschnittlich 16,4 Personen lebten. Man setzte also voraus, daß damals alle Haushalte der Stadt mit Tuch beliefert wurden und daß die Haushalte in Fujiwara ebenso groß waren wie später die in Nara.

Die Palastanlage, in der der Kaiser residierte und in der auch die wichtigsten Staatsämter untergebracht waren, nahm im Norden des Stadtzentrums eine Fläche von rund 1 km² ein und war umgeben von einer

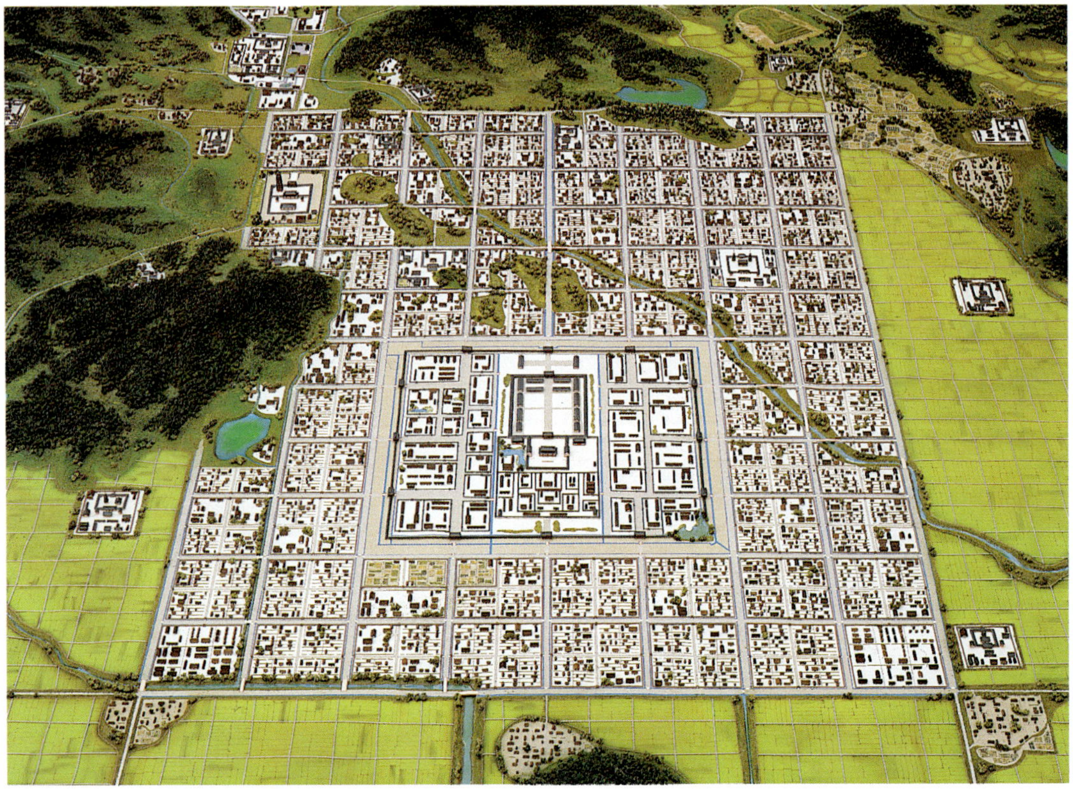

Maßstabsgetreue Darstellung der Hauptstadt Fujiwara mit der im Zentrum gelegenen Palastanlage.

Ausgrabungsarbeiten an der alten Hauptstadt Fujiwara.

Mauer sowie einem schmalen inneren und einem 5 m breiten äußeren Wassergraben. Der Haupteingang, das Susaku-Tor, führte zu den wichtigsten Staatsgebäuden: der kaiserlichen Audienzhalle (*Daigokuden*), in der der Kaiser bei politischen und religiösen Anlässen in Erscheinung trat, den Staatsgemächern (*Chodoin*) sowie der Privatresidenz des Kaisers (*Dairi*). Diese Gebäude standen auf weiten, freien Plätzen, was ihre imponierende Größe besonders gut zur Geltung brachte. Die Audienzhalle war mit ihrer Grundfläche von 45 x 21 m und einer Höhe von 25 m das damals größte Gebäude Japans. Sowohl in der Audienzhalle als auch in den Staatsgemächern wurden die Decken von hölzernen Säulen getragen, die auf großen Steinfundamenten ruhten. Der Palast von Fujiwara war übrigens der erste nicht-religiöse Gebäudekomplex Japans, dessen Dächer mit Keramikziegeln gedeckt waren. Schätzungen zufolge sollen insgesamt mehr als 2 Mio. Dachziegel für die Gesamtanlage verwendet worden sein. Daher besteht auch ein Großteil der archäologischen Funde von Fujiwara aus derartigen Ziegeln. Ihre Chronologie und Herstellung sind eingehend erforscht worden.

In unmittelbarer Nähe des Palastes lagen die Residenzen der Adligen. Eines dieser feudalen Anwesen, das rund 12 000 m² einnahm, wurde etwa 300 m südwestlich des Susaku-Tors freigelegt. Die Unterkünfte der niederen Beamten und einfachen Bürger waren wesentlich bescheidener und lagen weiter entfernt. Zu den prägenden Bauwerken der Hauptstadt gehörten neben dem Kaiserpalast auch die großen buddhistischen Tempel. Nachdem der Buddhismus im 6. Jh. nach Japan gelangt war, hatte er rasch an Einfluß gewonnen und war schließlich von der Obrigkeit als Staatsreligion eingesetzt worden.

Eine Metropole wie Fujiwara sah sich mit Problemen konfrontiert, die in kleineren Siedlungen nur eine untergeordnete Rolle spielten. Zum einen mußten die zahlreichen Stadtbewohner mit ausreichend Nahrung versorgt werden, zum anderen galt es, den von so vielen Menschen produzierten Abfall zu entsorgen. Der Kaiser und die Aristokratie lebten von den Steuern, die die Provinzen zu entrichten hatten. Mehr als 7000 beschriftete Holztäfelchen oder *Mokkan*, die in der alten Hauptstadt aufgefunden wurden, geben genau darüber Aufschluß, welche Waren auf diese Weise nach Fujiwara gelangten. Man weiß auch, daß es in der Stadt zwei öffentliche Märkte gab, obwohl deren genaue Lage bislang nicht bekannt ist. Bei wirtschaftlichen Transaktionen wurden Reis, Tuch oder Münzen als Zahlungsmittel benutzt, denn man verwendete ab 708 in Fujiwara Japans erstes offizielles Münzgeld.

Die Tatsache, daß in Fujiwara Japans älteste Latrinen gefunden wurden, zeigt, daß in der Stadt neue, dauerhafte Entsorgungseinrichtungen gebraucht wurden, auf die man in ländlichen Gebieten bislang verzichten hatte. Die freigelegten Latrinen sind allerdings noch sehr primitiv – man ließ die Abwässer einfach in offene Gräben am Straßenrand fließen. Parasiteneier aus den Ablagerungen der Latrinen lassen vermuten, daß die Stadtbewohner rohes Gemüse und nicht ausreichend gekochte Süßwasserfische wie Karpfen und Forellen verzehrten.

Im dritten Monat des Jahres 710 verlegte Kaiserin Genmei die Regierung in das am nördlichen Ende der Nara-Ebene gelegene Nara. Für den Bau der neuen Hauptstadt wurden alle wiederverwendbaren Baumaterialien aus Fujiwara fortgeschafft, so daß schon während des 9. Jhs. ein großer Teil des ehemaligen Stadtgebiets wieder landwirtschaftlich genutzt wurde. Über die Gründe, die zur Verlegung der Hauptstadt führten, ist viel gerätselt worden. Vielleicht wollte man von der Asuka-Region, wo seit mindestens einem Jahrhundert die Regierungszentren gelegen hatten, Abstand gewinnen. Wahrscheinlich war man auch der Ansicht, daß die größere Hauptstadt Nara dem neuen Ritsuryo-Verwaltungssystem mehr Autorität verleihen würde. ■

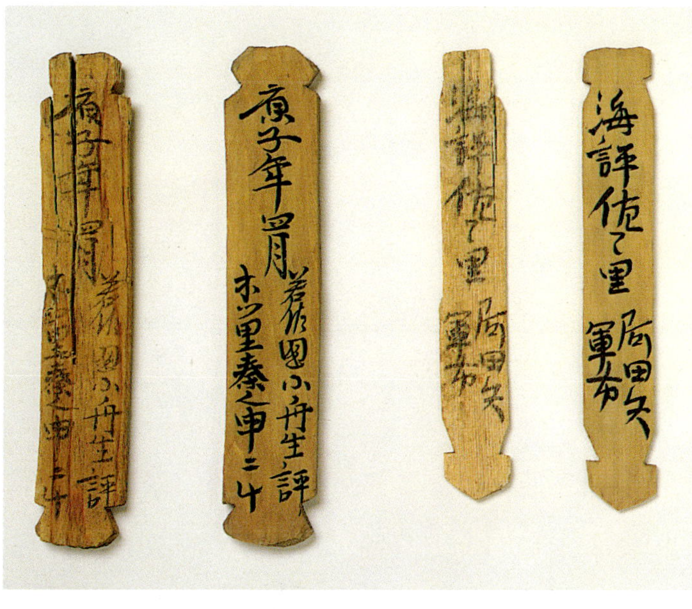

In Fujiwara ausgegrabene Holztäfelchen, die in alten Zeiten als Gepäckschilder dienten.

Angkor: „Die von Engeln erbaute Stadt“

Einst galten die Tempel und andere monumentale Bauten der heute „Angkor“ genannten Ruinenstadt als Wunder. Nur zwei Jahrhunderte nach ihrem Untergang äußerten Historiker aus dem angrenzenden Thailand Zweifel, daß die Gebäude von Menschenhand geschaffen waren und merkten an, daß „sie Engel vom Himmel herabkommen sahen, die halfen diese wundervolle Stadt zu errichten“.

Die Kulturgeschichte Südostasiens ist noch nicht in allen Einzelheiten erforscht. Politische, religiöse und wirtschaftliche Kontakte zu China und Indien scheinen aber einen prägenden Einfluß auf die Region gehabt zu haben. Schon im 6. Jh. n. Chr. wird das heute kambodschanische Gebiet zwischen Mekong und Tonle Sap in chinesischen Schriften unter dem Namen „Chenla“ erwähnt. Dies scheint ein Oberbegriff für etliche regionale Fürstentümer gewesen zu sein, die über große befestigte Siedlungen und eine stark indisch beeinflußte Tempelarchitektur verfügten. Zu Beginn des 9. Jhs. wurde Chenla von König Jayawarman II. zu einem mächtigen Khmer-Reich vereint. König Yashowarman I. gründete Ende des 9. Jhs. die Hauptstadt Yashodharapura, das heutige Angkor. Von dort beherrschte das Khmer-Reich das südostasiatische Festland bis ins frühe 15. Jh., als Thai-Truppen Angkor einnahmen. Das Wort „Angkor“ ist abgeleitet von dem Sanskritbegriff für „Heilige Stadt“. Angkor war jedoch keine Stadt im landläufigen Sinn. Es war ein riesiger Komplex aus Tempeln, Monumenten, Wasserreservoiren und Kanälen, der über die Jahrhunderte in mehreren Phasen wuchs. Innerhalb von Angkor fand man eine beträchtliche Anzahl von Tonscherben sowie andere Überreste, die auf eine frühere Besiedlung hindeuten. Ohne großflächige Ausgrabungen läßt sich jedoch nicht feststellen, in welchem Umfang die Stadt auch vom einfachen Volk bewohnt wurde.

Angkors Grundriß wurde bestimmt durch religiöse Vorstellungen aus Indien. Ein Pyramidentempel, den man in Anlehnung an die indische Kosmologie mit ihrem heiligen Berg Meru, auf dem Phnom Bakheng, dem einzigen natürlichen Hügel der Gegend, errichtet hatte, bildete den Mittelpunkt der quadratisch angelegten Stadt. Mit der Zeit veränderte sich jedoch der Charakter der bildlichen Darstellungen in Angkor – man wandte sich vom hinduistischen Shiva-Kult ab und übernahm den Mahajana-Buddhismus. Der Wunsch der Khmer-Könige, durch den Bau monumentaler Denkmäler Unsterblichkeit zu erlangen, blieb jedoch unverändert. Am erfolgreichsten in dieser Beziehung war Surjawarman II., der im 12. Jh. den berühmtesten Tempelkomplex der Stadt erbaute – Angkor Vat.

Angkors politische und wirtschaftliche Macht beruhte in nicht geringem Maße darauf, daß man die Stadt unweit des Tonle Sap erbaut hatte. Wäh-

Links: Das Tempelmausoleum von König Surjawarman II. in Angkor Vat gehört zu den größten architektonischen Leistungen Altasiens. Rechts: Das Südtor von Angkor Thom.

rend der Regenzeit fließt nämlich Wasser aus dem Mekong nach Norden zurück in diesen größten See Südostasiens, wodurch sich seine Oberfläche (während der Trockenzeit rund 30 000 km²) mehr als verdreifacht (auf 100 000 km²). Der Tonle Sap lieferte Angkors Bewohnern nicht nur reichlich Fisch, sondern auch Wasser für die Bewässerung ihrer Felder. Ein ausgeklügeltes System von Kanälen, Gräben und kleineren Wasserreservoiren wurde ergänzt durch zwei riesige Stauseen oder *Baray*. Der östliche Baray mit einer Fläche von 7,12 x 1,7 km hat ein Fassungsvermögen von 60 Mio. m³. Der Westbaray war noch etwas größer. Man ist sich allerdings nicht im klaren darüber, in welchem Umfang diese Stauseen für landwirtschaftliche Zwecke genutzt wurden.

Der Niedergang der Hauptstadt Angkor ist vermutlich auf verschiedene Ursachen zurückzuführen. Natürlich spielten die Expansionsbestrebungen der benachbarten Thai-Völker eine wichtige Rolle. Denkbar ist aber auch, daß die sozialen Spannungen zwischen dem einfachen Volk und der autoritären Aristokratie, die schließlich einen religiösen und gesellschaftlichen Wandel einleiteten, zum Verfall des Khmer-Reichs führten. Ein drastischer Rückgang der Ernteerträge scheint ebenfalls von Bedeutung gewesen zu sein. Es ist allerdings schwer festzustellen, ob er die Ursache oder nur eine Folge der Krise war. Vielleicht führten sogar kleinere Störungen innerhalb des raffinierten Bewässerungssystems letztendlich zu erheblichen Einbußen. Der französische Historiker Fernand Braudel äußerte den Gedanken, daß die Aufgabe von Angkor womöglich durch einen starken Anstieg der Malaria-Infektionen ausgelöst worden sein könnte.

Als die Thai Angkor 1431 eingenommen hatten, gab man den größten Teil der Stadt auf. Angkor Vat aber wurde von buddhistischen Mönchen übernommen und entwickelte sich zu einem buddhistischen Heiligtum und wichtigen Pilgerzentrum.

Die Erforschung der Ruinenstadt Angkor durch die Europäer begann vor fast 150 Jahren. 1850 hatte ein katholischer Missionar die vergessene Stadt wiederentdeckt und so dafür gesorgt, daß in der Folgezeit zahlreiche Bestandsaufnahmen gemacht wurden. Als die Franzosen gegen Ende des 19. Jhs. die Kontrolle über Vietnam, Laos und Kambodscha erlangt hatten, gründeten sie die Ecole Française d'Extrême Orient, um Indochina archäologisch und literaturwissenschaftlich zu erforschen. In den frühen 1970er Jahren eroberten jedoch die Roten Khmer das Gebiet von Angkor. Es folgten 20

OBEN: Ostseite der Nordbibliothek in Banteay Srei.

LINKS: Angkor Vat.

Schlachtszene auf einem Steinrelief der Westgalerie von Angkor Vat. Angkor wurde 1431 von Thai-Truppen eingenommen.

Jahre, in denen die kulturhistorisch wertvollen Monumente nicht nur vernachlässigt, sondern auch absichtlich zerstört wurden. Man entfernte Skulpturen, um sie illegal als Antiquitäten zu verkaufen, oder benutzte die kostbaren alten Bauten als Ziel für Schießübungen. Die wuchernde Vegetation, Wind und Regen taten ein übriges. Kurz nach Unterzeichnung des kambodschanischen Friedensvertrags (1991) wurde Angkor jedoch in die UNESCO-Liste des Kulturerbes der Welt aufgenommen. Seitdem bemühen sich verschiedene internationale Organisationen gemeinsam um die Konservierung und Restaurierung der prächtigen Anlagen sowie um deren wissenschaftliche Erforschung. Auch werden kambodschanische Studenten in Techniken der Denkmalpflege ausgebildet, damit sie in der Lage sind, Angkor auch in Zukunft zu erhalten. In relativ kurzer Zeit wurde schon Beachtliches geleistet, doch es gibt noch viel zu tun! ■

Hiraizumi: Japans Tor zum Norden

Japans erste städtische Zentren lagen im Westen der Insel Honshu. Fujiwara (Seite 150), Nara und Kioto waren Hauptstädte des Jamato-Staats und als solche zugleich Symbole politischer Macht. Als ab dem 9. Jh. die Autorität dieses Staats zu schwinden begann, entwickelten sich auch in den Provinzen städtische Siedlungsformen. Eine der wichtigsten Provinzstädte war Hiraizumi, das durch seine weitreichenden Handelsbeziehungen zu großem Reichtum kam und eine religiöse Architektur besaß, die sich mit der von Kioto messen konnte.

Hiraizumi war die Hauptstadt der „Könige des Nordens" – mächtigen Regionalfürsten aus dem adligen Geschlecht der Fujiwara. Die Fujiwara hatten Ende des 11. Jhs. durch Revolten und Kriege die Tohoku-Region im Nordosten der Insel Honshu unter ihre Kontrolle gebracht und herrschten dort im 12. Jh. weitgehend unabhängig von der japanischen Zentralregierung in Kioto. Kiyohira, der erste Fürst des Fujiwara-Klans, wählte das im heutigen Regierungsbezirk Iwate gelegene Hiraizumi zwischen 1094 und 1104 als neue Hauptstadt, da es strategisch günstig lag und zudem wegen des heiligen Bergs Kanzan bereits als religiöses Zentrum galt. Die Stadt blühte während des 12. Jhs. auf und wuchs rasch. Den Sturz des Herrschergeschlechts (1189) überlebte sie jedoch nicht – anders als ihre Tempel, von denen die wichtigsten erhalten geblieben sind.

Die meisten historischen Schilderungen nehmen gegen die „Könige des Nordens" Stellung und beschreiben diese als Banditen und Barbaren. Objektive Informationen über Hiraizumi lassen sich daher nur durch archäologische Untersuchungen gewinnen. Seit den Fünfzigerjahren wurden vor allem innerhalb der Tempelanlagen kleinere Grabungen durchgeführt. Ein detaillierteres Bild der alten Stadt ergaben jedoch erst die großflächigen Ausgrabungen, die Ende der Achtzigerjahre begannen. Zwischen 1988 und 1993 legte man eine rund 40 000 m^2 große Fläche zwischen dem Fluß Kitakami und den Tempeln Chusonji und Motsuji frei, da man dort die Residenzen der beiden ersten Herrscher von Hiraizumi vermutete. Die große, von einem 7–8 m breiten und 3 m tiefen Graben umgebene Burg, die dabei freigelegt wurde, stammt jedoch – keramischen Funden zufolge – aus dem dritten Viertel des 12. Jhs. und war somit höchstwahrscheinlich die Residenz des dritten Herrschers, Fujiwara Hidehira.

Die im Zentrum von Hiraizumi zutage geförderten Relikte lassen auf eine größere Provinzstadt schließen. Unter den aufgefundenen Töpferwaren gab es sowohl einheimische Produkte als auch Importware. Rund 100 000 unglasierte Tonschalen mit einem Gesamtgewicht von über 15 t scheinen bei Ritualen oder Banketten als „Einweggeschirr" verwendet worden zu sein – eine Sitte, die man ganz offensichtlich aus Kioto übernommen hatte. An anderen Stellen der Tohoku-Region fand man diese als *„Kawarake"* bekannten Schalen allerdings nur in geringer Zahl. Die feine Keramik, die in Hiraizumi ausgegraben wurde, zeugt von regen Handelsbeziehungen. Das irdene Geschirr kam aus den Brennöfen von Tokoname und Atsumi nahe dem heutigen Nagoya, das edle Porzellan dagegen aus China. In Hiraizumi kam mehr importiertes chinesisches Porzellan ans Tageslicht als an irgendeiner anderen Grabungsstätte gleichen Alters – außer in Kioto und Hakata.

Unter den archäologischen Fundstücken sind auch zahlreiche Gegenstände aus Holz: Schuhe, Kämme, Lineale, verschiedenartige Behälter und Schachfiguren sowie Tausende von *Chugi*. *Chugi* waren eine chinesische Errungenschaft, die vermutlich im 7. Jh. nach Japan eingeführt und in einigen ländlichen Gegenden noch

Links: Unglasierte Tonschalen, wie sie bei Banketten verwendet wurden.
Oben: Ein in Hiraizumi ausgegrabener Eisentopf.

Am unteren Rand dieser Luftaufnahme erkennt man den Fluß Kitakami.

bis nach dem Zweiten Weltkrieg benutzt wurde. Bei ihnen handelte es sich um hölzerne Spachtel, die man anstelle von Toilettenpapier benutzte und dann in die Latrinen oder Sickergruben warf. Daß solche *Chugi* zur Zeit von Hiraizumi tatsächlich verwendet wurden, bestätigen auch Darstellungen wie die aus dem 12. Jh. stammende Gaki Soshi Bildrolle.

Die moderne Archäologie ist dabei, ein ganz neues Bild des alten Hiraizumi zu entwerfen und stützt sich dabei auch auf die berühmte buddhistische Architektur und Kunst der Stadt. Der gelegentlich geäußerten Auffassung, man habe in Hiraizumi lediglich Kioto kopiert, widersprechen künstlerische Eigenheiten, die ganz klar von der Kultur des von Kioto aus regierten Heian-Staates abweichen. So ist die innen und außen ganz mit Gold überzogene, sogenannte Goldglanzhalle (Konjiki-do) innerhalb des Chusonji Tempels einzigartig in der buddhistischen Architektur Japans, weil sie auch die mumifizierten Leichname der vier Fujiwara-Fürsten beherbergt. Obwohl die bedeutenden Tempel des 12. Jhs., der Chusonji, der Motsuji und der Muryokoin, ganz offensichtlich mit Bedacht in das Stadtbild eingefügt wurden, herrscht über das Gesamtkonzept, nach dem Hiraizumi angelegt wurde, weiterhin Unklarheit.

Die Fujiwara verdankten ihren immensen Reichtum und die daraus erwachsende Macht ihren weitreichenden Handelsbeziehungen zum Süden (Japan) und Norden (Hokkaido, Sachalin und Küstenregionen des asiatischen Festlands). Schon im 10. Jh. hatten japanische Dokumente vermerkt, daß das nördliche Tohoku seine Steuern in Form von Seelöwen- und Bärenfellen, Seifengold und Seetang bezahlte. Die meisten dieser Waren hatte man jedoch nicht selbst produziert, sondern von der Insel Hokkaido erworben. Mit dem Handel war eine neue Form des Warenaustauschs (die auch Gold, Pferde und Felle einschloß) an die Stelle der auf Tributzahlungen beruhenden Wirtschaft des alten japanischen Staates getreten. Dies kann als Teil einer weitreichenden wirtschaftlichen Revolution gewertet werden, die ganz Ostasien während des frühen Mittelalters erfaßte. Die von den Fujiwara-Fürsten geschickt ausgebauten Handelsbeziehungen zwischen Japan und Nordostasien blieben auch nach dem Untergang der Stadt Hiraizumi bestehen.

Auf Hokkaido brachte der Handel für die Ainu tiefgreifende kulturelle Veränderungen mit sich. Die Einfuhr von gußeisernen Töpfen, wie sie auch in Hiraizumi benutzt wurden, veranlaßte nämlich Japans Ureinwohner, die Herstellung von Tonwaren aufzugeben und ihre Kochtechnik umzustellen. Fortan wurde nicht mehr mit keramischen Öfen sondern über offenem Feuer mit Eisentöpfen gekocht. Dies zeigt übrigens auch, daß die Ainu, entgegen einer weit verbreiteten Meinung, keineswegs isoliert lebende Steinzeitmenschen waren, sondern durchaus Kontakte zur Außenwelt pflegten und durch diese geprägt wurden. ■

Port Essington

Der viktorianische Militärstützpunkt Port Essington, auf der Coburg-Halbinsel, war der dritte erfolglose Versuch der Briten, an der Nordküste Australiens Fuß zu fassen. Für seine Gründung hatte man 1838 ein schlecht ausgerüstetes Kommando der Königlichen Marine entsandt, dessen bedauernswerte Mitglieder in der Folgezeit in äußerster Isolation ums Überleben kämpften, um die britische Oberherrschaft über Nordaustralien zu sichern.

Die Angehörigen der Garnison Port Essington waren mehr oder minder auf ihre eigenen beschränkten Mittel und Fähigkeiten angewiesen. Während der elf Jahre, in denen die Siedlung bestand, wurden dort nämlich, anders als in den meisten anderen britischen Niederlassungen in Australien, kaum Sträflinge als Arbeitskräfte eingesetzt. Mit welchen Problemen die Siedler zu kämpfen hatten und wie sie improvisierten, um mit ihnen fertig zu werden, belegen sowohl die noch vorhandenen Ruinen, als auch historische Dokumente und Funde, die bei Ausgrabungen ans Tageslicht kamen.

Schon in den 1820er Jahren hatte man Versuche unternommen, den äußersten Norden des heutigen Northern Territory zu besiedeln, um von dort aus Handelsbeziehungen zur indonesischen Inselwelt aufzubauen. Bei der Gründung von Port Essington ging es der Admiralität allerdings mehr darum, die britischen Ansprüche auf dieses Gebiet anzumelden, um so kolonialen Gelüsten von Seiten der Franzosen und Amerikaner zuvorzukommen. Nach den Worten von James Stephen (Kolonialministerium) hieß das Ziel „dauerhafter Besitz der gesamten australischen Küste." Wirtschaftliche Gründe spielten hierbei eine geringere Rolle als politische und strategische Überlegungen und wurden nur gegenüber dem Finanzministerium geäußert, als es um dessen finanzielle Unterstützung für das Unternehmen ging. Ungeachtet der Absage des Finanzministers, drängte die Admiralität zum Handeln und entsandte zwei Schiffe sowie eine Abordnung von Marinesoldaten unter dem Kommando von Sir James J. Gordon Bremer nach Port Essington.

Die Architekturgeschichte von Port Essington läßt sich in drei Phasen einteilen: Am Anfang brachte man aus Sydney sieben vorgefertigte Holzhäuser mit, die als Unterkünfte (für den Kommandanten und die Offiziere) sowie als Mannschafträume, Küche, Hospital, Vorratslager und Kirche dienen sollten. Das Gelände zu roden, erwies sich als schwierig und aufwendig. Da es zu mühselig gewesen wäre, auch noch den steinigen Boden einzuebnen, errichtete man die Gebäude auf Pfählen. Dieses Bauverfahren erfreute sich später, in Australiens Tropengebieten, allgemeiner Beliebtheit, da es die Luftzirkulation förderte und zudem half, Termiten von den Gebäuden fernzuhalten.

Kleine Häuser und die Hütten alleinstehender Männer besaßen Wände aus Rinde oder Schilfrohr und waren mit Gras gedeckt. Als Fenster dienten quadratische Löcher, deren Läden an Schiffsluken erinnerten. Die Lebensdauer solcher Behausungen betrug allerdings nur zwei bis drei Jahre. Dann war das Gebälk so von Termiten zerfressen, daß man den gesamten Bau verbrannte und an gleicher Stelle einen neuen errichtete. Neben Häusern wurden in Port Essington auch ein Verteidigungswall und eine Mole gebaut. Letztere bestand aber nur auf einer Seite aus sauber behauenen Steinen, da sich der Eisenstein, den man an Ort und Stelle fand, schwer bearbeiten ließ.

Im November 1839 zerstörte ein tropischer Wirbelsturm die meisten Gebäude der Siedlung und ließ die HMS *Pelorus*, die sich gerade im Hafen aufhielt, auf Grund laufen. Daraufhin verbrachte die Schiffsbesatzung das Jahr 1840 in Port Essington. Ihre Mitglieder waren willkommene Arbeitskräfte und sorgten sogar für die Einführung neuer Baumethoden, da es unter ihnen einen gelernten Ziegelbrenner gab. Die produzierten Ziegel waren zwar von minderer Qualität, führten aber dazu, daß neue Gebäude ebenerdig und auf Ziegel- oder Steinfundamenten erbaut wurden. Zwei Gebäude, die den Sturm überstanden hatten, fielen später Termiten zum Opfer, da man ihren unteren Bereich nachträglich durch

Der Hafen von Port Essington im Jahr 1839, dargestellt von Le Breton.

Von Port Essington haben einige Gebäudefragmente, z. B. die Hospitalküche, bis heute überdauert.

Wände geschlossen hatte. Anfang 1842 waren Unterkünfte für Verheiratete, ein Lagerhaus, Holzkohle- und Kalköfen sowie ein Ofen zum Brotbacken und eine Schmiede gebaut.

Die dritte Bauphase von Port Essington (gegen Ende 1844) fiel zusammen mit dem viermonatigen Besuch einer aus Steinhauern und Zimmerleuten bestehenden Gruppe von Strafgefangenen. Die Handwerker hatten zuvor auf dem Barriere-Riff einen Leuchtturm errichtet und bauten nun einen Leuchtturm für die Hafeneinfahrt des Militärstützpunkts sowie zwei weitere Familienunterkünfte, die Küche des Hospitals und eine neue Schmiede. Die neuen Gebäude bildeten einen deutlichen Kontrast zu den wesentlich laienhafter errichteten älteren Bauten, da sie über glatte, sorgfältig gemauerte Wände und sauber mit Stein eingefaßte Türen und Fenster verfügten.

Neben Marinesoldaten lebten in Port Essington auch einige Frauen und Kinder sowie mehrere Zivilbeamte. Dennoch lag die Einwohnerzahl der Garnison nie über 80. Noch erhaltene Dokumente lassen erahnen, wie mühsam, langweilig und unbequem das Leben seinerzeit war. Landwirtschaft wurde nach dem Prinzip von Versuch und Fehlschlag betrieben, da man mit den ungewohnten Jahreszeiten und dem Klima erst Erfahrungen sammeln mußte. Dies galt sowohl für den Anbau von Feldfrüchten als auch für die Viehzucht. Von den aus England gesandten Nutztieren verendeten die meisten schon auf der langen Schiffsreise (von 54 Rindern einer Schiffsladung erreichten lediglich 14 Tiere ihren Zielort). Schafe vertrugen das tropische Klima besonders schlecht. Obendrein mußte der Viehbestand von Hand gefüttert werden, um Verluste durch Giftpflanzen zu vermeiden – eine zusätzliche Arbeitsbelastung für die wenigen Siedler.

Der Gesundheitszustand der Siedler war ausgesprochen schlecht; die Todesrate erschreckend hoch. Nahezu jeder vierte, der nach Port Essington geschickt wurde, starb dort. Die häufigste Todesursache war Malaria. Wie der Arzt sich später erinnerte, wütete die schlimmste Malaria-Epidemie während der Regenzeit 1848–1849.

Anders als in den meisten anderen Siedlungsgebieten waren die Beziehungen zwischen Briten und australischen Ureinwohnern in Port Essington offen und herzlich. Allerdings hatten sich die dortigen Aborigines bereits daran gewöhnt, daß jedes Jahr makassarische Fischer von der Insel Celebes (Sulawesi) an die australische Küste kamen, um dort die von den Chinesen so geschätzten Seegurken (*Trepang*) zu sammeln. Das gute Verhältnis zu den Eingeborenen beruhte sicher auch darauf, daß McArthur, der Nachfolger von Kommandant Bremer, auf Toleranz und Gewaltlosigkeit Wert legte, und man keinen ernsthaften Versuch unternahm, die Aborigines zum christlichen Glauben zu bekehren. Zudem lebten in der Garnison nur wenige Briten und es gab keine freien Siedler, die den Ureinwohnern ihr Land und damit ihre Lebensgrundlage hätten streitig machen können.

Die Aborigines übernahmen europäische Waren, darunter Metall für ihre Jagdspeere, Kleider zum Handeln und Tabak. Auch Glas war sehr beliebt. Ausgrabungen förderten zahlreiche Objekte aus diesem Material zutage. Es ist sogar überliefert, daß die jungen Männer der Aborigines ihre Schneidezähne lieber vom Arzt ziehen ließen, als sie sich, wie dies lokaler Brauch war, bei der Initiationszeremonie mit einem Stein herausschlagen zu lassen. Die Eingeborenen versorgten die Europäer mit Schellfisch, Schildkrötenfleisch, Honig und den Herzen der Kohlpalme – eine willkommene Ergänzung zu dem Wild (Känguruh, Vögel), das die Siedler selbst jagten, und Fischfang. Wegen der isolierten Lage und der zu geringen Unterstützung aus dem fernen Mutterland, war Port Essington letztlich jedoch zu klein, um zu überleben und wurde 1849 aufgegeben. Das Gelände wurde seitdem nicht wieder besiedelt. Die Ruinen zeugen noch heute von den Schwierigkeiten, mit denen die Briten zu kämpfen hatten, als sie versuchten, diesen tropischen Teil Australiens zu kolonisieren. ■

Die Neue Welt

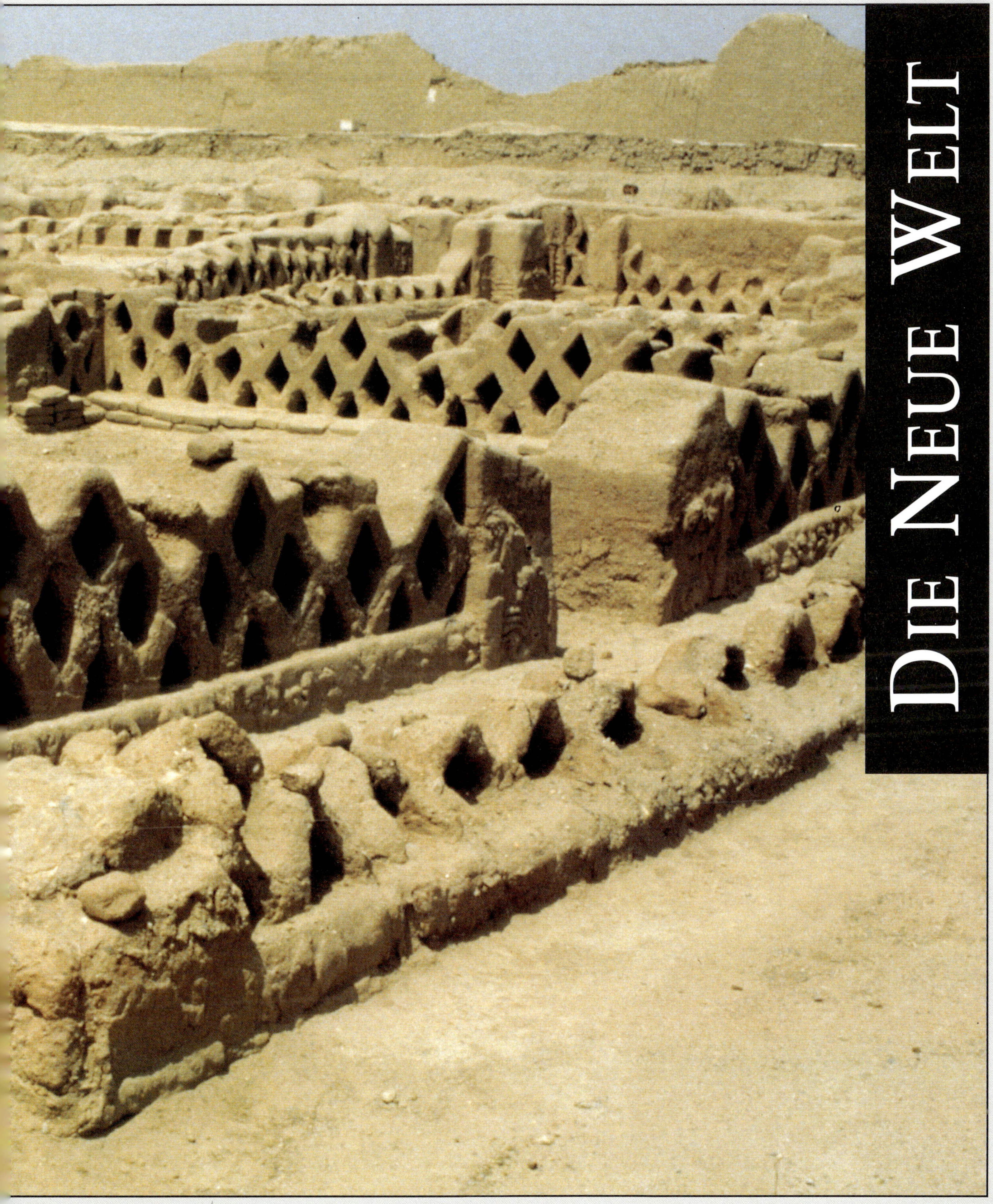

Cahokia – Eine alte Stadt im Herzen Nordamerikas

Wenn von altamerikanischen Städten die Rede ist, so denkt man unwillkürlich an Mexiko. Doch auch im Herzen von Nordamerika entstand vor etwa 1000 Jahren eine faszinierende Kultur. Die Hügelbauerkultur war in ihrer Art ebenso hochentwickelt wie die berühmten Kulturen der Maya und Azteken, doch sie wurde von der Weltöffentlichkeit kaum zur Kenntnis genommen. Nahe der heutigen Stadt St. Louis, jenseits des Mississippi, im Staat Illinois, liegt die archäologische Stätte Cahokia.

Schon Tausende von Jahren bevor Cahokia erbaut wurde, durchstreiften Jäger und Sammler diesen Teil des nordamerikanischen Kontinents. Um 600 v. Chr. gab es dort die ersten Töpferwaren, und während des 1. Jts. n. Chr. begannen die Eingeborenen dauerhafte Siedlungen zu errichten und seßhaft zu werden. Die Dorfbewohner lebten weiterhin von dem, was ihnen die Wildnis bescherte, pflanzten aber zusätzlich Sonnenblumen und Kürbisse an. Wenig später entwickelte sich der Mais zu einer der Hauptnahrungspflanzen der Indianer. Parallel dazu wuchs die Bevölkerungszahl, und es entstand eine zunehmend differenziertere Gesellschaft. Cahokias Aufstieg begann um das Jahr 1000 n. Chr. Über den Ursprung der Stadt sind sich die Archäologen noch nicht einig. Sicher ist nur, daß die dortige Kultur einheimische Wurzeln besaß. Möglich ist aber auch eine Beeinflussung durch zeitgleiche mexikanische Kulturen, zu denen es direkte oder indirekte Kontakte gab. Hierfür sprechen zumindest verschiedene auffällige Parallelen, wie z. B. der von einem großen zentralen Platz dominierte Plan der Stadt.

Das alte Cahokia ist nur eine von einer ganzen Anzahl von künstlichen Hügelanlagen, die einst über die gesamte Region verstreut waren. Aufgrund der Anfang des 19. Jhs. verstärkt einsetzenden Besiedlung durch Europäer und durch die landwirtschaftliche Nutzung des Bodens sind jedoch die meisten anderen Zeugnisse der Hügelbauerkultur längst zerstört. Cahokia liegt dort, wo Mississippi, Missouri und Illinois zusammenfließen, und kontrollierte einst das fruchtbare Schwemmland dieses Gebiets ebenso wie den Zugang zu den großen Flußsystemen.

Die Siedlung bedeckte rund 800 ha, von denen die inneren 80 ha in früheren Zeiten durch eine Palisadenwand geschützt waren. Über das Gelände sind noch etwa 100 Erdhügel unterschiedlicher Formen (konisch, mit Grat oder mit abgeflachter Spitze) verstreut. Einige dieser Hügel dienten als Bestattungsanlagen für bedeutende Persönlichkeiten, andere wiederum trugen inzwischen längst zerfallene Holzbauten, in denen einst Mitglieder der oberen Gesellschaftsschichten lebten. So fanden Archäologen auf der Spitze des größten Hügels neben anderen Relikten auch die Überreste eines 30 x 12 m großen Gebäudes, in dem wahrscheinlich das Stadtoberhaupt von Cahokia wohnte. Der Hügel erhielt den Namen Monk's Mound („Mönchshügel"), da sich Trappistenmönche in Cahokia niedergelassen hatten, als der Altertumsforschers Henry Brackenridge die alte Stadt 1811 zum ersten Mal besuchte. Monk's Mound ist 30 m hoch, besitzt eine Grundfläche von ungefähr 300 x 240 m und wurde – dies ergaben Altersbestimmungen – in verschiedenen

Eine künstlerische Rekonstruktion des Hauptplatzes von Cahokia.

Kleinere Hügel, von denen einige als Gräber, andere als Sockel für Gebäude genutzt wurden, umgeben den „Mönchshügel".

Etappen zwischen 900 und 1150 n. Chr. errichtet. Die für den Bau benötigte Erde holte man aus nahegelegenen Gruben, deren Überreste noch heute deutlich erkennbar sind. Der „Mönchshügel" ist das größte präkolumbische Bauwerk Nordamerikas – er wird nur von der Großen Pyramide in Cholula (Mexiko) und der Sonnenpyramide in Teotihuacán (Mexiko) übertroffen.

Vor dieser künstlichen Erhebung liegt der etwa 300 x 400 m große Hauptplatz, der von 16 kleineren Hügeln umgeben ist, auf denen früher ebenfalls Wohnhäuser aus Holz standen. Jenseits des zentralen, über 80 ha großen, einst umfriedeten Bezirks lagen andere Plätze und Hügel sowie weitere Siedlungen.

Der mit einem Grat versehene Hügel 72 ist ein eindrucksvolles Beispiel für die Bestattungsbräuche in Cahokia. Er hatte seinerzeit eine Höhe von mindestens 3 m, eine Basis von etwa 42 x 20 m und war aus einer Anzahl kleinerer Hügel hervorgegangen, die irgendwann gegen Ende des 10. Jhs. durch weitere Aufschüttungen miteinander verschmolzen. Aus diesem Grabhügel bargen Archäologen mehr als 250 Skelette. Einer der Toten, vermutlich ein hoher Würdenträger, war auf einer Unterlage aus Perlmuttperlen bestattet worden. In seiner unmittelbaren Nähe wurden weitere Skelettreste und Grabbeigaben freigelegt, darunter Objekte aus Kupfer und Glimmer sowie ein Köcher, in dem sich einige hundert wunderbar gearbeitete Pfeilspitzen befanden. Sowohl ihre Form als auch ihr Material lassen auf Handelskontakte zu entfernten Regionen in Oklahoma, Tennessee und Wisconsin schließen.

Cahokia war das Herz eines ausgedehnten Siedlungsgebiets, dessen Einwohnerzahl zwischen 10 000 und 30 000 gelegen haben dürfte. Die Stadt pflegte Kontakte zu weiten Teilen des Mittleren Westens und besaß ohne Zweifel eine hochentwickelte Kultur mit einer hierarchisch gegliederten Gesellschaftsordnung.

Um so erstaunlicher, daß diese archäologische Stätte – ein eindrucksvolles Zeugnis altamerikanischer Kultur – nicht die Anerkennung findet, die sie verdient hätte.

Doch vielleicht ist dies auf die Gesellschaftspolitik des vergangenen Jahrhunderts zurückzuführen. Zu jener Zeit weigerten sich nämlich viele Amerikaner, Cahokia und die zahlreichen anderen spektakulären Hügelanlagen des Kontinents als Hinterlassenschaft altindianischer Kulturen anzusehen. Man scheute nicht einmal davor zurück, diese Spuren der Vergangenheit mit Walisern oder Phöniziern in Verbindung zu bringen! Heutige Forscher sind der Meinung, daß solche abstrusen Ideen eine Folge von Rassismus waren. Denn wie hätte man Indianer, deren Ahnen solche Monumente bauten, noch als Wilde behandeln und ihres Landes berauben können? Dank der modernen Archäologie ist wenigstens heute die Geschichte, die sich hinter den großartigen Hügelanlagen verbirgt, bekannt. ■

Alte Wüstenstädte in Nordamerika

Amerikas Südwesten ist ausgesprochen karg. Seine Wüsten leiden im Sommer unter sengender Hitze und extremer Trockenheit, im Winter aber unter eisiger Kälte, und der seltene Regen fällt sintflutartig. Dennoch hat sich in dieser menschenfeindlichen Umgebung vor rund 1000 Jahren eine bemerkenswerte prähistorische Kultur entwickelt. Die Menschen wußten mit ihrer kargen Umwelt umzugehen und kultivierten, was sie zum Leben brauchten: Mais, Bohnen und Kürbisse. Sie hinterließen der Nachwelt einige der eindrucksvollsten Ruinenstädte des Kontinents.

Das im Südwesten Nordamerikas gelegene Becken des San Juan River wurde während der letzten 2000 Jahre der prähistorischen Periode von Völkern besiedelt, die man früher unter dem Namen „Anasazi" zusammenfaßte. Moderne Archäologen bezeichnen sie jedoch lieber als Ahnen der heutigen Pueblo-Indianer, weil diese noch immer in Pueblos wie Zuni, Taos oder Hopi leben. Die prähistorischen Indianerpopulationen Nordamerikas begannen vor etwa 2500 Jahren mit dem Anbau von Mais, Bohnen und Kürbissen. (In Zentralamerika hatte man damit schon mehrere tausend Jahre zuvor begonnen.) Später zogen sie auch Nutzpflanzen wie Baumwolle und Tabak. Tiere wurden allerdings nicht gehalten, mit Ausnahme von Hunden und Truthähnen. Von den Bauten der alten Indianervölker sind noch zahlreiche Ruinen erhalten geblieben – von kleinen, halb unterirdischen Grubenhäusern bis zu großen Gebäudekomplexen mit vier bis fünf Stockwerken und einer Vielzahl von Räumen. Architektonische Spitzenleistungen dieser prähistorischen Pueblokultur sind nirgends besser zu sehen als in den alten Siedlungen des Chaco Canyon, insbesondere im Pueblo Bonito.

Der vom Navajo-Reservat umgebene Chaco Canyon liegt im Norden von New Mexico. Die meisten archäologischen Fundstätten – dreizehn große sowie viele kleinere Anlagen – liegen innerhalb eines etwa 20 km langen Canyonabschnitts. Obwohl die Pueblo-Indianer diese Gegend bereits ab 300 v. Chr. besiedelten, erlebte ihre Kultur erst zwischen 1000 und 1150 n. Chr. ihren Höhepunkt. Damals soll die Zahl der Einwohner zwischen 2000 und 6000 betragen haben.

Die Umgebung des Chaco Canyon ist karg, das Flußbett trocknet zeitweise sogar aus. Um ein ausreichendes Nahrungsangebot zu sichern, bemühte man sich daher schon früh, das vorhandene Wasser so gut wie möglich zu nutzen. Entlang der Nordseite des Canyons sind noch Überreste eines ausgedehnten Systems von Dämmen, Kanälen und Gräben zu erkennen, mit dem man die sorgfältig angelegten Felder, die an die großen Siedlungen angrenzten, bewässerte. Daß Menschen in einer so lebensfeindlichen Gegend genügend Nahrung produzierten, um zu überleben, und darüber hinaus noch eine großartige Architektur schufen, ist äußerst erstaunlich. Der Chaco Canyon war jedoch nicht isoliert. Er bildete vielmehr das Zentrum eines größeren Siedlungsgebiets, das sich über mehrere hundert Kilometer nach Norden, Süden und Westen ausdehnte und über ein gut ausgebautes Straßennetz sowie, vermutlich, ein gut organisiertes Kommunikationssystem verfügte. Manche Strecken der bis zu 96 km langen und 13 m breiten Verbindungsstraßen sind heute noch an ihren Randsteinen oder als geradlinig verlaufende Bodensenken zu erkennen, andere lassen sich nur noch aus der Luft auffinden.

Die „Wohnblöcke" des Chaco Canyon zeugen von hochentwickelter Gesellschaftsstruktur.

Die Räume wurden zum Wohnen, zum Lagern von Vorräten und für viele andere Zwecke genutzt.

Wenn es um die über das San-Juan-Becken verstreuten und durch Straßen miteinander verbundenen Orte geht, sprechen Archäologen bisweilen vom „Chaco-Phänomen." Dessen Ursachen sind allerdings noch umstritten. Die weiträumige Besiedlung der Region wird zumeist wirtschaftlichen Faktoren zugeschrieben. Der Chaco Canyon war ein regionales Zentrum, in dem unter anderem Türkise verarbeitet wurden. Die benötigten Rohstoffe bezog das zentral gelegene Canyongebiet aus dem Umland und von weiter entfernten „Außenposten." Die Produkte wurden nach Bedarf wieder im Siedlungsgebiet verteilt. Ein Beispiel für diesen Warenaustausch ist Chimney Rock, das 160 km nördlich vom Chaco Canyon in den Wäldern von Colorado liegt und nach Meinung der vor Ort tätigen Wissenschaftler einst Rohstoffe wie Holz, Fleisch und Häute geliefert haben soll. Man nimmt an, daß die Waren zunächst auf dem San Juan und seinen Nebenflüssen, und dann, im Norden von New Mexico, auf den bereits erwähnten Straßen transportiert wurden. Manche Archäologen vertreten allerdings die Meinung, daß es sich bei den weiter vom Chaco Canyon entfernt gelegenen Orten eher um religiöse Kolonien handelte, die durch Straßen untereinander verbunden waren. Jüngst wurde sogar die Vermutung geäußert, daß die Verkehrswege Heerstraßen waren, die es Soldaten erlaubten, sich rasch zwischen den verschiedenen Außenposten hin- und herzubewegen. Das Straßennetz sei somit die Grundlage eines Feudalsystems gewesen, mit dessen Hilfe die Oberschicht von Chaco die Umgebung kontrollierte und ausbeutete. Wahrscheinlich steckt in jeder dieser drei Hypothesen ein Körnchen Wahrheit.

Früher glaubte man übrigens, daß auch Handelsbeziehungen zu Mexiko den Ausschlag für Chacos Aufstieg gegeben haben könnten. Die in den Siedlungen des Chaco Canyon gefundenen Kupferglocken und Papageienskelette galten als Hinweise auf direkte Kontakte zu Mexiko. Heute ist man in der Bewertung dieser Funde wesentlich vorsichtiger und nimmt an, daß der Warenaustausch zwischen beiden Regionen eher bescheiden war – also nicht von aztekischen Händlern professionell organisiert wurde.

Von den 13 Pueblos, die im Chaco Canyon liegen, ist der Pueblo Bonito der größte und weitaus bekannteste, was jedoch nicht

Der große Kiva in Pueblo Bonito – ein Kult- und Gemeindezentrum der frühen Pueblo-Indianer.

bedeutet, daß er wesentlich wichtiger war als alle anderen. Allerdings steht der Pueblo Bonito bereits seit Mitte des 19. Jhs., als er von Europäern entdeckt wurde, im Mittelpunkt des wissenschaftlichen Interesses. So konzentrierte sich auch eine 1921 im Auftrag der National Geographic Society durchgeführte Studie von Neil Judd ganz auf diese Ruinenstätte.

Die D-förmig angelegte Stadt besteht aus übereinander gelagerten, stufenförmig ansteigenden Bauten, die um einen großen Platz herum ein nach Süden offenes Halbrund bilden. Eine in Nord-Süd-Richtung verlaufende Mauer teilt den zentralen Platz in zwei nahezu gleiche Hälften. Durch die ansteigende, zur Sonne ausgerichtete Architektur konnten die Häuser die Sonnenwärme optimal aufnehmen und speichern.

Früher verfügte die Puebloanlage über vier oder fünf Stockwerke und eine Vielzahl aneinandergebauter Räume – allein zu ebener Erde wurden mehr als 300 Einzelräume gezählt; insgesamt waren es wahrscheinlich weit über 600. Sie dienten sowohl zum Wohnen als auch zum Lagern von Vorräten und zu anderen speziellen Zwecken. Manche Räume wurden sogar später versiegelt und als Grabkammern genutzt. Zusätzlich zu den üblichen Räumen gab es noch mindestens 32 kleinere und zwei große *Kivas* – halb in den Boden eingelassene, oft runde Räume, die als Kultstätten und Gemeindezentren dienten. Derartige *Kivas* werden von den heutigen Pueblo-Indianern noch in gleicher Weise genutzt.

Die Bauten von Pueblo Bonito bestehen aus sorgfältig behauenen Steinen, die durch Lehm (Adobe) zusammengehalten werden. Für eine Wand errichtete man in der Regel zwei zueinander parallele Mauern und füllte den Zwischenraum mit Lehm und Bruchsteinen aus. Die Innenwände wurden mit Gips verputzt, weiß gestrichen und oft zusätzlich mit Ornamenten dekoriert. Auch Außenwände erhielten häufig eine Putzschicht. Wohnräume waren unter anderem mit Wandnischen, hölzernen Podien, Fenstern und Feuerstellen ausgestattet. Die Archäologen stießen auch auf wunderschöne Keramiken sowie Grabstätten, deren kostbarer Inhalt – Pfeile, Vogelplastiken und Türkisanhänger – auf einen hohen gesellschaftlichen Status der Toten schließen lassen.

Um das Alter des Pueblo Bonito zu bestimmen, wurden die Jahresringe von Deckenbalken ausgewertet. Die gewonnenen Daten lassen darauf schließen, daß man mit dem Bau der Anlage Anfang des 10. Jhs. begann und im frühen 12. Jh. aufhörte. Während des 11. Jhs. wurden bereits bestehende Gebäude erweitert und sogar neue Gebäudeflügel angebaut. Was die Anlage den Bewohnern bedeutet haben muß, ist daran zu erkennen, daß sie den „Threatening Rock“ im 11. Jh. mit Stützen sicherten. Es handelte sich um eine gewaltige Felsplatte, die auf die Häuser herabzustürzen drohte. Als sie das 1941 wirklich tat, zertrümmerte sie 65 Räume sowie einen Abschnitt der Nordmauer des Pueblo Bonito. ■

Die großartige Klippensiedlung von Mesa Verde, im Süden von Colorado, beeindruckt ihre Besucher noch immer.

TEOTIHUACÁN

Die im zentralen Hochland von Mexiko gelegene Ruinenstadt Teotihuacán war während der klassischen Periode (250–900 n. Chr.) eine der bedeutendsten Metropolen Zentralamerikas. Ihr weitreichender wirtschaftlicher und kultureller Einfluß prägte die Kunst und Architektur der gesamten Region von der Golfküste im Osten bis zu dem von Oaxaca aus regierten Reich der Zapoteken im Südwesten. Auch die im Südosten lebenden Maya ahmten die Tempelarchitektur und die Keramik von Teotihuacán nach. Dennoch weiß man heute relativ wenig über das politische System der Stadt und über die Menschen, die die gewaltigen Pyramiden schufen.

Ausgrabungen, die in den 1960er Jahren durchgeführt wurden, ergaben, daß Teotihuacáns Geschichte bis ins 1. Jh. n. Chr. zurückreicht und daß die Metropole ihre Blütezeit im 6. und 7. Jh. erlebte. Die Stadt war schachbrettartig angelegt mit einem 13 x 14,5 km² großen Zentrum. In weitläufigen, einstöckigen Wohnkomplexen, die über das Stadtgebiet verstreut lagen, lebten Großfamilien mit 60 bis 100 Mitgliedern. Die ersten große Bauprojekte wurden zwischen 100 und 200 n. Chr. begonnen. Während dieser Zeit legten die Teotihuacáner die 40 m breite und 5 km lange Nord-Süd-Achse an, die die Azteken später Miccaotli, die „Straße der Toten", nannten, weil sie glaubten, daß entlang dieser Prachtstraße alte Götter begraben lägen. Kurze Zeit später wurde an der Ostseite der Straße die riesige Sonnenpyramide mit ihren fünf unterschiedlich hohen Stufen erbaut, die nur über eine einzige, an der Basis geteilte Treppe zu besteigen ist. Das gewaltige Monument ist rund 65 m hoch, an der Basis über 220 m breit und besitzt ein Volumen von rund 1 Mio. m³. Sein aus Lehmziegeln und Bruchsteinen bestehender Kern ist umhüllt von einem Mantel aus Stein. Sowohl die Lage als auch das Erscheinungsbild der Sonnenpyramide lassen an eine ganze Reihe möglicher Funktionen denken. Sie bildete mit allergrößter Wahrscheinlichkeit den Hintergrund für Zeremonien und öffentliche Ereignisse. Ihre astronomische Ausrichtung mit

Gegenüber: Die Sonnenpyramide war eines der meistgeschätzten Bauwerke von Teotihuacán. Auf ihrer Spitze könnte ein Tempel oder Heiligtum gestanden haben.

Links: Auf einem Wandgemälde des Tepantitia-Wohnkomplexes sind kleine Menschen dargestellt, die umgaukelt von Schmetterlingen im Paradies (Tlalocan) tanzen.

Unten: Eine rituelle Maske oder womöglich ein Teil eines Räuchergefäßes.

Hinblick auf die Sommersonnenwende (wenn die Sonne genau über der Pyramide steht und weder auf ihre Nord- noch auf ihre Südseite ein Schatten fällt) muß ein Anlaß für Festlichkeiten gewesen sein. Andererseits markiert ein Schrein an der Basis der Pyramide die Stelle, an der sich eine langgezogene, unterirdische Höhle befindet. Sie endet fast genau unter der Pyramidenplattform in einer Kammer in Form eines vierblättrigen Kleeblatts. Alte Opfergaben, wie Vasen und Figurinen, sowie mehrere Mauern, die den Tunnel früher verschlossen, lassen auf eine periodisch wiederkehrende Zeremonie schließen. Obwohl der Tunnel im 5. Jh. durch die Teotihuacáner endgültig versiegelt wurde, deuten spätere Opfergaben darauf hin, daß die Azteken Jahrhunderte später in das Innere der Pyramide vordrangen.

Zur Bedeutung der Höhle sind unterschiedliche Hypothesen geäußert worden. Einige Wissenschaftler nehmen an, daß sie schon Jahrhunderte vor dem Bau der Sonnenpyramide als Wallfahrtsstätte diente. Andere meinen, daß die Pyramide über der Höhle errichtet wurde, um so den teotihuacánischen „Nabel der Welt" zu markieren. Die Höhle könnte auch als Ursprungsort von Teotihuacán gegolten haben. Man weiß, daß spätere Völker, wie etwa die Azteken, glaubten, daß Höhlen Orte von Schöpfung und Geburt seien. Vielleicht dienten sie auch dazu, mit den Ahnen in Kontakt zu treten.

Kurz nach der Sonnenpyramide entstand am Nordende der „Straße der Toten" die Mondpyramide. Sie wurde umrahmt von einem Hügel namens Cerro Gordo, und ihre Erbauer betonten noch die sichtbaren Parallelen zwischen Architektur und Landschaft. Mit einer Höhe von 45 m und einer Basisbreite von 145 m ist die Mondpyramide etwas kleiner als die Sonnenpyramide. Beide sollen übrigens in einem Zug errichtet worden sein. Es wurde die Vermutung geäußert, daß die Mondpyramide und ihr Hügel der Großen Göttin von Teotihuacán geweiht waren. Diese Schöpfergott-

LINKS: Die Mondpyramide, die vielleicht einer Gottheit der Fruchtbarkeit und des Ackerbaus („Große Göttin") geweiht war. UNTEN: Wohnhäuser und rituelle Plattformen säumen eine von Teotihuacáns Straßen. GEGENÜBER: Der Deckel eines Räuchergefäßes, auf dem ein Gesicht hinter einem reichverzierten Kopfschmuck hervorspäht.

heit erscheint auf vielen Wandbildern der Stadt als personifizierter Berg und wird mit Höhlen, dem Wasser, der Pflanzenwelt und Fruchtbarkeit in Verbindung gebracht.

Kurz nach 200 n. Chr. unterteilten die Teotihuacaner ihre Stadt nochmals, indem sie zwei neue Straßen in Ostwestrichtung anlegten. Im Südosten der Nord-Süd-Achse wurde die sogenannte Zitadelle (*Ciudadela*) gebaut. Die Mauern der enormen, quadratischen Anlage sind jeweils 400 m lang und schließen einen großen, offenen Platz ein. Auf diesem Platz sind noch heute die Überreste der berühmten kleinen Pyramide des Quetzalcoatl zu sehen. In zwei anschließenden Gebäudekomplexen war, so glaubt man, das Verwaltungszentrum der Stadt untergebracht. Die Quetzalcoatl-Pyramide wurde nach den gefiederten Schlangen benannt, die ihre Treppe flankieren und die Balustraden schmücken. Die Schlangenkörper scheinen über einen blauen, mit Meeresmuscheln geschmückten Hintergrund zu gleiten, der ihre Beziehung zum Wasser unterstreicht. Furchteinflößende Masken, die im Wechsel mit Schlangenköpfen die Relieffriese schmücken, wurden als Embleme eines militaristischen Ordens identifiziert.

Das Erstarken des Militarismus in Teotihuacán läßt sich auch anhand von jüngeren Ausgrabungen belegen. Am Tempel des Quetzalcoatl haben die Archäologen bis heute 113 vollständige Skelette gefesselter Menschen in Kriegsausrüstung freigelegt. Einige Forscher glauben, daß die Kämpfer einem Despoten zum Opfer fielen, der kurz nach 150 n. Chr. an die Macht kam und an den Anhängern des früheren Regimes blutige Rache nahm.

Bis zum 6. Jh. war Teotihuacáns Einwohnerzahl auf vielleicht 200 000 angewachsen. Die Bürger der Stadt bauten neue und aufwendigere Gebäude, um die wachsende Stadtbevölkerung und die Kriegerorden unterzubringen. Der reichverzierte Quetzalpapalotl-Palast beherbergte vermutlich einen solchen Orden. In seinem Innern tragen mit Reliefdarstellungen verzierte Pfeiler ein Gebälk mit stufenförmigen Elementen und einem Symbol, das man als „mexikanisches Jahreszeichen" kennt. Diese ineinandergreifenden Trapezoide wurden von den Azteken mit dem Kalender, von den Maya mit ritualisiertem Kampf in Verbindung gebracht.

Im 8. Jh. beeinflußt der Militarismus zunehmend die bildende Kunst, während sich gleichzeitig der Niedergang von Teotihuacán abzeichnet. Um 750 n. Chr. wurden insbesondere die an der „Straße der Toten" liegenden Kultbauten und andere öffentliche Gebäude systematisch niedergebrannt und verwüstet. Vieles deutet auf einen Volksaufstand hin. Es waren aber nicht allein innere, sondern auch äußere Faktoren, die Teotihuacáns Macht untergruben. Indem andere altamerikanische Staaten ihre politische und wirtschaftliche Macht ausbauten, scheinen sie Teotihuacán die Kontrolle über das Fernhandelsnetz und somit die Grundlage seines Reichtums genommen zu haben. Schließlich, 800 n. Chr., wurde die Stadt aufgegeben. ■

TIKAL

Über 600 Jahre lang (250–900 n. Chr.) prägte die Kultur der Maya ein Gebiet, das sich über das heutige Guatemala, Belize, den Norden El Salvadors, Honduras und Mexikos südöstliche Provinzen Tabasco, Yucatan und Quintana Roo erstreckte. Die ersten Stadtstaaten der Region entstanden entlang der Flußufer oder in ihrer Nähe. Als die Bevölkerung wuchs, festigten die größeren Staaten ihre Herrschaft über die kleineren Städte durch militärische und wirtschaftliche Maßnahmen.

Das im heutigen Petén im Norden Guatemalas gelegene Tikal war eine der größten und einflußreichsten Mayastädte des „alten Reichs". Es wurde um 600 v. Chr., also noch vor der klassischen Periode (250–900 n. Chr.) gegründet. Tikals Lage zwischen zwei Flüssen, erlaubte es den jeweiligen Herrschern, die Handelsrouten zu Land und zu Wasser zu kontrollieren. Auch als die Einwohnerzahl der Stadt auf über 50 000 anschwoll, vermochten die Maya die wachsende Bevölkerung dank einer effizienteren Nutzung ihres Ackerlands zu ernähren. Über die Region verstreute, künstlich erhöhte Felder und Bergterrassen erinnern noch immer an die intensive Landwirtschaft früherer Zeiten. Wahrscheinlich wurde diese von der herrschenden Oberschicht kontrolliert, denn wie die meisten Mayastädte besaß auch Tikal ein Klassensystem, in dem die mächtigsten Familien um die politische Vorherrschaft rangen. An der Spitze des herrschenden Geschlechts stand ein Priesterkönig, dessen Macht nicht allein auf militärischer Stärke, sondern auch auf dem Prinzip göttlichen Rechts beruhte.

Die moderne Erforschung von Tikal begann vor rund 30 Jahren, als der amerikanische Archäologe William Coe das Tikal-Projekt der University of Pennsylvania leitete (1956–1969). Während die Fundstätte kartiert und die Monumente wissenschaftlich erfaßt wurden, entdeckte Coe, daß die weitläufige Stadt aus einzelnen Gebäudekomplexen bestand, die untereinander durch erhöhte, ge-

LINKS: Tempel II diente wie andere Bauwerke der Akropolis von Tikal sowohl als Grabmal, als auch zur Verherrlichung der herrschenden Oberschicht.

OBEN: Die Kraggewölbe im Inneren dieser Bauten der zentralen Akropolis sind charakteristisch für die Architektur der Maya.

RECHTS: Der „Stelen- und Altarkomplex“ ist ein typisches Kennzeichen der Mayakultur.

Oben: Ein mit einem Relief versehener Maya-Altar. Die aus einer Muschel auftauchende Gottheit gehört der feuchten Unterwelt Xibalba an.
Links: Dank der Entschlüsselung der Hieroglyphen konnten die Texte der Stelen von Tikal entziffert und die Stadtgeschichte rekonstruiert werden.
Rechts: Auf Tikals Akropolis sind die Pyramiden und Paläste um Plätze herum angeordnet.

pflasterte Fußwege verbunden waren. Die um Plätze herum angeordneten Kult- und Wohnbauten lagen meist auf natürlichen oder künstlichen Anhöhen. Als Tikal den Zenit seiner politischen Macht erreicht hatte, gab es dort rund 3000 Bauwerke.

Auf einem der größten Hügel der Stadt liegt die zentrale Akropolis mit ihren Pyramiden und Sakralbauten. Hier wurden auch zahlreiche Könige beigesetzt. Zu deren Grabmonumenten gehört unter anderem der kleine, mit einem Kraggewölbe ausgestattete Tempel I, der 45 m über dem Hauptplatz, auf der Spitze einer neunstufigen Pyramide thront. Er ist nur über eine schmale, steile Treppe an der Vorderseite der Pyramide zu erreichen und besitzt drei innere, durch Türen voneinander getrennte Kammern. Die hölzernen Türbalken sind mit Schnitzereien verziert. Ein Text von Türsturz 3 weist den abgebildeten Herrscher als Ah Cacaw („Herrscher Kakaobohne“) aus, der

Tikal im 7. und 8. Jh. regierte und den Bau des Monuments in Auftrag gab.

Das Bauwerk wurde allerdings erst unter seinem Sohn und Nachfolger, Herrscher B, der 734 n. Chr. die Macht übernahm, fertiggestellt. Es barg unter der Pyramide die sterblichen Überreste von Ah Cacaw und hatte wohl auch eine symbolische Bedeutung als von Menschenhand geschaffener „Weltberg". Die Tempelräume derartiger Bauten wurden für Opferrituale genutzt.

Vor jeder Pyramide der zentralen Akropolis sind zahlreiche hohe Stelen (freistehende Monolithe) zu finden, vor denen jeweils ein flacher, runder Steinaltar liegt. Solche Anlagen („Stelen und Altar-Komplexe") sind für viele Mayastädte charakteristisch und gelten daher als ein Kennzeichen der Mayakultur.

Die Stelen sind meistens mit den Bildnissen berühmter, prächtig gekleideter Mayaherrscher verziert. Stele 16 zeigt z.B. Ah Cacaw von vorn, mit zur Seite gewandtem Gesicht. Seine Kleidung wird ergänzt durch Jadeschmuck und eine aufwendige Kopfbedeckung, die mit den langen Federn des Quetzalvogels geschmückt ist. Das Flachrelief wurde von einem Mayakünstler während der Herrschaft des Königs, im 8. Jh., in den Stein gemeißelt. ■

COPÁN

Das am Südrand von Zentralamerika gelegene Copán war eine der größten Mayastädte. Es wurde im ersten vorchristlichen Jahrtausend gegründet und vergrößerte sich kontinuierlich. Unter der Führung machtvoller Dynastien dehnte Copán seinen politischen Einfluß auch auf angrenzende Gebiete aus und schloß Bündnisse mit größeren, weit entfernten Mayastaaten. Zumindest in einem Fall scheinen wirtschaftliche Beziehungen durch eine königliche Heirat – der König ehelichte eine Frau aus Palenque – gefestigt worden zu sein.

Das Gebiet von Copán wurde wie das von Tikal (S. 172) bereits vor der klassischen Periode besiedelt und lag ebenfalls in nächster Nähe zu einem Fluß. Um 200 n. Chr. begannen die Maya hier die ersten Bauwerke zu errichten: den großen Platz, den Ballspielplatz und die Akropolis. Im Jahr 426 n. Chr. gründete ein König namens Yax Kuk Mo (Blauer-Quetzal-Papagei) das Herrschergeschlecht, das die Stadt während der folgenden 400 Jahre regieren sollte.

Die meisten großen Pyramiden, Stelen und Altäre künden von den siegreichen Kriegszügen und Lebensgeschichten der Herrscher. Die einzelnen Könige ließen sich gern im Kreise früherer Monarchen darstellen. So sind an den Seiten von Altar Q, der im Auftrag von Copáns letztem König, Yax Pac, angefertigt wurde, alle 16 Herrscher der Stadt abgebildet. Auf der Vorderseite des Altars ist Yax Pac zu sehen, der das königliche Zepter von seinem Ahnen Yax Kuk Mo empfängt. Ein Text auf der Oberseite des Monuments unterstreicht Yax Pacs Machtanspruch, indem er auf dessen direkte Abstammung vom Gründer der Dynastie hinweist.

Yax Kuk Mo ließ den großen Ballspielplatz anlegen, der im 8. Jh. von einem seiner Nachfahren umgestaltet wurde. Mit einer Fläche von 25 x 7 m ist dieses I-förmige Spielfeld eines der größten, das je von den Maya geschaffen wurde. Sechs steinerne Papageienköpfe, die als Markierungen in die Seitenwände des Platzes eingelassen sind, verweisen auf den rituellen Charakter des Ballspiels.

LINKS: Ein Bildnis von Gott III vom Treppenaufgang des östlichen Platzes. Die Jaguarohren deuten auf Verbindungen zur Unterwelt hin.
OBEN: „Alter Mann von Copán", einst Teil einer riesigen Statue.

GANZ OBEN: Auf Altar Q sind 16 Herrscher von Copán abgebildet. Man erkennt Yax Kuk Mo, der seinem Nachfahren Yax Pac ein königliches Zepter überreicht.
OBEN: Herrscherantlitz auf der Vorderseite von Stele H in Copán.
LINKS: Oberster Vogelgott und Totenkopf auf der Rückseite von Stele H.

Sowohl diese Markierungen als auch der Spielplatz selbst nehmen Bezug auf eine alte Erzählung, die in einem Werk des 17. Jhs. (*Popol Vuh*) aufgezeichnet ist und über die Heldenzwillinge Hunahpuh und Xbalanque berichtet, auf die das Ballspiel zurückgehen soll. In einer Episode dieser Erzählung störte das rauhe Spiel der Zwillinge die Herren der Unterwelt derart, daß diese die Spieler zu sich hinunter zitierten, um sie für ihre Respektlosigkeit büßen zu lassen. Nachdem die Zwillinge für die Unterweltgottheiten gespielt und eine Reihe von Prüfungen bestanden hatten, besiegten sie schließlich die bösen Götter. In einer anderen Episode hatte sich der Vogel Vucub Caquix „Neun Papagei" zu Unrecht die Herrschaft über Sonne und Mond angeeignet und versetzte damit

UNTEN: Jadeanhänger mit den Bildnissen sitzender Herrscher dienten in Copán als Grabbeigaben.
RECHTS: Tempel 18 war eines der letzten Bauwerke, das in Copán errichtet wurde. Seine vier Säulen zeigen Yax Pac, der früher einmal in der kleinen Krypta unter der Plattform geruht haben könnte.

alle Lebewesen in Angst und Schrecken, bis es den Zwillingen gelang, die rechte Ordnung der Welt wiederherzustellen, indem sie den unverschämten, übernatürlichen Vogel abschossen. Der Ballspielplatz von Copán ist somit ein Symbol für die weltlichen Verpflichtungen der Könige gegenüber ihrer Stadt. Archäologischen Erkenntnissen zufolge wurden die großen Mayastädte im 9. Jh.

verlassen. Weshalb dies geschah, ist unbekannt. Als mögliche Ursachen für den Untergang der Mayakultur wurden auch eine ökologische Katastrophe, Kriege und Hungersnöte genannt. Manche Forscher meinen, daß die letzten Bauten von Copán Hinweise auf das drohende Unheil geben. Gebäude wie der Tempel 18, auf dessen Pfeilern Yax Pac mit Speer, Schild und einem Baumwollpanzer als Kriegsherr dargestellt ist, wirken nämlich recht bescheiden im Vergleich zu früheren Monumentalbauten. Angesichts der inneren und äußeren Schwierigkeiten, mit denen die Stadt damals zu kämpfen hatte, wird dieses Gebäude daher als sichtbarer Beleg für die schwindende Macht des Herrschers und den Niedergang der Stadt und ihrer Kultur gewertet. ■

TIAHUANACO

Im Jahr 1549 besuchte der spanische Chronist Cieza de León die heute in Bolivien liegende Ruinenstätte Tiahuanaco und lieferte die erste Beschreibung ihrer historischen Bauwerke. Cieza war tief beeindruckt von der Architektur der Stadt und mutmaßte – vermutlich beeinflußt durch die Geschichten der Einheimischen – daß diese Ruinen die ältesten der Anden seien. Inzwischen weiß man, daß Tiahuanaco das Ergebnis einer langen kulturellen Entwicklung war, und man besitzt genauere Kenntnisse über das einstmals bedeutende Hochlandzentrum, das zwischen 500–1000 n. Chr. weite Gebiete im Süden der Zentralanden kolonisierte und mit ihnen Handel trieb.

Tiahuanaco war die Hauptstadt eines der ersten expansiven Andenreiche. Sein Einfluß auf andere, auch spätere Kulturen der Region läßt sich kaum überschätzen. Die Stadt ging hervor aus älteren, am Ufer des Titicacasees gelegenen Siedlungen, deren Bewohner von Ackerbau, Viehzucht und Fischfang lebten, und entwickelte sich um 400 n. Chr. zur beherrschenden Metropole des Titicacabeckens. Sie gründete Kolonien in tiefergelegenen Regionen, die für die Landwirtschaft und den Handel von Bedeutung waren, und betätigte sich auch im Fernhandel, um an Waren zu gelangen, die es im Hochland nicht gab. Auf diese Weise breitete sich die für Tiahuanaco charakteristische Architektur und Ikonographie über den Süden des heutigen Peru, Nordchile und einen großen Teil des bolivianischen Hochlands aus.

Die Ruinenstätte der einst wohl höchstgelegenen Hauptstadt der Welt liegt 3850 m über dem Meeresspiegel, am Südende des Titicacabeckens, 15 km vom heutigen Ufer des alles beherrschenden Titicacasees entfernt. Der Titicacasee wird gespeist durch Flüsse aus den westlichen und östlichen Gebirgsketten der Anden und gilt als höchster schiffbarer See der Erde.

An seinen Ufern ist das Klima milder als in der angrenzenden Hochebene (*Altiplano*), und die Böden zeichnen sich durch besondere Fruchtbarkeit aus. Die einzigartige, sorgfältig geplante Metropole Tiahuanaco bedeckte eine Fläche von 16 ha, war gitterförmig angelegt und besaß ein Zentrum, das von monumentalen Bauten aus kunstvoll behauenem Stein beherrscht wurde. Über die Bezirke, die das Zentrum umgaben, ist noch wenig bekannt. Vermutlich dienten sie als Wohnviertel. Die Hauptstadt Tiahuanaco bildete den Mittelpunkt eines ausgedehnten Reichs und war umgeben von kleineren, über die Hochebene verstreuten Städten, die ihr im Aussehen glichen.

An Tiahuanaco beeindruckt insbesondere die hohe handwerkliche Qualität der Steinmetzarbeiten. Die Mauern der Monumentalbauten bestehen aus großen, sauber behauenen Steinblöcken, die nicht nur sorgfältig aufeinandergesetzt, sondern auch durch Kupferklammern verbunden wurden, die man in dafür vorgesehene Kerben einfügte. Größere Blöcke sind auf ihrer Vorderseite bisweilen mit Flachreliefs verziert. Die wuchtigen Steintore und Monolithen des Stadtzentrums zeigen Gestalten mit *Kerus* (Bechern, die bei Trinkzeremonien Verwendung fanden), zepterartigen Stäben und sogar Trophäenköpfen.

Unter den Bauwerken, die den Stadtkern von Tiahuanaco bilden, ist die Akapanapyramide das größte. Lange Zeit hatte man geglaubt, sie sei eine natürliche, von Menschenhand terrassierte Anhöhe. Neuesten Untersuchungen zufolge handelt es sich bei der Akapana jedoch um einen weitgehend künstlichen Hügel, dessen

OBEN: Das Sonnentor auf einer Illustration von E. G. Squier. RECHTS: Der Tempel von Tiahuanaco mit seinen Stelen. GEGENÜBER: Ein Detail des aus einem riesigen Steinblock gearbeiteten Sonnentors.

fünf Stufen aus Steinmauern und aufgefüllter Erde bestehen. Auf der Spitze der rund 200 m langen und 17 m hohen Pyramide befindet sich ein 50 m langer Hof. Er liegt zwischen zwei Treppen, die den Ost- und Westzugang der Akapana bilden. Die Überreste rechteckiger Räume könnten darauf hindeuten, daß früher einige Mitglieder der Oberschicht auf der Akapana gewohnt haben. Bei den Gebäuden wurden auch Gräber sowie Opfergaben (Überreste von Tieren, Metall, geschnitzte und polierte Steine sowie Keramiken) gefunden.

Nördlich der Akapana liegt die riesige Kalasasaya, eine 130 m lange, rechteckige Plattform, die durch die Regelmäßigkeit ihrer Form besticht. Ihre Mauer besteht aus großen, aufrecht stehenden Sandsteinblöcken, zwischen denen kleinere Mauersteine sorgfältig eingefügt wurden. Auf der Ostseite der entlang einer Ost-West-Achse erbauten Kalasasaya befindet sich ein rechteckiger, eingesenkter Hof in dessen Mitte eine hohe Steinfigur (Ponce Monolith) steht. Eine in die Ostwand der Kalasasaya eingelassene Treppe führt hinab zu einem eingesenkten Tempel, dessen Mauern wie die der Kalasasaya aus großen, aufrecht stehenden Sandsteinblöcken und kleineren, horizontal verlegten Steinquadern bestehen. Auf der Südseite des Tempels lag der Eingang, zu dem eine Treppe hinabführte. In seinem Zentrum steht eine große Stele (Bennet Monolith), die von kleineren, mit Reliefs verzierten Stelen umgeben ist.

Im Stadtkern, südöstlich der Akapana und etwas abseits der anderen Bauwerke, liegt ein zweiter großer Hügel. Der Pumapunku besteht wie die Akapana aus Stufen, die von massiven Steinmauern eingefaßt sind und verfügt über einen zentralen Innenhof. Im gleichen Gebiet sind noch weitere große Bauten und mit Reliefs versehene Monolithe zu finden. Das weitaus berühmteste Beispiel hierfür ist das Sonnentor. Während der jahrelangen Ausgrabungs- und Rekonstruktionsarbeiten wurden einige der Monolithe innerhalb des Zentrums versetzt. Der Grundriß der Stadt hat sich dabei jedoch nicht verändert.

In den Außenbezirken von Tiahuanaco lagen vermutlich Wohnviertel, in denen Bauern, Handwerker und Hirten lebten. Vor Ort wurden hierfür allerdings noch kaum Hinweise gefunden. In anderen, in der näheren Umgebung angesiedelten Städten des Tiahuanacoreichs stieß man jedoch auf Bezirke, in denen einst Menschen verschiedenen beruflichen Tätigkeiten nachgingen.

Die Stelen, die im Zentrum des eingesenkten Tempelhofs stehen.

Eine gehämmerte Metallmaske. Das polierte Gesicht ist von symbolischen Zeichen eingerahmt.

Tiahuanaco war die Hauptstadt eines großen Reichs, dessen Herz das Titicacabecken bildete. Die Wirtschaft von Stadt und Staat basierte auf Ackerbau, Viehzucht und etwas Fischfang. Unter den klimatischen Bedingungen des Hochlands ließen sich jedoch nur bestimmte Nutzpflanzen ziehen. Mit dem Ziel, die landwirtschaftliche Produktivität zu steigern, machte man daher das fruchtbare Land am Ufer des Titicacasees auf sehr geschickte Art und Weise urbar. Die erhöhten Felder der periodisch überschwemmten Anbauflächen eigneten sich ausgezeichnet für intensive Anbaumethoden, mit deren Hilfe es gelang, den landwirtschaftlichen Ertrag mehr als zu verdoppeln. Der fruchtbare Boden und die relativ gleichmäßige Temperatur auf den erhöhten Felder erlaubten es sogar, rund um den See Nutzpflanzen zu ziehen, die sonst im Hochland nicht gediehen.

Lamas und Alpakas, die Haustierarten von in Südamerika heimischen Kleinkamelen, waren für die Wirtschaft ebenfalls von großer Bedeutung. Sie lieferten Fleisch und Wolle und ließen sich als Transportmittel einsetzen. Aus der feinen Wolle der Alpakas wurden Kleider und andere Textilien hergestellt, Lamas dienten vorzugsweise als Tragtiere. Große Lamakarawanen brachten Waren aus Tiahuanacos Kolonien und den Handelszentren des Flachlands in die hochgelegene Hauptstadt.

Tiahuanaco war unter den präkolumbischen Reichen Südamerikas eines der langlebigsten. Seine Hauptstadt prägte die Kultur der Anden. Während ihrer Blütezeit breitete sich der für sie typische Kunststil, den man von Keramiken und Steinreliefs kennt, über den gesamten Süden der Zentralanden aus. Auch lange nachdem das Reich selbst untergegangen war, beeinflußten seine Hochlandwirtschaft, Ikonographie und Ideologie noch die Entwicklung zahlreicher Küsten- und Hochlandkulturen. Die Erforschung der alten Stadt Tiahuanaco bringt noch 1000 Jahre nach ihrem Niedergang bislang verborgene Geheimnisse ans Licht. ■

Der Fraile-Monolith. Gestalt, die einen Trinkbecher (*Keru*) hält.

El Tajín

Die an der mexikanischen Golfküste gelegene Ruinenstadt El Tajín läßt sich bis in die klassische Epoche (250–900 n. Chr.) zurückverfolgen, erlebte ihre Blütezeit jedoch erst danach (900–1100 n. Chr.). Ihr Wohlstand basierte auf der Landwirtschaft, denn El Tajín entwickelte sich zum wichtigsten Anbieter von Mais, Baumwolle, Kakao und Kautschuk in der Region. Die wirtschaftliche Macht der Stadt bewirkte unter anderem, daß ihr typischer Kunststil Verbreitung fand. Mit Hilfe von archäologischen Funden läßt er sich im Herzen des Staates Veracruz, entlang der Golfküste und im östlichen Teil des zentralen Hochlands nachweisen.

Europäer und Amerikaner europäischer Abstammung nahmen von El Tajín erstmals im späten 18. Jh. Notiz. Der Kolonialbeamte Diego Ruiz war auf einer seiner Reisen zufällig auf eines der größten Bauwerke der alten Stadt, die Nischenpyramide, gestoßen. Auf seine Fragen hatte man ihm geantwortet, daß der Bau den totonakischen Namen „El Tajín“ trägt, was soviel bedeutet wie „der Blitz“ und zugleich auch der Name des totonakischen Regengottes ist. Ruiz Zeichnungen von der Fundstätte und der sie begleitende Bericht, die in einer mexikanischen Zeitung veröffentlicht wurden, weckten weiteres Interesse. In den folgenden 100 Jahren äußerten etliche Gelehrte, darunter auch der berühmte Entdecker Alexander von Humboldt, ihre Meinung zu dem einzigartigen Fund. Wissenschaftliche Untersuchungen vor Ort wurden jedoch nicht vor Beginn des 20. Jhs. durchgeführt. Erst 1935 erkannte man, wie groß El Tajín tatsächlich ist. Der mexikanische Archäologe Augustín García Vega stellte fest, daß die Nischenpyramide keineswegs isoliert steht, sondern von den Resten einer ausgedehnten Stadt umgeben ist, die einst wohl Hunderte von Hektar bedeckte und aus Dutzenden von Gebäuden bestand. Die Ruinenstätte ist so weitläufig, daß der Archäologe José García Payón fast 40 Jahre seines Lebens (von 1938 bis zu seinem Tod im Jahr 1977) der Aufgabe widmete, ihre Überreste freizulegen.

Die sechsstufige Nischenpyramide war eines der ersten Gebäude, das ausgegraben wurde. Einst soll das rund 20 m hohe, außen aus Steinplatten und im Innern aus Bruchsteinen bestehende Bauwerk einen inzwischen längst zerstörten Tempel getragen haben. Mo-

Gegenüber: Der Südballspielplatz von El Tajín ist eines der größten Spielfelder der Stadt.
Rechts: Dieses Relief des Südballspielplatzes zeigt einen Spieler im „Tempel der Unterwelt".

derne Farbrekonstruktionen offenbaren, daß das Aussehen der Pyramide überwältigend gewesen sein muß. Ihre Oberfläche war ursprünglich leuchtend rot und wurde von 364 quadratischen, schwarz ausgemalten Nischen unterbrochen, die die einzelnen Welthöhlen repräsentierten und womöglich auch eine kalendarische Bedeutung hatten. Die Balustraden der breiten, auf der Vorderseite des Bauwerks emporführenden Treppe waren dagegen dunkelblau. Einige Wissenschaftler glauben, daß ihre Bandornamente Blitze darstellen, da diese zu den Attributen des Regengottes Tajín gehören. Es konnte nämlich gezeigt werden, daß die mit dem Gebäude in Zusammenhang stehenden Reliefplatten den Regengott zeigen – ein Hinweis darauf, daß die Informationen, die Ruiz vor 200 Jahren erhielt, korrekt waren.

Einzigartig ist, daß es im Zentrum der Stadt elf Ballspielplätze gab. Dies läßt darauf schließen, daß El Tajín keineswegs nur ein regionales Wirtschaftszentum, sondern auch ein bevorzugter Ort des rituellen Ballspiels war. Die Spielplätze liegen zumeist in der Nähe geographisch markanter Punkte oder wichtiger Tempel und weisen alle die charakteristische I-Form der meisten zentralamerikanischen Plätze auf.

Über die Bedeutung des Ballspiels in El Tajín ist viel gerätselt worden. Vielleicht waren die Spiele sportliche Ereignisse oder „Gladiatorenwettkämpfe", deren jeweilige Verlierer geopfert wurden. Sie könnten auch, wie bei den Maya, dazu gedient haben, Episoden aus der Mythologie nachzustellen. Möglicherweise war das Ballspiel aber auch ein vorwiegend religiöses Ereignis, dessen Zweck darin bestand, den Göttern Menschenblut zu opfern.

In El Tajín, so ist behauptet worden, soll das Ballspiel vor allem eine Art der Kommunikation zwischen Mensch und Götterwelt gewesen sein. Diese Auffassung stützt sich auf bildliche Darstellungen, wie sie z.B. auf dem Südballspielplatz (600 n. Chr.) gefunden wurden. Die sechs Reliefs, die die Seitenwände des Spielfelds zieren, zeigen rituelle Szenen, die mit den Vorbereitungen zum Spiel oder aber dessen „Nachspiel" in der Unterwelt zu tun haben. Das Süd-West-Paneel (Paneel #2) zeigt z.B. eine Szene vor dem Spiel. Ein Spieler ruht auf einem Bett, während ihm Musikanten ein Ständchen bringen. Seine sitzende Haltung verdeutlicht seinen halbgöttlichen Status. Der sakrale Charakter des Ereignisses wird verdeutlicht durch ein schwebendes Skelett, das Venus verkörpert, und den Todesgott, der aus einem Faß mit *Pulque* aufsteigt. (Bei *Pulque* handelt es sich um den vergorenen Saft der Mexikanischen Agave, dessen Genuß einen leicht tranceartigen Zustand erzeugt.)

Die Mittelpaneele der Seitenwände zeigen Szenen nach dem Spiel. Der Handlungsort von Paneel #5 wurde als „Tempel der Unterwelt" identifiziert. Diese Interpretation orientiert sich an der symbolhaften Darstellung des Mondes und von menschlichen Knochen. Der Ballspieler deutet auf Chac Mool, eine Gottheit, die mit Pulque in Verbindung gebracht wird. Über der Szene thronen der Windgott und Regengott Tajín.

Opferrituale hatten in allen zentralamerikanischen Kulturen sowohl religiöse als auch politische Hintergründe. Obgleich die Ballspiele in El Tajín zweifellos einen sakralen Charakter hatten, dienten sie unterschwellig auch dem politischen Ziel, die Macht und die Privilegien der herrschenden Klasse zu festigen. Der im 11. Jh. n. Chr. erbaute und inzwischen zerstörte „Säulenbau" von El Tajín scheint diese Annahme zu bestätigen. Die figürlichen Reliefs, die seine dicken Steinsäulen bedecken, verherrlichen die Heldentaten des Herrschers, indem sie Themen wie Sieg und Unterwerfung in besonderer Weise hervorheben. Die Tatsache, daß eine Szene, in der ein aufgeschlitztes Opfer zu Füßen des sitzenden Herrschers liegt, zugleich Hinweise auf das Ballspiel enthält, legt den Verdacht nahe, daß sich derart grausame Vorgänge auf einem Spielfeld ereigneten und daß die öffentliche Tötung der unglücklichen Opfer direkt nach dem Spiel erfolgte. Dies aber würde bedeuten, daß das sakrale Ballspiel gegen Ende der Stadtgeschichte zunehmend unter dem Diktat weltlichen Machtstrebens stand. El Tajíns Niedergang erfolgte gegen Ende der nachklassischen

Periode. Um 1100 n. Chr. war die Stadt bereits weitgehend verlassen. Niedergebrannte Tempel und zertrümmerte Skulpturen dienten noch bis vor kurzem als Beleg für ein plötzliches und gewaltsames Ende durch Invasion und Kampf. Inzwischen hält man es jedoch für möglich, daß zumindest eine der Zerstörungsaktionen intern gesteuert war und daß möglicherweise nach dem zentralamerikanischen Brauch der rituellen „Tötung eines Gebäudes“ verfahren wurde, um eine neue Herrschaft zu etablieren. Die jüngsten Hinweise deuten nämlich weniger auf eine Bedrohung von außen, als vielmehr auf eine zunehmende Spaltung der Gesellschaft hin. Sollte sich diese Hypothese der internen Desintegration des Staates als richtig erweisen, dann könnten die Säulenbilder als ein letzter Versuch des Herrschers gewertet werden, sich noch einmal in einem positiven Licht darzustellen, obwohl es an eigener Kraft mangelte und das Ansehen der Stadt schwand. ■

UNTEN: Reliefbild eines Kriegers aus dem „Säulenbau“.
RECHTS: Die Nischenpyramide wurde nach den 364 Nischen benannt, die ihre vier Seiten schmücken, und war wohl dem totonakischen Regengott Tajín geweiht.

Chan Chan

An der Mündung des Rio Moche, im heutigen Peru, liegen die Überreste einer der größten und eindrucksvollsten Städte der Neuen Welt. Das 1000 Jahre alte, aus Lehmziegeln erbaute Chan Chan war einst Hauptstadt des präkolumbischen Chimúreichs, das zwischen 1000 und 1450 n. Chr. einen mehr als 1000 km langen Streifen der wüstenähnlichen Küstenebene einnahm. Mitte des 15. Jhs., als die Inka das Königreich eroberten, verlor die Metropole jedoch diesen Status. Heute liegen die Ruinen des alten Chan Chan im Norden der modernen Stadt Trujillo und sind durch die rasant fortschreitende Besiedlung bedroht.

Um 850 n. Chr. begannen die Herrscher des späteren Chimúreichs eine von ihrer Planung und Nutzung her einzigartige Stadt zu erbauen. Die architektonischen Prinzipien, die auf der langen Bautradition der küstennahen Andengebiete fußten, wurden neu definiert, um eine Metropole zu schaffen, die in den folgenden Jahrhunderten als Produktions- und Handelszentrum dienen sollte. Zwar gab es in Chan Chan noch die traditionellen Plattformen, die die Zentren früherer Siedlungen geprägt hatten, sie beherrschten jedoch nicht mehr den Stadtkern. Dort breiteten sich statt dessen ausgedehnte, von Mauern umgebene Anwesen aus.

Die Stadtmauern von Chan Chan umschlossen eine Fläche von mehr als 20 km² auf der Tausende von Menschen in Lehmziegelbauten und Rohrhütten hausten. Das rund 6 km² große Stadtzentrum wurde eingenommen von elf riesigen, rechteckigen Flächen, die von dicken, bis zu 3 m hohen Lehmziegelmauern und Wällen aus gestampfter Erde umgeben waren. Diese *Ciudadelas* (kleine Städte oder Zitadellen) sollen den Herrschern von Chimú als Palastanlagen gedient haben.

Sie waren für gewöhnlich in drei Bezirke aufgeteilt. Im Norden, wo auch der Haupteingang lag, gab es eine Reihe von Innenhöfen mit Lager- und Verwaltungstrakten, im Süden einen großen, begehbaren Brunnen sowie verschiedene Gebäude und sogenannte *Ramadas* (Schatten spendende Lauben aus Rohr). Im Zentrum des Gevierts lag die Residenz des jeweiligen Besitzers sowie eine große Begräbnisplattform, wo dieser später seine letzte Ruhe fand.

Mit seinen schmalen, von hohen Lehmziegelwänden gesäumten Durchgängen, seinen Innenhöfen, Vorratsräumen und sogenannten Empfangsräumen (*Audiencias*) gleicht das Innere der *Ciudadelas* einem Labyrinth. Archäologen vertreten den Standpunkt, daß diese Architektur die hierarchischen Strukturen des gesellschaftlichen, politischen und wirtschaftlichen Lebens der einstigen Stadt widerspiegeln. Zum „Allerheiligsten", im Innersten der *Ciudadela*, hatten lediglich besonders privilegierte Vertreter des Adels Zutritt. Nur wenige Auserwählte bekamen die hier gehorteten Schätze des Reichs zu Gesicht.

Verwaltungsbeamte und andere ranghohe Mitglieder der Gesellschaft wohnten in der Stadt, außerhalb der *Ciudadela*, in solide gebauten, aber vergleichsweise kleinen Lehmziegelhäusern. Die meisten übrigen Stadtbewohner, darunter auch die Handwerker, lebten dagegen in Rohrhütten oder Hüttenkomplexen mit unterschiedlichen Wohnräumen. Einige dieser Bauten standen in unmittelbarer Nähe der *Ciudadela*, die meisten jedoch im Süden oder Westen der Stadt. Obwohl die Bewohner der Rohrhütten in Chan Chan nicht die Privilegien der Aristokratie genossen, erfreuten sie sich doch eines besonderen Status innerhalb des Königreichs. Zum Zeichen dafür, daß sie für die Könige und deren Hofstaat arbeiteten, durften sie, im Gegensatz zum gemeinen Volk, Ohrpflöcke tragen.

Chan Chans Einwohner wurden von zahllosen Bauern und Fischern ernährt, die außerhalb der Stadt lebten und arbeiteten. Dank eines ausgedehnten Bewässerungssystems, das die Herrscher des Chimúreichs anlegen ließen, konnten immer

Luftaufnahme, auf der ein Teil des ehemaligen Stadtzentrums zu sehen ist.

Gebäudereste innerhalb einer Ciudadela. An einer der Wände sind restaurierte Fragmente eines Lehmziegelreliefs erkennbar.

größere Teile der Wüste mit Wasser versorgt und urbar gemacht werden. Die intensive Landwirtschaft produzierte Mais und andere Feldfrüchte, mit denen der Bedarf der Hauptstadt gedeckt wurde. Deren Bewohner aßen aber auch Meeresfrüchte, die von Heerscharen von Fischern entlang der Küste gefangen und zur weiteren Verarbeitung nach Chan Chan geliefert wurden.

Archäologische Untersuchungen, die innerhalb der städtischen Wohngebiete durchgeführt wurden, ergaben, daß die Bewohner der *Ciudadelas* von Tausenden von Handwerkern und Händlern mit selbstgefertigten und importierten Waren versorgt wurden. Geliefert wurden fein gewobene Textilien, Stein- und Holzschnitzereien, Metallarbeiten, Keramiken und vieles andere. Rohstoffe wie Steine, Metalle, Hölzer und Wolle sowie bereits bearbeitetes Material stammten aus den Randgebieten des Reichs oder noch weiter entfernten Regionen. Um all die exotischen Güter heranzuschaffen, die die Handwerker benötigten, um die Wünsche ihrer Auftraggeber zu erfüllen, verwendete man vor allem Lamas, die zu langen Karawanen zusammengestellt wurden. Mindestens zwei Bezirke der Hauptstadt sind als ehemalige Karawansereien identifiziert worden. Hier wohnten die Lamatreiber und gingen ihren Geschäften nach.

Ethnohistoriker glauben, daß das Königreich der Chimú über eine hierarchisch gegliederte Gesellschaft verfügte, die von einer Reihe von Königen nach dem Prinzip der doppelten Führung regiert wurde. Zwei Königsfamilien sollen sich dabei mit Hinblick auf ihre Aufgaben gegenseitig ergänzt haben. Starb ein König, so wurde sein Titel offenbar zunächst unter seinen Brüdern und dann erst an die nächste Generation weitergegeben. Den toten König setzte man, umgeben von kostbaren Grabbeigaben, wie Metallgegenständen, Textilien, Keramik und Holzschnitzereien, auf einer großen Plattform im Zentrum seiner *Ciudadela* bei. Mitglieder seines Haushalts wie Verwandte, Gefolgsleute und Diener, begrub man im Umkreis der Plattform in kleinen Gräbern. Nach dem Tod eines Herrschers wurde die *Ciudadela,* in der er gelebt hatte, von seinen Nachkommen übernommen und weiterhin bewohnt.

Mitte des 15. Jhs. eroberten die Inka das Chimúreich und brachten Schätze und Heiligtümer in ihre eigene Hauptstadt Cuzco. Nach und nach wurde Chan Chan aufgegeben. Seit den Zeiten, in denen die Spanier Peru kolonisierten, ziehen die erlesenen Kostbarkeiten, die man in den *Ciudadelas* der Hauptstadt aufbewahrt und mit den Herrschern begraben hatte, jedoch Schatzsucher und Plünderer an. Da sowohl die spanischen Kolonisten als auch ihre Könige auf Gold versessen waren, wurden weite Teile von Chan Chan durchwühlt, ausgeraubt und zerstört. Mit den Schätzen der alten Chimúkönige verschwanden während der letzten 500 Jahre auch deren Knochen, so daß es für die Archäologen in den Begräbnisplattformen und ihrer Umgebung kaum mehr etwas zu erforschen gibt. Dennoch erlauben die noch vorhandenen Überreste von Chan Chan Rückschlüsse auf die Ausdehnung und Organisation des alten Königreichs und seiner Hauptstadt. ■

Tenochtitlán

Als die Spanier, geführt von Hernando Cortés, das Becken von Mexiko erreichten und erstmals die aztekische Hauptstadt Tenochtitlán erblickten, waren sie von ihrer Größe und Schönheit beeindruckt. Gewaltige Dämme verbanden die Inselmetropole, die man durch künstliche Aufschüttungen erweitert hatte, mit den Ufern des Texcocosees, und zahlreiche Kanäle durchzogen die Stadt, in der es *Chinampas*, „schwimmende Gärten" gab, in denen Blumen und Gemüse kultiviert wurden. Einer von Cortés Soldaten verglich Tenochtitlán mit Venedig. Doch keine der europäischen Metropolen konnte sich mit dieser Stadt der Neuen Welt messen, die über 200 000 Einwohner und ein ausgedehntes Herrschaftsgebiet besaß.

Da die Spanier Tenochtitlán kurz nach ihrer Ankunft weitgehend dem Erdboden gleichmachten, um auf seinen Überresten Mexico City zu errichten, ist es einigermaßen schwierig, das Aussehen der aztekischen Stadt zu rekonstruieren. Glücklicherweise sind noch Chroniken und Augenzeugenberichte erhalten geblieben, in denen die spanischen Eroberer, die mit der Bekehrung und Ausbeutung der Eingeborenen betraut waren, über die aztekische Religion und Geschichte berichten. Hiernach wanderten die Azteken während des 12. Jhs. von ihrer im Nordwesten gelegenen Heimat Aztlán nach Süden und ließen sich, nachdem sie das Becken von Mexiko erreicht hatten, auf einer Insel im Texcocosee nieder. Nach einer Erzählung der Azteken gab der Kriegsherr Huitzilopochtli Anweisungen, wie der Ort für die Gründung der Hauptstadt zu finden sei. Die Legende besagt, daß das Herz eines besiegten Feindes, namens Copil, in den See geworfen wurde, und Huitzilopochtli seinen Gefolgsleuten befahl, die Stelle zu suchen, an der es lag. Sie wurde durch einen aus einem Fels hervorwachsenden Kaktus markiert, auf dem ein Adler mit ausgebreiteten Schwingen saß. Hier gründeten die Azteken 1345 ihre neue Hauptstadt, der sie den Namen Tenochtitlán, „Ort der Kaktusfrucht", gaben.

Die Expansion des Aztekenreichs begann 1375, als der erste von insgesamt zehn absoluten Herrschern, die man Huei tlatoque („Große Sprecher") nannte, gewählt wurde. Die frühen Aztekenkönige legitimierten ihre Macht, indem sie in altehrwürdige Toltekenfamilien einheirateten und politische Bündnisse mit anderen Städten schlossen. Im 15. Jh. verbündete sich Tenochtitlán mit zwei anderen großen Städten (Tezcoco und Tlacopán) und eroberte systematisch die kleineren Orte der Region. Während das Reich wuchs, baute man die großen Dämme in den See, um den Warentransport zur Hauptstadt zu erleichtern. Die Pochteca – angesehene Kaufleute, die eine bevorzugte Stellung in der Gesellschaft genossen – führten exotische Waren aus fernen Ländern ein und hielten gleichzeitig ein wachsames Auge auf die neu eroberten Territorien.

Expansionspolitik und Religion verschmolzen miteinander und prägten gemeinsam den Baustil Tenochtitláns. Die vier Hauptdämme liefen im Herzen der Stadt, in dem von einer Mauer umgebenen heiligen Bezirk oder Zeremonialzentrum zusammen. Wie andere amerikanische Ureinwohner unterschieden auch die Azteken fünf Richtungen: Osten, Norden, Westen, Süden und Zentrum. Letzteres war am wichtigsten, da sich dort alle Richtungen trafen, und man von dort aus in den Himmel oder die Unterwelt gelangen konnte.

Das wichtigste Bauwerk der Stadt war der „Große Tempel". Er beherbergte die Kultfiguren der zwei mächtigsten Vertreter der aztekischen Götterwelt. Dies waren Tlaloc („Lange Höhle"), ein alter toltekischer Fruchtbarkeitsgott und Huitzilopochtli („Kolibri

Oben: Steinerne Adlerköpfe innerhalb des Zeremonialzentrums von Tenochtitlán.
Rechts: Eine Schlange, freigelegt am Großen Tempel.

Plastisch hervortretende Schädel schmücken den Unterbau des Tzompantli (Schädelgerüsts) in Tenochtitláns heiligem Bezirk.

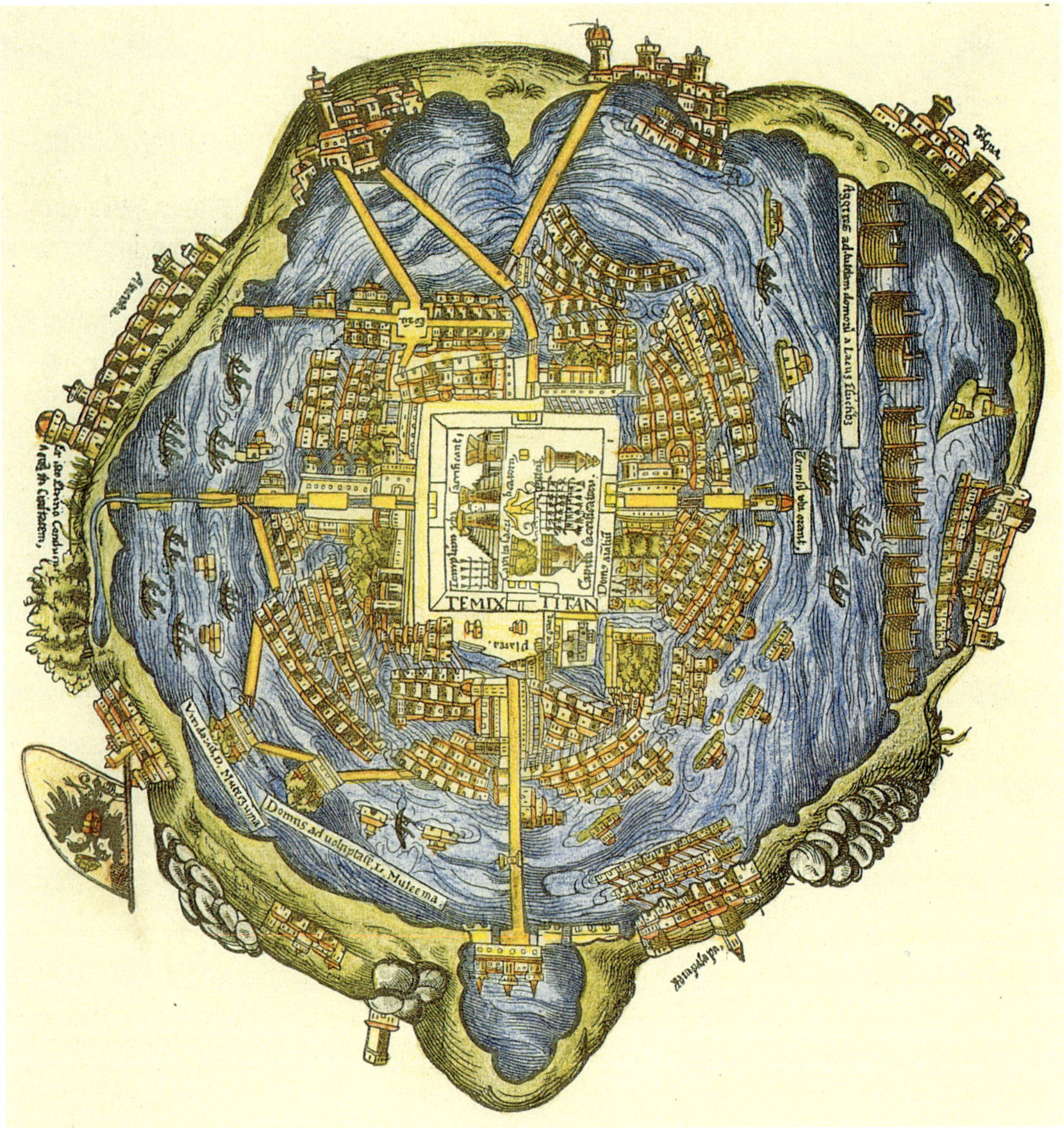

Links: Die „Karte von Cortés" mit dem Zentrum.
Rechts: Steinfiguren lehnen an der Treppe des Großen Tempels.

der linken Seite"), der zum Gott erhobene aztekische Kriegsherr und Sonnengott. Die hohe Pyramide trug – dies zeigen Bilder aus der Kolonialzeit – einst zwei Tempel auf ihrer Spitze (einen für jede Gottheit) und besaß an ihrer Westseite zwei breite, steil emporführende Treppen. Obwohl Cortés den Großen Tempel während des 16. Jhs. fast vollständig zerstörte, gelang es dem mexikanischen Archäologen Eduardo Matos Moctezuma 1978, einen Unterbau aus vier übereinanderliegenden Stufen freizulegen. Bei den Grabungsarbeiten stellte sich auch heraus, daß an dem Tempel sieben zeitlich aufeinanderfolgende Erweiterungen vorgenommen wurden und daß die letzte, von den Spaniern zerstörte Version des Bauwerks rund 60 m hoch gewesen sein könnte.

Eine wissenschaftliche Untersuchung des Nordtempels ergab, daß die dazu gehörende Seite der Pyramide Tonacatepetl, die mythische, von Samen erfüllte Bergheimat des Regengotts Tlaloc verkörpert – eine Vermutung, die bestätigt wird durch steinerne Froschfiguren an der Tempelplattform sowie Jadefigurinen und Gefäße, die Tlaloc selbst darstellten. Daß Wasservögel und Fische aus fernen Meeren geopfert wurden, soll nicht nur religiöse Gründe gehabt haben. Es soll auch dazu gedient haben, die Oberherrschaft der Stadt über entfernte Staaten zu demonstrieren.

Matos brachte den Südtempel der Pyramide mit dem Kriegsgott Huitzilopochtli und Krieg in Verbindung. Der wichtigste Hinweis zur Klärung seiner Identität tauchte am 22. Februar 1978 auf, als Arbeiter einen großen, behauenen Stein entdeckten, der zur vierten Phase des Tempelbaus (1469–1481) gehörte. Er zeigt eine nackte, zerstückelte Frau, die mit verknoteten Schlangen gefesselt ist und Glöckchen über ihren Wangen trägt. Dank ihres Schmucks konnte Matos die Dargestellte als Coyolxauhqui („die, die Glöckchen trägt"), die böse Schwester von Huitzilopochtli, identifizieren. Die aztekische Mythologie besagt, daß das Volk während seiner Wanderung nach Mexiko an einem Berg namens Coatepec („Schlangenberg") anhielt, und Coyolxauhqui hier versuchte, ihre Mutter, die Erdgöttin Coatlicue („Schlangenhemd") umzubringen, weil diese mit Huitzilopochtli schwanger war und keinen Mann hatte. Im Augenblick des Angriffs entsprang aber Huitzilopochtli voll bewaffnet Coatlicues Leib, tötete Coyolxauhqui und warf ihren zerstückelten Körper den Berg hinab. Die Coyolxauhqui-Skulptur, die man an der Basis des Großen Tempels fand, bedeutet laut Matos, daß die dem Südtempel zugeordnete Pyramidenhälfte den Berg Coatepec verkörpert, wo Huitzilopochtli seinen ersten und wichtigsten Sieg errang.

Matos ist überzeugt, daß der Große Tempel auch in der aktuellen Politik eine wichtige Rolle spielte. Die bildlichen Darstellungen von Tlaloc und Huitzilopochtli deuten auf die ökonomischen Grundlagen des Aztekenstaats hin: Landwirtschaft und Krieg. Die Tlalocseite des Tempels knüpft an die Tradition noch älterer Kulturen der Region an und ist ein Symbol für Wasser und eine fruchtbare Landwirtschaft. Sie sollte wohl Tlalocs Wohlwollen sowohl im Herzen des Reichs als auch in den fernen Anbaugebieten entlang der Küste sichern. Huitzilopochtlis Bildnis verwies dagegen auf die Mächte des Schicksals und ist ein Symbol der militärischen Macht, die notwendig war, um die Teile des weitläufigen Reichs an das Zentrum zu binden. So rechtfertigte und verherrlichte der Große Tempel die expandierende aztekische Wirtschaft und die politische Kontrolle, die Tenochtitlán über andere Städte und Regionen seines mächtigen Reichs ausübte. ■

Machu Picchu

Am Rand des Heiligen Tals der Inka liegt, umgeben von einer grandiosen Bergwelt, die vielleicht berühmteste Ruinenstätte des amerikanischen Kontinents: Machu Picchu. Vier Tagesmärsche von der Inkahauptstadt Cuzco entfernt, schmiegen sich ihre Ruinen hoch über dem Tal des Rio Urubamba an die Osthänge der Anden. Machu Picchu war bereits verlassen und von üppiger Vegetation überwuchert, als die Spanier Peru erreichten. Seine Bauten blieben den Europäern verborgen, bis der amerikanische Entdecker Hiram Bingham sie im frühen 20. Jh. wiederentdeckte und der Weltöffentlichkeit zugänglich machte. Heute zieht der einzigartige und rätselhafte Ort jährlich Tausende von Besuchern an.

Bingham befand sich auf der Suche nach einer anderen versunkenen Stadt – Vilcabamba – als er durch Zufall auf die Ruinen von Machu Picchu stieß. Sie waren so von Urwald überwuchert, daß sich die sorgfältig errichteten Steinmauern und der Gesamtplan der Stadt kaum erkennen ließen. Nachdem Bingham die Gebäudereste mit seiner Mannschaft freigelegt und kartiert hatte, präsentierte er sie der Weltöffentlichkeit, indem er einen Übersichtsartikel mit spektakulären Fotografien von Machu Picchu und anderen Grabungsstätten verfaßte und ihn 1913 in der Aprilausgabe der Zeitschrift *National Geographic* veröffentlichte. Der Entdecker glaubte allerdings, Vilcabamba gefunden zu haben, von wo aus der Inka Manko Capac gegen die Spanier Widerstand geleistet hatte.

Historische und archäologische Forschungsergebnisse konnten diese Annahme jedoch nicht bestätigen. Sie ergaben vielmehr, daß Bingham auf eine Stadt gestoßen war, die wahrscheinlich von dem Inkaherrscher Pachacutec erbaut und von diesem als persönliches Refugium genutzt wurde. Sowohl die Lage, als auch die Architektur von Macchu Picchu geben Hinweise auf seine ehemalige Funktion.

Bei den Inka galten Berggipfel, Steine, Bäche und andere Landschaftsmerkmale als heilig oder wurden zumindest als Orte geehrt, an denen Geister und Götter hausten. Machu Picchu wurde Mitte des 15. Jhs. in einer grandiosen Bergwelt zwischen hohen Gipfeln erbaut und genoß einen einzigartigen Panoramablick auf die umgebende Landschaft. Die Stadt war außerdem ein ausgezeichneter Platz, um den Lauf der

Unten: Das Intihuatana vor dem links im Hintergrund sichtbaren Huayna Picchu.
Rechts: Die terrassenförmigen Anbauflächen von Machu Picchu.

Oben: Charakteristische Steinterrassen, wie sie die Inka errichteten, um ihre Bauten dem natürlichen Gelände anzupassen.
Links: Die Ruine eines Wohn- oder Sakralbaus im Zentrum der alten Stadt.

Sonne zu studieren. Archäologen wie Astronomen glauben eine Reihe von Stellen gefunden zu haben, an denen einst solche Beobachtungen gemacht wurden.

Heilige Bezirke, rätselhafte Bauten und schöne architektonische Details sind in Machu Picchu reichlich vorhanden, nicht aber Lager- oder Verwaltungsgebäude, wie man sie in einem staatlichen Verwaltungszentrum erwarten würde. Es fehlen auch die typischen Kennzeichen eines Regierungssitzes, Wirtschaftszentrums oder einer Garnison. Machu Picchus vorrangige Aufgabe bestand auch nicht in der landwirtschaftlichen Produktion, obgleich die Erzeugnisse der Region – Kokablätter und anderes – durchaus für das Inkareich von Bedeutung gewesen sein könnten. Statt dessen diente die alte Stadt dem Herrscher wohl eher als eine Art Landgut, um sich dort, fernab vom Trubel seiner Hauptstadt, in Ruhe mit religiösen und weltlichen Dingen zu befassen.

Hierfür spricht auch, daß der Inka und sein Gefolge sich offenbar nicht ständig in Machu Picchu aufhielten. Es gab jedoch etliche Dauerbewohner – unter ihnen vermutlich auch Weber, Kunsthandwerker und Priester –, die die Stadt für die Besuche des Inka und seines Hofstaats bereithielten. Die wichtigsten Gebäude scheinen aber nicht alltäglichen Zwecken gedient zu haben.

Wie die meisten Städte, besteht auch Machu Picchu aus verschiedenen Bezirken, die unterschiedlich genutzt wurden. Man findet große und kleine Gebäude, deren Mauern aus sehr sorgsam behauenen oder eher rohen Steinen bestehen.

Machu Picchu wurde von ausgezeichneten Architekten geplant und sorgfältig erbaut. Es breitet sich über einen Bergrücken zwischen zwei hohen Gipfeln aus und ist von Terrassen umgeben, die einst landwirtschaftlich genutzt wurden. Sein Zentrum wird von mehreren großen Plätzen eingenommen. Sowohl im Stadtgebiet als auch außerhalb, in den Anbauflächen, führen Treppen an den steilen Hängen hinab. Die einzelnen Stadtteile sind verbunden durch lange Wege, die durch steinerne Tore führen.

Touristen, die Machu Picchu heute besuchen, durchqueren die im Süden der Stadt gelegenen Ackerterrassen, um zu einer Ansammlung kleiner, steinerner Becken zu gelangen, die früher von einer Quelle gespeist wurden und dem Inkaherrscher als rituelle Bäder gedient haben könnten. Vom „Bad des Inka" floß das Wasser in kleinen Kaskaden zu den übrigen Wannen weiter. Unweit dieser Anlage steht ein Gebäudekomplex (die „Königsgruppe"), den man für die königliche Residenz hält.

UNTEN: Eine Ruine in Machu Picchu, an der noch zu erkennen ist, wie steil die Dächer der Häuser waren.
RECHTS: Schroffe Felswände bilden einen spektakulären Hintergrund.

Wenige Schritte davon entfernt ist auch der sogenannte Sonnentempel zu finden, dessen halbkreisförmige Steinmauer einen heiligen Felsen umgibt und wegen ihrer außergewöhnlichen Qualität beeindruckt. Sie weist kleine Opfernischen sowie ein einziges, nach Südosten gerichtetes Fenster auf. Mit Hilfe dieses Baus sollen früher Sonnenbeobachtungen und entsprechende Aufzeichnungen gemacht worden sein. Hierfür spricht vor allem die Art und Weise, wie die Sonnenstrahlen zum Zeitpunkt der Sonnenwende im Juni auf den Felsen fallen.

Einige der interessantesten und eindrucksvollsten Bauwerke von Machu Picchu findet man im Westteil der Ruinenstätte. Im „Drei-Fenster-Tempel," den Bingham sehr bewunderte, bildet ein einziger behauener Felsen die Basis einer ganzen Wand. Die drei großen trapezförmigen Fenster dieser Wand sind oben von sorgsam zusammengefügten Steinquadern umrahmt, unten jedoch in den Felsen gemeißelt.

Der Haupttempel mit seinem aus großen Felsblöcken bestehenden Fundament und seinem ungewöhnlichen Mauerwerk aus facettierten Steinen steht ganz in der Nähe. An ihn schließt sich ein Raum an, der oft als „Sakristei" bezeichnet wird, weil man annimmt, daß sich die Inkapriester dort für ihre Aufgaben im Haupttempel vorbereiteten. Faszinierend ist auch das Intihuatana, ein behauener Felsen, der manchmal als „Sonnenobservatorium" bezeichnet wird. Sein senkrecht emporragender Teil erinnert an Steine, wie sie einst in vielen Inkastädten zu finden waren. Er könnte als Sonnenuhr gedient und auch den Wechsel der Jahreszeiten anzeigt haben. Die Spanier brachten derlei Steine mit „heidnischen" Riten in Verbindung und zerstörten sie in dem Bestreben, damit auch die indianische Religion zu vernichten und die Indianer zum Christentum zu bekehren. Da Machu Picchu von den Invasoren nicht entdeckt wurde, entging der dortige Stein glücklicherweise der allgemeinen Zerstörungswut.

Das vor etwa 500 Jahren aufgegebene Machu Picchu erinnert weniger an die einstige Macht des Inkareichs als an seine hervorragenden Architekten und anderen kulturellen Errungenschaften.

Sowohl der Tourismus als auch viele Jahre archäologischer Forschung haben Machu Picchu weder die Schönheit, noch die Aura des Geheimnisvollen zu rauben vermocht. Umgeben von einer einzigartigen Kulisse aus steil über den Urwald emporragenden Berggipfeln ist die alte Stadt mit ihren zahlreichen Ruinen und Treppenstraßen, die den Konturen der Hänge folgen, noch immer ein spektakulärer Ort. ■

15
41
42
47
43
49
44
45
5
48
50
46
AFRIKA
1. Amarna
2. Tanis
3. Meroe
4. Sabratha
5. Jenne-Jeno
6. Kilwa
7. Simbabwe
8. uMgungundlovu
9. Alexandria
EUROPA
10. Akrotiri on Thera
11. Gurnia
12. Enkomi
13. Delos
14. Biskupin
15. Entremont
16. Pompeji
17. Nowgorod
ASIEN
18. Warka/Uruk
19. Ur
20. Troja
21. Mohenjo-Daro
22. Megiddo
23. Babylon
24. Ugarit
25. Boğazköy
26. Nimrud
27. Ninive
28. Persepolis
29. Pergamon
30. Dura-Europos
31. Kremna
32. Sagalossos
33. Palmyra
34. Samarra
35. Fatehpur Sikri
FERNER OSTEN UND AUSTRALIEN
36. Anyang
37. Fujiwara
38. Angkor
39. Hiraizumi
40. Port Essington
DIE NEUE WELT
41. Cahokia
42. Wüstenstädte Nordamerikas
43. Teotihuacán
44. Tikal
45. Copán
46. Tiahuanaco
47. El Tajín
48. Chan Chan
49. Tenochtitlán
50. Machu Picchu

17
14
20
29
25
32
31
33
27
24
26
13
10
11
34
18
4
12
22
30
23
19
9
2
1
28
21
35
36
39
37
3
38
6
40
7
8

Entremont
Marseilles
Sava
Tiber
ADRIATISCHES MEER
Rom
Neapel
Pompeji
TYRRHENISCHES
MEER
Cagliari
IONISCHES
Palermo
Tunis
Susah
MITTELMEER
Sabratha

Bukarest
Donau
SCHWARZES MEER
Sofia
Istanbul
Troja
ÄGÄISCHES MEER
Pergamon
MEER
Izmir
Athen
Sagalassos
Delos
Kremna
Akrotiri auf Thera
Iraklion
Gurnia
N
W
E
S
0
100
200
300
400
500 Kilometer

Kizil Irmak
Aras
Diyarbakir
Täbris
KASPISCHES MEER
Ninive
Nimrud
Euphrat
Tigris
Enkomi
Ugarit
MITTELMEER
Tripolis
Beirut
Palmyra
Damaskus
Dura-Europos
Samarra
Babylon
Megiddo
Alexandria
Jerusalem
Warka/Uruk
Tanis
Kairo
Ur
Kuwait
Persepolis
Amarna
PERSISCHER GOLF
Nil
Dubai
ROTES MEER
Assuan
Medina
Er Riad
N
W
E
S
Jiddah
Mekka
Nil
Port Sudan
Meroe
0 100 200 300 400 500 Kilometer
Salala
Khartoum
Atbara
Blauer Nil
Weißer Nil
Mukalla
Aden
GOLF VON ADEN
Djibouti

Colorado
Cahokia
Washington
Wüstenstädte
Nordamerikas
Arkansas
Atlanta
Dallas
ATLANTISCHER
OZEAN
Rio Grande
GOLF VON
MEXIKO
Miami
El Tajín
Teotihuacán
Tenochtitlán
Tikal
KARIBISCHE SEE
Copán
San Salvador
San José
Cauca
Meta
PAZIFISCHER OZEAN
Bogotá
N
W
E
S
Ucayali
Purus
Chan Chan
Lima
0
1000
2000 Kilometer
Machu Picchu

Literatur

AFRIKA

1. Amarna
Kemp, B. J. und S. Garfi 1993. *A survey of the ancient city of El- Amarna.* Egypt Exploration Society: London.
Pendlebury, J. D. S. 1935 . *Tell el-Amarna.* London.

2. Tanis
Coutts, H. (Hrsg.) 1988. *Gold of the Pharaohs.* Edinburgh Museums.
Montet, P. 1947–1960. *La necropole de Tanis.* Paris.

3. Meroe
Shinnie P. L. 1967. *Meroe.* Thames & Hudson: London.
Welsby, D. 1996. *Kingdom of Kush: the Napatan and Meroitic Empires.* British Museum Press: London.

4. Sabratha
Kenrick, P. M. et al. 1986. *Excavations at Sabratha 1948–1951.* The Society for the Promotion of Roman Studies: London.

5. Jenne-jeno
McIntosh, S. K. und R. J. 1982. „Finding West Africa's oldest city", in *National Geographic* (September) 162 (3): S. 396–418.
McIntosh, S. K. und R. J. 1993. „Cities without citadels: under standing urban origins along the middle Niger", in Shaw, T., P. Sinclair, B. Andah und A.Okpoko (Hrsg.) *The Archaeology Of Africa. Food, metals and towns.* S. 622–641. Routledge: London und New York.
Flood, J. 1995. *Archaeology of the Dreamtime,* 3. Aufl., Angus & Robertson: Sydney.

6. Kilwa
Chittick, N. 1974. *Kilwa. An Islamic trading city on the East African coast* (2 Bde.). The British Institute in Eastern Africa, Memoir Number Five: Nairobi.

7. Simbabwe
Garlake, P. S. 1973. *Great Zimbabwe.* Thames & Hudson: London.
Huffman, T. N. 1987. *Symbols in stone. Unravelling the mystery of Great Zimbabwe.* Witwatersrand University Press: Johannesburg.
Huffman, T. N. 1996. *Snakes and crocodiles. Power and symbolism in ancient Zimbabwe.* Witwatersrand University Press: Johannesburg.

8. uMgungundlovu
Parkington, J. und M. Cronin 1979. „The size and layout of Mgungundlovu 1829–1838", *South African Archaeological Society Goodwin Series* 3: S. 133–48.
Plug, I. und F. Roodt 1990. „The faunal remains from recent excavations at uMgungundlovu", *South African Archaeological Bulletin* 45: S. 47-52.

9. Alexandria
Forster, E. M. 1961. *Alexandria: a History and a Guide.* London.
Fraser, P. M. 1972. *Ptolemaic Alexandria.* Oxford.
La Riche, William, 1996. *Alexandria: the Sunken City.* Weidenfeld & Nicolson.

EUROPA

10. Akrotiri auf Thera
Doumas, C. G. 1983. *Thera. Pompeii of the Ancient Aegean.* Thames & Hudson: London.

11. Gurnia
Hall, E. H. 1912. *Excavations in Eastern Crete: Sphoungaras.* University of Pennsylvania Press: Philadelphia.
Hawes, H. A. B., B. E. Williams, A. B. Seager und E. H. Hall 1908. *Gournia, Vasilik, and Other Prehistoric Sites on the Isthmus of Hierapetra,* Crete. Philadelphia.

12. Enkomi
Courtois, J.-C., J. Lagarce und E. Lagarce 1986. *Enkomi et le Bronze Recent a Chypre.* Imprimerie Zavallis: Nicosia.

14. Biskupin
Bogucki, P. 1990. „A glimpse of Iron Age Poland", Archaeology 43 (5): S. 74-75.
Harding, A. F. 1984. „Biskupin and its context", Popular Archaeology 5: S. 27–30.
Rajewski, Z. 1970. *Biskupin.* Arkady: Warsaw.
Wells, P. S. 1984. *Farms, Villages, and Cities: Commerce and Urban Origins in Late Prehistoric Europe.* Cornell University Press: Ithaca.

15. Entremont

Benoit, F. 1975. „The Celtic oppidum of Entremont, Provence", in R. Bruce-Mitford (Hrsg.), *Recent Archaeological Excavations in Europe,* S. 227–259. Routledge and Kegan Paul: London.

Green, M. J. 1995. *The Celtic World.* Routledge: London.

Musee Granet 1987. *Archéologie d'Entremont au Musee Granet.* Musee Granet: Aix-en-Provence.

16. Pompeji und Herculaneum

Brion, M. 1973. *Pompeii and Herculaneum, the glory and the grief.* Cardinal: London.

Grant, M. 1971 . *Cities of Vesuvius. Pompeii and Herculaneum.* Weidenfeld & Nicolson: London.

17. Nowgorod

Dunaev, M. und F. Razumovsky 1984. *Novgorod. A Guide.* Raduga Publishers: Moscow.

Kolchin, B. A. 1989. *Wooden Artefacts from Medieval Novgorod.* B. A. R.: Oxford.

Medyntseva, A. A. 1984. „Novgorodskie nakhodki i dokristianskaia pis'mennost' na Rusi" (Novgorod finds and pre-Christian Russian writing), Sovetskaia Arkheologiia, 1984 (4): S. 49–61 .

Yanin, V. I. 1990. „The Archaeology of Novgorod", Scientific American 262 (2): S. 84–91.

ASIEN

18. Warka/Uruk

Nissen, H. 1988. *The Early History of the Ancient Near East, 9000–2000 BC.* University of Chicago Press: Chicago.

19. Ur

Moorey, P. R. S. 1982. *Ur „of the Chaldees", a revised and updated edition of Sir Leonard Woolley's Excavations at Ur.* Cornell University Press: Ithaca.

20. Troja

Biegen, C. W. 1963. *Troy and the Trojans.* Thames & Hudson: London.

McDonald, W. A. 1990. *Progress into the Past. The Rediscovery of Mycenaean Civilization* (2. Aufl.). Indiana University Press:

21. Mohenjo-Daro

Allchin, B. und F. R. Allchin 1982. *The Rise of Civilization in India and Pakistan.* Cambridge University Press: Cambridge.

Wheeler, M. 1968. *The Indus Civilization* (3. Aufl.). Cambridge University Press: Cambridge.

22. Megiddo

Kempinski, A. 1989. *Megiddo, A City-State and Royal Center in North Israel.* C. H. Beck: Munich.

23. Babylon

Oates, J. 1986. *Babylon* (überarb. Aufl.) Thames & Hudson: London.

24. Ugarit

Curtis, A. 1985. *Ugarit (Ras Shamra).* Lutterworth Press: Cambridge.

Drower, M. 1975. „Ugarit", in *Cambridge Ancient History* II.2A (3. Aufl.). Cambridge University Press: Cambridge.

25. Boğazköy

Bittel, K. 1970. *Hattusha, Capital of the Hittites.* Oxford University Press: Oxford and New York.

Macqueen, J. G. 1986. *The Hittites and their Contemporaries in Asia Minor.* Thames & Hudson: London.

26. Nimrud

Mallowan, M. E. L. 1966. *Nimrud and its Remains.* Collins: London.

27. Ninive

Russell, J. 1991. *Sennacherib's Palace without Rival at Nineveh.* University of Chicago Press: Chicago.

Stronach, D. und S. Lumsden 1992. „UC Berkeley's excavations at Nineveh", *Biblical Archaeology* 55: S. 227–233.

28. Persepolis

Cook, J. M. 1983. *The Persian Empire.* Schocken Books: New York.

Wilber, D. 1989. *Persepolis, the Archaeology of Parsa, Seat of the Persian Kings* (überarb. Aufl.). Darwin Press: Princeton.

29. Pergamon

Hanson, E. V. 1971, *The Attalids of Pergamon.* Cornell University Press: Ithaca.

30. Duro-Europos

Hopkins, C. 1979. *The Discovery of Dura-Europos.* Yale University Press: New Haven.

Rostovtzeff, M. I. 1938. *Dura Europos and its Art.* Clarendon Press: Oxford.

31. Kremna

Mitchell, S., S. Cormack, R. Furdon, E. J. Owens und J. Ozturk 1995. *Cremna in Pisidia; an ancient city in peace and war.* Duckworth: London (with the Classical Press of Wales) .

32. Sagalassos

Waelkens, M. *et al.* 1993– *Sagalassos* (Bde. I, II, III). University of Leuven Press .

33. Palmyra

Browning, I. 1979. *Palmyra.* Chatto & Windus: London.

34. Samarra

Creswell, K. A. C. 1979. *Early Muslim Architecture* (2. Aufl.). Hacker Art Books: New York.

35. Fatehpur-Sikri

Rizvi, S. A. A. 1972. *Fatehpur Sikri.* Archaeological Survey of India: New Delhi.

FERNER OSTEN UND AUSTRALIEN

36. Anyang und die späte Shang-Zeit

Chang, K. C. 1980. *Shang Civilization.* Yale University Press: New Haven.

Keightley, D. N. 1978. *Sources of Shang History: The Oracle-Bone Inscriptions of Bronze Age China.* University of California Press: Berkeley.

Li Chi 1977. *Anyang.* University of Washington Press: Seattle.

37. Fujiwara

Fujiwara Palace and Capital (1991). Written and published by the Nara National Cultural Properties Research Institute, Nara, Japan.

Brown, D. M. (Hrsg.) 1993. *The Cambridge History of Japan, Bd. 1: Ancient Japan.* Cambridge University Press: Cambridge.

38. Angkor

Coedes, G. 1963 (Neuaufl.1986). *Angkor: An Introduction.* Oxford University Press: Oxford.

Higham, C. 1989. *The Archaeology of Mainland Southeast Asia.* Cambridge University Press: Cambridge.

39. Hiraizumi

Hudson, M. „Die Mumien der nördlichen Fujiwara", in *Gräber, Särge und Mumien* (P. G. Bahn, Hrsg.), S. 198–199. Deutsche Erstausgabe Bechtermünz Verlag, Augsburg 1997

Yiengpruksawan, M. 1993. „The house of gold: Fujiwara Kiyohira's Konjikido", *Monumenta Nipponica* 48: S. 33–52.

40. Port Essington

Allen, J. 1973. „The archaeology of nineteenth-century British imperialism: an Australian case study", *World Archaeology* 5: S. 44–60.

Spillett, P. 1972. *Forsaken Settlement.* Landsdowne: Melbourne.

DIE NEUE WELT

41. Cahokia

Fowler, M. 1989. *The Cahokia Atlas.* Illinois Historic Preservation Agency: Springfield, Illinois .

42. Alte Wüstenstädte in Nordamerika

Lister, R. und F. Lister 1981. *Chaco Canyon.* University of New Mexico Press: Albuquerque.

Frazier, K. 1986. *People of Chaco.* Norton and Co.: New York.

Matlock, G. und S. Warren 1988. *Enemy Ancestors.* Northland Press.

43. Teotihuacán

Heyden, D. 1981. „Caves, Gods, and Myths: World-View and Planning in Teotihuacán", in E. P. Benson (Hrsg.) *Mesoamerican Sites and World Views,* S. 1–40. Dumbarton Oaks: Washington D.C.

Millon, R. 1974. *Urbanization at Teotihuacán,* Mexico (2 Bde.). University of Texas Press: Austin.

Sugiyama, S. 1989. „Iconographic Interpretation of the Temple of Quetzalcoatl", *Mexicon* 11 (4): S. 68–74.

Taube, K. a. 1992. „The Temple of Quetzalcoatl and the Cult of Sacred War at Teotihuacan", *Res.* 21: S. 53–87.

44 & 45. Tikal und Copán

Ferguson, W M. und J. Q. Royce 1984. *Maya Ruins in Central America in Color: Tikal, Copán, and Quirigua.* The University of New Mexico Press: Albuquerque.

Freidel, D., L. Schele und J. Parker 1992. *Maya Cosmos: Three Thousand Years on the Shaman's Path.* William Morrow and Company, Inc.: New York.

Recinos, A. 1950. *Popol Vuh: The Sacred Book of the Ancient Quiche Maya.* (übersetzt v. D. Goetz und S. G. Morley) . University of Oklahoma Press: Norman.

Schele, L. und M. Miller 1986. *The Blood of Kings; Dynasty and Ritual in Maya Art.* Kimbell Art Museum: Fort Worth.

46. Tiahuanaco

Kolata, A. L. 1993. *The Tiwanaku: Portrait of an Andean Civilization.* Blackwell: Oxford.

Morris, C. und A. von Hagen 1993. *The Inka Empire and Its Andean Origins* (Kap. 7). Abbeville Press: New York, London and Paris.

Moseley, M. E. 1992. *The Incas and Their Ancestors, the Archaeology of Peru* (v.a. Kap. 8). Thames & Hudson: London und New York.

47. El Tajín

Bruggemann, J. K. 1991. *Proyecto Tajín.* Instituto Nacional de Antropologia e Historia: Mexico, D. F.

Garcia Payon, J. 1961. *El Tajín.* Instituto Nacional de Antropologia e Historia: Mexico.

Wilkerson, S. J. K. 1987. *El Tajín: A Guide for Visitors.* Museum of Anthropology of Xalapa and the City Council of Papantla, Veracruz: Veracruz, Mexico.

Wilkerson, S. J. K. 1990. „El Tajín: Great Center of the Northeast", in Mexico: *Splendors of Thirty Centuries,* S. 155–181. The Metropolitan Museum of Art: New York.

48. Chan Chan

Morris, C. und A. von Hagen 1993. *The Inka Empire and Its Andean Origins* (Kap. 8). Abbeville Press: New York, London und Paris.

Moseley, M. E. 1992. *The Incas and Their Ancestors, the Archaeology of Peru* (v.a. Kap. 9). Thames & Hudson: London und New York.

Moseley, M. E. und K. C. Day 1982. *Chan Chan: Andean Desert City.* University of New Mexico Press: Albuquerque.

49. Tenochtitlán

Berdan, F. 1982. The Aztecs of Central Mexico: An Imperial Society. Holt, Rinehart und Winston: New York.

Broda, J. 1987. „The Provenience of the Offerings: Tribute and Cosmovision", in E. Boone, (Hrsg.), The Aztec Templo Mayor S. 211–256. Dumbarton Oaks: Washington DC.

Matos Moctezuma, E. 1988. The Great Temple of the Aztecs: Treasures of Tenochtitlán. Thames & Hudson: London.

Sahagun, Fray B. de. 1950–1972. Florentine Codex - General History of the Things of New Spain (12 Bde.) (übersetzt v. C. E. Dibble und A. J. O. Anderson). School of American Research and the University of Utah, Monographs of the School of American Research and Museum of New Mexico: Santa Fe, New Mexico.

50. Machu Picchu

Bingham, H. 1948. *Lost City of the Incas.* Duell, Sloan and Pearce: New York.

Hemming, J. 1970. *The Conquest of the Incas.* Harcourt, Brace, Jovanovich: New York.

Morris, C. und A. von Hagen 1993. *The Inka Empire and Its Andean Origins* (Kap. 9) . Abbeville Press: New York, London und Paris.

REGISTER

D

E

F

G

H

N

O

P

Bildnachweis

Titelseite: Ancient Art & Architecture Collection; S. 6: (l.) Trip, (r.) AKG London; S. 7: (1.) Corbis, (r.) Andrea Stone; S. 12, 13: E.T. Archive; S. 14: Werner Forman Archive; S. 14–15: ET; S. 15, 16–17: WF; S. 18, 19 (o.): Steven Snape; S. 19 (u.), 20, 21: ET; S. 22, 23, 24 (l.), 24–25, 26, 27: WF; S. 28, 29 (o., u.), 30, 31: Trip; S. 32, 33 (o.l., u.r.): Rod McKintosh; S. 34, 35 (u.l., o.r.), 36, 37: WF; S. 38, 39: Museum Africa; S. 40, 4l (o.l., m.r.): Peter Clayton; S. 42–43: AAAC; S. 44: Weidenfeld & Nicolson Archives; S. 45, 46–47, 47 (1.), 48–49: AAAC; S. 48 (o.l.): Robert O'Dea; S. 50: W&N; S. 5l (o., u.): AAAC; S. 52: Cyprus Museum; S. 53(l., r.), 54–55, 55 (o.), 56–57, 58, 59: AAAC; S. 60: State Archaeological Museum, Warsaw; S. 61: W. Piotrowski; S. 62 (u.l., u.r.), 63: Centre Camille Jullian; S. 64, 65 (u.): Robert O'Dea; S. 65 (o.): WF; S. 66 (o.l., u.l.): ET; S. 66–67, 68–69: WF; S. 68, 70: W&N; S. 71: Robert O'Dea; S. 72, 73 (o., u.): Novosti; S. 74–75: AAAC; S. 76: Robert Harding Picture Library; S. 77: AAAC; S. 78: (u.l.) RHPL, (o.r.) ET; S. 79: AKG; S. 80, 81: British Museum; S. 82, 83 (u.): AKG; S. 83 (o.), 84–85: Peter Clayton; S. 84 (u.l.), 86: AAAC; S. 87: (u.l.) WF, (o.r.) ET; S. 88, 89, 9l (o.r.): AKG; S. 90–91: AAAC; S. 92, 94–95: Michael Jenner; S. 93, 95 (o.r., u.r.), 96–97: AKG; S. 98, 99 (o., u.): AAAC; S. 100, 101: ET; S. 102, 104–105, 106: British Museum; S. 103: WF; S. 105 (r.), 107: ET; S. 108: (u.l.) AAAC, (o.r.) AKG; S. 109: ET; S. 110: AAAC; S. 111, 112 (u.): WF; S. 112 (o.), Peter Clayton; S. 113: AKG; S. 114–115: ET; S. 116: Peter Clayton; S. 117, 118–119, 119 (o.r.), 120 (o.): Michael Jenner; S. 120 (u.), 121: Peter Clayton; S. 122: AAAC; S. 123: Michael Jenner; S. 124, 125, 126, 127 (o., u.), 128, 128–129: Edward Owens; S. 130, 131, 132 (1.), 132–133, 134–135: Michael Jenner; S. 136, 137 (l., r.), 138, 139: W&N; S. 140: Paul G. Bahn; S. 141, 142–143, 143 (o.r.): W&N; S. 146 (1., r.), 147, 148 (o.,u.), 149: W & N; S. 150, 15l (o.r, u.l.): Nara National Cultural Properties Centre; S. 152, 153, 154 (o., u.), 155; S. 156 (u.l., u.r.), 157: Hiraizumi Board of Education; S. 158: ET; S.159: Jim Alien; S. 160–161: ET; S. 162, 163: Cahokia Historical Society; S. 164, 165, 166: AAAC; S. 167, 168, 169 (u.): WF; S.169(o.): Paul G. Bahn; S. 170(o.): Peter Clayton; S. 170 (u.), 171: WF; S.172: Constance Cortez; S. 173 (o., u.), 174 (o.l., u.l.): Andrea Stone; S.174–175: WF; S. 177 (o., u.l., u.r.), 178 (u.l.), 178–179: Andrea Stone; S.180 (u.l.): from Sqiers, E. G.: *Peru: Travel and Exploration in the Land of the Incas* (1877); S. 180 (u.r.), 181, 182 (u.r.): Karen Wise; S. 182 (o.l.): WF; S. 184, 185, 186 (u.l.), 186–187: Rex Koontz; S. 188: AAAC; S. 189: ET; S. 190 (u.l., u.r.): Paul G. Bahn; S. 191: WF; S. 192: AKG; S. 193: Paul G. Bahn; S. 194, 195, 196–197, 197 (o.r.), 198, 199: Karen Wise.

Abkürzungen: AAAC = Ancient Art & Architecture Collection; AKG = AKG London; ET = E. T. Archive; RHPL = Robert Harding Picture Library; WF = Werner Forman Archive; W&N = Weidenfeld & Nicolson Archives.